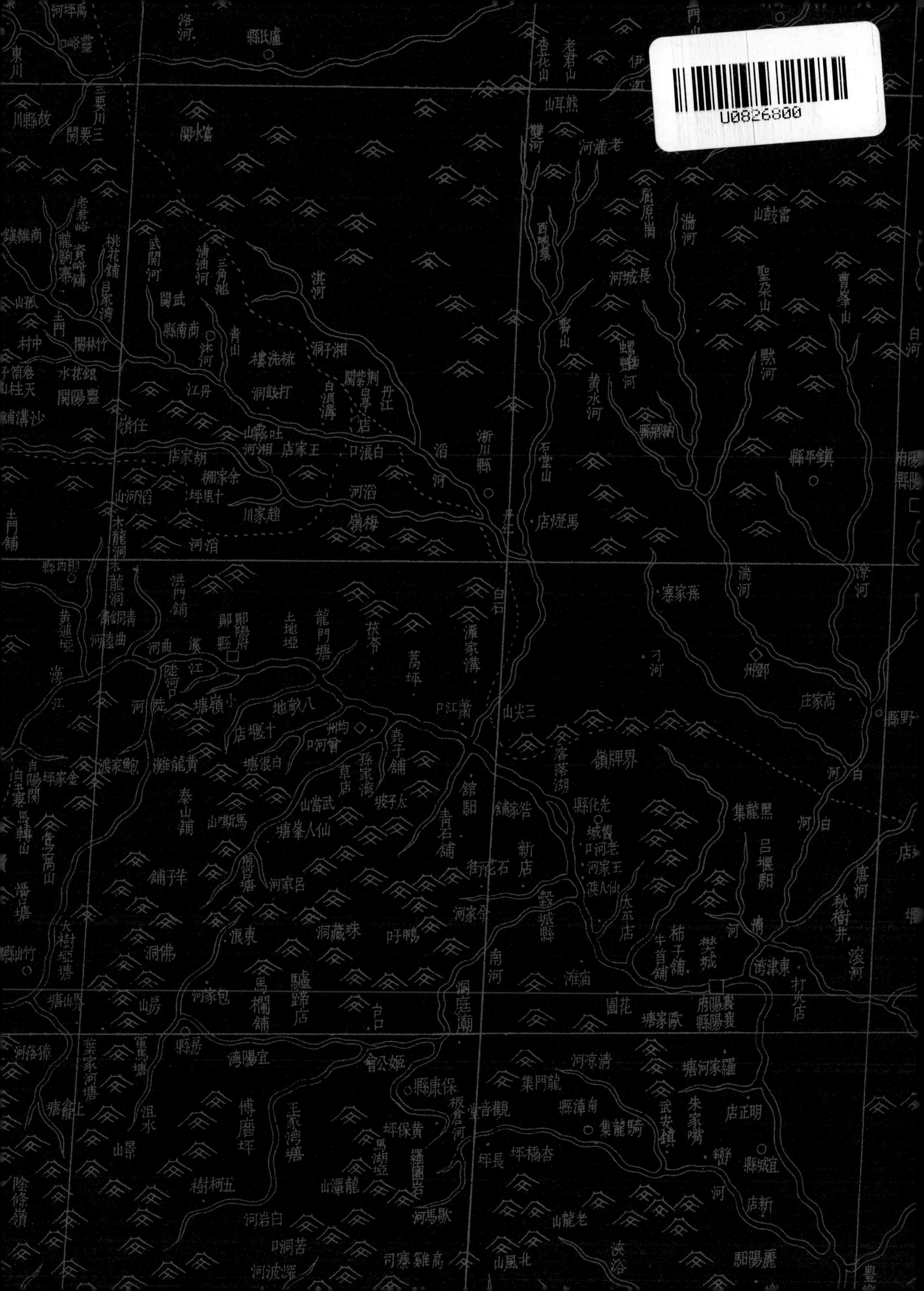

盧氏縣
洛河
故縣川
三要川
三要關
富水關
老君山
査花山
熊耳山
雙河
老灌河
商雒鎮
老君峪
龍駒寨
桃花舖
武關河
清油河
三角池
武關
商南縣
青山
洪河
湘子洞
梳洗樓
荊紫關
打鼓洞
丹江
淅川縣
白浪口
王家店
湘河
胡家店
任嶺
竹林關
豐陽關
銀花水
沙溝舖
余家棚
十里坪
梅嶺
滔河
趙家川
馬蹬店
石堂山
長城河
屈原崗
雷鼓山
湍河
聖朶山
鎮平縣
黃水河
默河
孫家寨
鄧州
高家庄
白河
界牌嶺
光化縣
黑龍集
呂堰驛
唐河
老河口
王家河
仙人渡
太平店
穀城縣
石花街
新店
青石舖
舘驛
呂家河
東津灣
襄陽府
襄陽縣
歐家塘
花園
樊城
打火店
鄖陽府
鄖縣
漢江
八畝地
小嶺塘
十堰店
均州
白浪塘
黃龍灘
鮑家渡
金家坪
武當山
仙人峯塘
馬嘶山
羊子舖
竹山縣
房縣
宜陽灣
姬公會
保康縣
觀音堂
龍門集
南漳縣
騎龍集
清涼河
羅家河塘
明正店
宜城縣
新店
麗陽驛
老龍山
杏橋坪
長坪
黃保坪
龍潭山
歇馬河
白岩河
苦洞口
高雞寨司
北風山
深波河
五柯樹
景山
沮水
上龍塘
葉家河塘

清史图典

清史图典

启功题

清朝通史图录

第二册

顺治朝

故宫博物院　编

主　编

朱诚如

副主编

刘　潞　任万平　郭玉海

本卷主编

严　勇

紫　禁　城　出　版　社

2002.1

图书在版编目(CIP) 数据

清史图典 · 顺治朝 / 朱诚如主编，—北京：紫禁城出版社，2002.1
（清朝通史图录）
ISBN 7-80047-334-1

Ⅰ. 清… Ⅱ. 朱… Ⅲ. 中国－古代史－清代－图集 Ⅳ. K249.08
中国版本图书馆 CIP 数据核字（2001）第 086679 号

清史图典 · 顺治朝

故宫博物院　编
朱诚如　主编
严　勇　本卷主编
紫禁城出版社　出版
（北京景山前街 故宫博物院内）
嘉彩 · 周公印画制版中心　制版
中华商务联合印刷有限公司　印刷
新华书店北京发行所　发行
开本 850 × 1168mm　1/16
字数 120 千　图版 496 幅　印张 19
2002 年 1 月第 1 版第 1 次印刷　印数 1—3000
ISBN7—80047—334—1/J · 156
定价：190.00 元

顺治朝总目

清史图典总序

朱诚如

（故宫博物院教授）

《清史图典》是大型多卷本《清朝通史》的图录部分，意在以图片的形式连缀整个清朝的历史。

清王朝是中国封建专制制度发展的鼎盛时期，是值得史家倾尽一生精力去研究的重要历史阶段。清朝上承明朝中晚期封建社会强劲发展，专制主义中央集权急剧加强，经济领域出现崭新的资本主义的萌芽；下接中国封建专制制度全面巅峰之后的社会转型，在内忧日益严重，外患与日侵淫的社会环境中开始了迈入近代化的门槛。长达268年的清王朝主宰中国命运时期，营造了中国封建社会的夕阳辉煌：它开疆拓土，外御强敌，内弭反叛，封定藩属，奠定了今日中国版图的基础；它建立了封建专制主义的超级强权系统，以往封建朝代时断时续、相沿不衰的宦官专擅、外戚弄权、藩镇割据等蚕食皇权的派系毒瘤被彻底铲除，真正体现出一人决断，总揽朝纲的极端皇权威严；它编定了集中国数千年来的封建文化之大成的图书典籍，推出了体系纷呈、各树一帜的学术研究群体，培育了影响深远的文化大家；它改善了沿袭已久的中国封建农耕体制的经济模式，创办了具有资本主义因素的近代企业，逐步建立起适应近代资本主义的过渡体系，在一个封建因素积淀深厚的庞大国度开始了步履艰难的经济转型。大清王朝在其相对短暂的历史长河中创造了前所未有的社会业绩。

在中国有文字记载的5000年文明历史年轮中，大清王朝统治华夏大地的时间不过区区的268年。但在这268年的时间里，清代社会文明经历了中国历史上最为激荡的变革时期。清朝勃兴的前期，当康熙帝派出精兵强将水陆并进会战雅克萨，阻断沙俄侵略中国东北的企图之时；当乾隆帝10次派遣大军靖边纾难，越境扬威之时——巅峰时期的中国封建王朝是一道屹立在东方的威严不可侵犯的长城。大清王朝经略海疆，在她的东南沿海连接了琉球、苏禄、安南、暹罗等藩属国家，建立了独特的藩属体制，成为领袖东方文明的中心。然而，岁月星河，枝蔓流变，盛世繁荣的背后，一场来自西方资本主义世界的强大冲击已呈“山雨欲来风满楼”之势，古老的王朝面临着前所未有的危难与困厄。大清王朝步入衰落的中后期，正是世界历史的18世纪，西半球欧美的土地上新近崛起了一批资本主义国家，在确立了资本主义制度之后，迅速开展了产业革命。蒸汽机的强劲动力、大机器的生产方式极大地催化了欧美国家的社会生产力，使其综合国力的发展呈现出一日千里的态势。而大清王朝缔造的封建文明虽然是农耕社会发展的顶级阶段，但与资本主义文明相比不在一个文明层次上，况且逐渐显露出疲态，无力保住数千年来社会文明领先的局面。当西方殖民主义者越洋而来，用炮舰轰开中国闭关锁国的大门，迫使清王朝必须面对资本主义文明的时候，几千年来积淀的封建文明顿时相形见绌，处于低级层次的封建文明几乎没有抗衡的实力。于是外战惨败、口岸开放、土地割让、外国公使驻京等一系列破坏王朝统治秩序、摧毁民族尊严的灾难降临了。天朝大门被打开，大清王朝一步步走向沉沦的深渊。

沉沦之中，民族脊梁迸发出自强不屈的呐喊。晚清朝野中的开明绅士抛却天朝上国的自大心理，倾心学习西方的高新科技，试图举办洋务事业以拯救王朝危机，延缓王朝的沉沦。19世纪60年代起始，开明的封疆大吏、朝廷重臣陆续举办洋务企业，兴办洋务学堂，传播先进的科学技术。沿着这样一种势态发展下去，进入近代的中国在自强求新的道路上经历了从器物到理念的观念变迁，最终导致在世纪之初出现政治改革势力。这种革新势力前仆后继的启蒙与呐喊，不断催化转型时期的政治革新，引导中国走上政治近代化的道路。终于在1911年爆发了辛亥革命，推翻了大清王朝的封建统治，结束了中国社会沿袭2000多年的封建制度，迎来了尽管是军阀混战民不聊生但却符合社会发展潮流的民国时代。

整个清朝历史处于百年激荡的社会转型之中，展现出纷繁复杂、动荡多变的多彩画卷。《清史图典》（十二册）是大型多卷本《清朝通史》（十五卷、600万字）的图录部分，意在利用故宫博物院及全国各地收藏的包罗宏富的文物图片资料，连缀出简明清晰的历史线索，描绘出波澜壮阔的历史轮廓，全景般地再现出满族初兴、问鼎中原、囊括八荒、盛世繁华、闭关锁国、抗御外敌、艰难应变以及宇内风起云涌、王朝覆亡的整个历史，画龙点睛般地重现出重要的历史精彩瞬间，把昔日定格的图片、绘画、文物、书影、档案文献等单调孤立的图稿贯穿起来，凝结出清新鲜活、规制宏大的历史画卷。

与《清朝通史》采用的纪事本末体例略有不同，《清史图典》虽然也基本上以朝代划分卷次，但总体篇章结构是以历史的时间顺序为经，通贯全书的主体；以社会组织结构析分各个卷次的描述重点，使各个朝代的历史特点得以充分表现出来。《太祖　太宗朝》设置"源流篇"，长白山天池的烟雾缭绕，仙境朦胧；佛库伦沐浴吞神果感而受孕的满族远古神话传说，把清初的历史上溯到满族的母系氏族时代。不过，清初精彩的画卷展开始自雄才大略的努尔哈赤以"遗甲十三副"起兵对抗明朝。统一建州，宏括女真，试兵辽西，叩打雄关，建立意在与中央政权比肩的古老王城赫图阿拉。残垣断壁的古城遗址，锈迹斑驳的铁盔甲胄，无不显现出八旗骑兵粗犷勇猛的铁流雄风。皇太极继承了努尔哈赤的遗愿，数次派遣八旗铁骑千里奔袭明朝内地，劫掠财物，袭扰城池，保持战略进攻的主动权。在内政方面，皇太极致力于八旗政权建构与完善，接受汉族先进文化的熏陶，使满族的社会发展出现突飞猛进的势头。

顺治帝承续了皇太极的余荫，迁都定鼎北京，皇极门前演绎了满族入主中原的精彩一幕。征伐李自成，讨剿张献忠，摧毁南明流亡政权。一篇篇历史内涵包罗宏富的旧照、遗物，勾勒出摄政王多尔衮挥动各路兵马席卷大半个中国，奠定统一多民族国家雏形的基本脉络。康熙一朝，“名曰守成，实同开创”，计擒鳌拜，独领皇权；西征叛乱，东收台湾，北控沙俄；平定三藩，协和蒙古；巡游江南，劝课农桑，启清朝盛世之先兆。览阅《康熙朝》的绚丽图画，颇觉盛世华章扑面而来。雍正帝承续康熙帝的余荫，大刀阔斧、雷厉风行地革除了康熙帝晚年倦勤遗留的社会积弊，打击政敌残酷无情，整顿吏治疾风骤雨，设立直隶于皇帝的军机处，控遏朝政于皇帝一人的股掌之上。于是，《雍正朝》里展示了皇宫大内的刀光剑影、血雨腥风，政坛风云的变化莫测，以及经济文化生活的谨严有序。继雍正朝短暂的整顿之后，迎来了中国封建文明辉煌的乾隆时代。乾隆一朝集中国封建社会的文明积累之大成，生齿迅猛繁衍，土地赋税丰盈，经济迅速发展。编订基本囊括古代文化典籍的《四库全书》，挫扼强敌，完收十全武功。《乾隆朝》的图画，规制庞大，气势磅礴，展现出江山万里、沧海桑田的雄浑气势，锦绣盛世的气度挥洒洋溢。乾隆朝底定了中国基本版图，迎来了中国封建社会末期的盛世辉煌。盛世过后即是平凡到了极点的平庸，嘉庆帝在乾隆帝巨人般的身影下，初期并不涉及政务，听凭太上皇越俎代庖，及至乃父故去，有重新振奋之心却无崛起之力。盛世遗产是矛盾丛集，积弊甚深的社会难题，嘉庆帝尽管力图以勤政挽回颓势，但大势已去。于是《嘉庆朝》呈现出的历史遗存平淡无奇，很难找到能够凸显嘉庆一朝的历史文物和图卷。镇压白莲教起义算是嘉庆一朝的大事，但动用16省的军队，糜费2亿两的银饷，耗尽了乾隆帝勤恳持政积累的家底。嘉庆朝末期，国库空虚，帅老兵疲，政治混沌，主上平庸，仅仅20余年间大清王朝就已经呈现出衰败之象了。以至于继位的道光帝在清朝12帝中是名载史册的“吝啬鬼”，简约节省，握拳渗水。然而，如此简约自律也不能保障大清王朝延续下去。1840年，英国殖民主义者依靠坚船利炮轰开中国的大门，道光帝惜钱如金，小败即止，宁可签订屈辱的《南京条约》，洞开南中国门户。《道光朝》历史的图片表明，早年端起鸟枪冲锋在前勇退天理教的少年皇子，在强敌压境之际泯灭了杀敌勇气。割地赔款，开放口岸，天朝的崩溃使道光帝感到死后愧见列祖列宗，遂自我处罚：嘱死后不再配享太庙。道光帝撒手人寰，留给其子咸丰帝的是外敌入侵，江山残破；财政困窘，捉襟见肘的废烂局面。资质鲁钝的咸丰帝施政乏策，调遣无力。南方太平天国势焰正炽：定都天京（南京），北伐西征，长江中下游已不再为大清皇帝所控制。而英法列强二次入寇，溯海北上，登陆北塘，火烧圆明园，硝烟弥漫了北京城。困厄交织，咸丰帝亡故避暑山庄，慈禧太后借机发动宫廷政变，进而两宫垂帘听政，晚清政治由此进入了太后主政时期。浏览《咸丰　同治朝》的黑白世界，战火纷飞，政坛纷纭，主忧民困，水深火热，充满了乱世纷扰、抑郁难舒的困懑氛围。同治帝天花夺命之后，幼冲之龄的载湉入继大统，是为光绪帝。光绪一朝，列强频频扣打中国的大门，几乎每隔十年就发动一次侵华战争，中法战争、中日战争、日俄战争接踵而至，直至1900年八国联军再次攻掠中国的都城北京，自行划分各自的势力范围。自西安回銮的慈禧太后放言："量中华之物力，结与国之欢心"，彻底泯灭了抗拒之心，沦落为帝国主义列强的附庸。光宣时期，西学东渐已历数十载，外部意识的侵淫已经渗透进中国社会的肌体，以往社会的传统模式遭到了巨大冲击，催化出传统封建社会所没有的社会因子。中国封建社会在历经2000多年的发展历程之后，已经走到了脱胎换骨、鼎新革故的转型时期。为自强图存拯救王朝，朝廷的部分封疆大吏、阁老重臣举办近代新式工业，创办新式学堂，甚至在"中学为体、西学为用"的理念之下尝试改良传统政治结构——推出变法维新运动，试图借鉴中国封建社会历次变法图强的举措，延续大清王朝的统治生命。然而，极端专权的慈禧太后，呆板僵化的调控秩序已经失去了自我调节功能的弹性。当"戊戌六君子"洒血菜市口，光绪帝被幽囚瀛台时，大清朝廷舍弃了可能成为延续政权的回旋力量。资产阶级革命派开始以推翻清王朝为目标点起了南国边陲的烽烟。这种暴力挑战步伐迅速超越了大清王朝自身的"新政"步履。武昌起义一声枪响，十三省份通电响应，清朝统治即刻土崩瓦解。封建王朝终结了，中国步入了纷乱失序却又充满希冀的新时代。浏览《光绪　宣统朝》的张张图片，在体验岁月尘封的多味瞬间的同时，社会发展翻天覆地的惊人变迁给人以强烈的永久的震撼。

以图证史，利用各种实物附带的鲜活历史信息丰润后人对于历史的描述，弥补语言描述与真正历史内涵之间的差异，是我们编辑此书的初衷。近300年的清朝历史遗留下来了卷帙浩繁、汗牛充栋的文献资料，风蚀水浸、数不胜数的文物藏品，尘封失记、内容隐约的书影旧照，以及久历岁月消融却依然古韵犹存的宫闱建筑，给了我们以广阔的清理析分空间。然而，在庞杂纷乱、良莠四陈的资料海洋中，去粗取精，剔伪存真，提炼主题，深究图题背后隐藏的历史内涵是一项非常艰巨的使命，我们微薄之力稍有不逮。由于个别主题资料的稀密差别非常之大，尽管在清朝的历史长河中占居非常重要的地位，但资料的匮乏使我们只能暂时付诸阙如，留待日后再版修补。虽然如此，我们仍然希望本书能够与《清朝通史》相得益彰，给广大读者以思虑深刻的宏观历史的理性内涵，形象生动的微观历史的感性表征。是否能够达到这样一种效果，我们期待着学界专家、一般读者的批评指正。在本书杀青即将付梓之际，我作为本书的总主编缀就以上文字，即为本书序言。

2001年8月1日

北京　故宫博物院

顺治朝序言

李治亭

（吉林省社会科学院研究员）

一

顺治朝是清朝268年行程中一个非常重要的历史时期。它上承太祖、太宗朝之遗业，开创大一统江山的新纪元，为后来的康乾盛世奠定了坚实的基础。顺治朝承前启后，实居关键地位。正确认识和评价顺治朝，对于正确认识和评价全部清史具有不可忽视的指导意义。

顺治朝实始于崇德八年(1643年)八月，福临即皇帝位之时。福临是太宗皇太极第九子。皇太极刚去世，各派即开始角逐皇位。在势均力敌、相互妥协中，推出福临为帝，以明年为顺治元年，至顺治十八年(1661年)正月，福临病逝，年龄只有24岁，庙号世祖。顺治朝到此结束。

福临6岁即位，是个名符其实的“儿童皇帝”。年幼无知，难以理政。诸王贝勒推举睿亲王多尔衮和郑亲王济尔哈朗为摄政王，代理皇帝主持朝政及一切日常政务。多尔衮独擅摄政时期，是顺治朝历史的第一阶段。多尔衮于顺治七年十二月病逝，其摄政亦告终结。至次年，福临已满14岁，遂举行亲政大典，自此直至去世，福临独操皇帝大权，成了一位名副其实的皇帝了。

很清楚，顺治朝18年的历史，自成体系地分为前后两个时期，即前为辅政，后为福临亲政。两个时期，贯彻的治国方略却是基本不变。

当我们展开顺治朝的历史，或者说，如何诠释这段历史时，应首先认清它所处的时代，这是考察顺治朝历史的必要前提。时代认清了，顺治朝所发生的一切事件及重要历史人物的活动都会得到合理的解释。

从世界范围看问题，17世纪40年代中叶，英国爆发了资产阶级革命，并建立了资产阶级的国家政权，资本主义的生产方式正在或已经取代了封建制的生产方式。毫无疑问，英国成为世界上最先进的国家。在英国资产阶级革命的推动下，整个西欧都在酝酿并迅速发生同样的革命。不论世界其它地区或国家是否发生资产阶级革命，也不论它们处于何种社会发展阶段，以英国资产阶级革命为标志，人类社会已进入以资本主义为旗帜的新时代。也就是说，英国的社会大变革，开辟了人类历史的新纪元。

与英国资产阶级革命几乎同步，在地球的另一方，遥远的东方中国也发生一场社会大变动。这就是明清鼎革，改朝换代。明清之际的人们惊呼为“天崩地解”。在他们看来，有着270多年历史的庞大的明朝突然沦亡，世居关外的“属夷”满洲即清朝竟然入关，声势浩大的“流寇”竟也横行天下，简直是天塌地陷！可惜，中国的这场变动，并不具有真正的社会革命的意义。与英国资产阶级革命相比，所谓明清鼎革，只是王朝的更替，由朱家姓换上爱新觉罗氏。而英国所发生的变革，不是中国式的王朝更替，而是新兴的资本主义制度代替腐朽落后的封建制度，其生产方式也发生了根本性的变化。稍加对比就会明白：两者的性质根本不同，其内容天差地别，因此所带来的结果也截然相反。

从以往延续至今，学术界仍有一种意见，指责清朝入主中原延缓了中国历史的发展；重建封建制王朝，把中国拉向“倒退”。与英国相比，中国远远地落到了后面。这种意见，或相类似的其它说法，不能令人信服。因为此说完全脱离中国历史实际，是建立在空想或想当然的主观意识之中的空洞说教，算不上科学的分析。

清朝入主中原，把中国拉向“倒退”；顺治朝首当其冲。它是清入关后的第一朝、第一帝，一切问题都根源于这第一朝。问题的关键，就在于清朝接续的明朝是何种性质的政权，在它统治下的中国社会已发展到何种程度。毫无疑问，明朝是一个高度封建专制的国家政权，中国依然处在小农经济为基础的封建社会的发展阶段。我们常说的资本主义萌芽，仅在江南及沿海的部分城镇、地区有所滋长，也仅仅是“稀疏”的萌芽，远未形成一种新型的生产方式，更谈不上自成一个新兴的资产阶级。在中国的北方，在远离交通线的边远地区，连一点“萌芽”的影子也看不到！资产阶级革命的条件根本不存在。有些学术著作称：15、16世纪的中国还不落后，甚至说还处于领先地位，只是到了17世纪以后，中国才落后了。这一说法也不确切。事实是，西方尚未赶上来，才显出中国的先进，不过是封建生产力较为充分发展而已。实际上，就社会发展的“进度”来说，中国社会内部的进展已经落后于西欧。尤其应看到，明朝统治时期，特别是到中后期，其封建剥削相当繁重。当时，地主取租基本是十取其五，江南地区更重，达到每亩交租至一石二斗（《云间据目钞》卷四；转引自柳义南《李自成纪年附考》第1页，中华书局，1983年版），远远超过十取其五的水平，农民一年所剩无几！农民的土地纷纷进入皇室、官绅与地主之家。土地高度集中，举凡士宦绅衿所占土地连阡陌。如江南豪右之家拥有土地多至7万顷。嘉靖时宰相严嵩，其所在原籍江西袁州，一府四县之田，有十分之七属严氏家族（《明经世文编》卷三二九；屠隆：《鸿苞节录》卷二）。显而易见，如此严重的赋税和经济剥削，直接制约着资本主义的生长。至明末，国家推行的经济政策更是阻碍或破坏资本主义的进一步生长。如万历二十四年(1596年)，神宗派出大批太监，充任矿监税使，搜刮天下民财，特别是那些有矿产、手工作坊的地方，受害尤重。矿监税使的肆虐，是对资本主义萌芽的严重摧残。北自陕西，东北自辽东，南至江南，更远至云南，到处都掀起了反抗税监的斗争，民变、暴动，此起彼伏。在那些城镇密集的地区，受害最重，反抗也最激烈。崇祯时，又加派练饷、剿饷和辽饷等三饷，已把国家和百姓推向灾难的深渊。至于政治黑暗、腐败，官僚阶层的堕落，士风的崩溃等等，都是典型的封建专制制度和君主政体腐朽没落的集中表现。有明一代，是封建经济从繁荣走向衰败，封建专制从巩固走向崩溃直至亡国的历史。在明代，尚未出现新社会的曙光。

人们常说：清承明制。首先，从关外兴起的清政权，作为一代新王朝，进关后没有别的选择，只能继承明朝的政治制度。其次，继承明制，就意味着全面恢复封建体制。如果要求清入关后，抛弃明制，另实施新制如资本主义制度，可以说，这是“缘木求鱼”，毫无现实意义，质言之，完全脱离了明代的社会现实。

世界的发展并不平衡，即使在当今科学技术高度发展的时代，发达与不发达，先进与落后，其差距依然很大。而在17世纪，尽管以英国资产阶级革命为标志，人类已进入资本主义时代，但各个国家和民族仍然循着自己的发展道路和特殊规律向前发展。明朝最终崩溃，并非是封建制度和君主专制政体的崩溃，而是朱姓统治集团的沦亡。清顺治朝入关，重建封建政权，不是倒退，却是顺理成章的继承和发展。这证明中国的封建制度还未到“垂死”挣扎，行将崩溃的阶段，相反，封建专制在中国还有着强大的政治、经济基础，它不仅存在，而且还要向前继续发展。学术界一直把明清看作是中国封建社会的末期。如果仅以明清是中国封建社会最后两代王朝来衡量，也许说得过去。其实，这种传统说法并不科学。因为在1840年鸦片战争前，封建专制并未瓦解，还没有萌发一个新制度来代替它。直到出现资产阶级，才中止了它的历史进程。如果没有鸦片战争、列强入侵，中国的封建专制不知还将延续多少年！恰恰是西方列强对中国的殖民侵略，才打断了中国封建社会发展的历程，改变了历史的发展方向。

的确，当英国及西欧国家陆续进入资本主义社会，中国落后了。这既不是明朝的责任，也不能算到清代顺治朝的账上。这是中国社会发展规律所决定的。任何一个人物，甚至是伟大人物，都无法改变历史的规律，也不可能凭空设想或创造出一套崭新的社会制度。就是说，历史人物不能脱离自身生活的时代，也不能丢弃时代所给予的条件去创造历史。如果这样看问题，顺治朝继承明制就可以理解了，无需遗憾，更无需指责。一言以蔽之，两者的因果继承具有合理性，实属自然之理。

当然，明末统治集团已变得腐朽不堪，已成为社会发展的阻力，失去了存在的价值，其灭亡是必然的，亦不足惜。清朝是一支新兴的政治力量，它以蓬勃的精神和得力的政策而赢得了胜利。这一鼎革过程体现了以新代旧，以开明代替腐朽的发展规律。我们正是从这一意义上，肯定清顺治朝入关参与角逐、竞争，并削平群雄，在短时间统一全国，避免出现分裂，都有积极意义。

二

顺治朝只有18年，它究竟做了哪些事？其后果怎样？给历史发展以何种影响？这是认识或研究顺治朝历史必须首先弄清的一个最基本的问题。

对于清朝来说，最值得庆幸的是，福临即位才半年多，恰逢明朝被李自成农民军灭亡，给清朝入关夺权以千载难逢的大好机遇。决策进关、出动倾国之师，决意与群雄角逐者，不是别人，正是刚出任摄政王的多尔衮！他高瞻远瞩，极富进取与冒险精神，敢于孤注一掷，牢牢抓住历史的机遇不放，获得完全成功。

清军入关后，中国已是四分天下的格局：除东北及北部地区，清还占据北京与河北、山东部分地区；李自成虽经山海关失败，实力尚存，还有数十万军队，占据陕西、山西、河南、湖广等省区；张献忠已进川，建大西政权，占有四川天府之国，是一支独立的政治军事力量。最后一支实力更为强大的竞争者，便是占据长江以南广大地区的南明政权。其优势在于，占地广阔，资源富饶，物产丰盛，足以支撑战争打下去；军队尚有50余万，足以同其他几支力量进行较量；还有，明在这里的统治基础雄厚，经200多年的培育，江南广大士绅对明朝的忠心较为深厚。通过四方的实力对比，基本趋于势均力敌。以军事力量说，李自成与南明略占优势，清军总数也不过20余万，刚抵李自成与南明的各一半。力量较为弱小些，就是张献忠的大西政权。当时，如各方都以力量不足，而保持一段均势，中国就会形成分裂的局面。南明就曾向入主北京的清政权提出和谈的主张，欲划江为守，其结局必是新一轮的南北朝对峙。但是，以多尔衮为首的清朝统治集团不给其他三方以喘息时机，先攻李自成的大顺政权；接着，挥师渡江南下，进攻南明弘光政权；再遣大军入川，攻击张献忠领导的大西政权。很快捷报频传：弘光政权出降，清军进入南京；李自成被清军逐出西安，一路溃逃，辗转至江西，被清军击垮，几乎溃不成军，退至湖北通山县，李自成在九宫山被当地地主武装杀害。还有一说，认为李自成逃离通山，潜伏于湖南省石门县石门寺，削发为僧。总之，不管哪一种说法，李自成自通山就消失了，大顺政权不复存在。他的余部在李过、高一功等将领的率领下，进入荆襄地区的丛山之中，后被南明隆武政权所收编。入川的清军，由肃亲王豪格率领，一举定川，张献忠被射杀，其余部由孙可望、李定国等将率领加入南明永历政权，实际是投降了南明。最后，只剩下南明政权，继弘光政权亡后，又有鲁王朱以海监国于绍兴、唐王朱聿键称帝于福州，建元隆武；还有唐王朱聿鐭称帝于广州，建元绍武。这些政权仅存在了一年左右，最短的如绍武，仅存在一个多月，皆于顺治三年(1646年)相继为清军所攻灭。与此同时，桂王朱由榔又继以上诸政权之后，在广东肇庆即帝位，建元永历。该政权坚持最久，长达15年，最后被清军逼入缅甸，于顺治十八年被吴三桂擒获，永历政权亦告灭亡。

当南明最后一个政权即永历灭亡之时，恰好顺治帝亦病逝，顺治朝结束。终顺治之世，以武力定天下，取得了完全的成功，除台湾外，实现了大陆的基本统一。它完成了自己的历史使命，为清朝取得了全国的统治权，并为其长久统治奠定了基础。从中国历史的发展而言，顺治朝迅速统一全国，其意义深远。它避免了中国长期分裂、南北朝对峙局面的出现，因而极大地推动了中华民族向心力与政治、经济、文化“大一统”的空前发展。特别要看到，西方殖民主义者正向东方挺进，其侵略魔爪尚未及伸向中国，而中国却迅速地结束了明末以来数十年的动乱局面，实现了新的统一，因而增强了中华民族的整体力量，为后来抵抗西方殖民主义的侵略准备了条件。时至今日，学术界对这个问题仍存分歧。持否定意见的仍坚持清入关是“异民族”入侵、是“异国”大军“兵临城下”；还有的称为民族对民族的“征服”，完全没有看到清朝迅速统一中国的巨大而深远的历史意义。不管怎么说，顺治朝在很短的时间，结束纷乱的局面，迅速完成了对全国的统一，符合中国历史发展的总趋势，是一件大好事，我们没有理由否认。

清承明制，重建封建政治体制，建立了清对全国统治的政治秩序，也完成于顺治朝。前已指出，在人类已进入资本主义时代的历史条件下，给中国提出了建立资本主义社会制度的可能性。但是，17世纪的中国还不具备建立新的社会制度的任何可能性，清朝只能选择继承明王朝的封建政体这一条路，重建了一代新的封建王朝。

封建政体的最突出的特征，就是君主专制及其官僚制度。清入关后，首建一套官制系统。如《清史稿·职官志》“序”说：“世祖入关，因明遗制，内自阁部，以迄庶司，损益有物；藩部创建，名并七卿，外台督抚，杜其纷更，著为令甲。”清朝也承认：“我朝设官，大半沿前明数百年旧制”（《清史列传·张百熙传》）。同时，它又掺以满俗，保留本民族的固有旧制，与明制巧妙地结合在一起，具有一代独创的特点（参见王钟翰《清史续考》之《清代官制简述》，台湾华世出版社，1993年版）。明罢宰相，行内阁制，设大学士若干，掌管国家的最高权力。其中，身兼六部的尚书、侍郎衔，便成为事实上的宰相。清入关后，摄政王多尔衮仿照明内阁制，将入关前设置的内国史院、内秘书院、内弘文院合称内三院改为内阁，亦分设大学士，并照明制，实行票拟制度。内阁大学士名尊位崇，但实权仍操在皇帝之手，他们不过充当了皇帝的顾问和咨询，对重大决策具有一定的影响力。清入关前，最高的决策机构，称为“议政王大臣会议”。入关后，此制继续保留，与内阁互补互用。在中央，最重要的职能部门就是通常所说的吏、户、礼、兵、刑、工等六部。各部首脑称尚书、侍郎，都对皇帝负责。皇帝通过他们，将国家权力牢牢地控制在自己手中。与明或明以前历代六部官制不同的是，顺治朝实行“复职”制，即各部尚书一职2人，由满汉各一人担任。此制用以体现“国家混一华夏，满汉并重”的建国方针（福格：《听雨丛谈》卷三，第47页；中华书局，1959年版）。合六部与都察院、通政司、大理寺，通称为“大九卿”，以詹事府、鸿胪寺、太常寺、光禄寺、太仆寺、顺天府、国子监、翰林院、尚宝司等合称为“小九卿”，皆照明制或参酌隋唐以来的机构而设，直至清亡基本未变。

管理皇族事务的机构，明专设宗人府。清除照设不减，还另设内务府，全称为“总管内务府衙门”，其长官称总管内务府大臣，简称总管大臣。其职责是专管皇帝及其一家的日常生活，相当明以前宫廷太监的职掌。这一机构为清所独创，其重要意义在于，它取代了历代宦官的职能，防止太监为害国家。但顺治十年(1653年)六月，顺治帝又起用太监，故有内十三衙门之设，又给寺宦祸乱朝政以可乘之机。

顺治十八年二月，康熙即位，宣布废除十三衙门，“内官俱永不用”（王先谦:《东华录》康熙一）。

理藩院为清代独创的又一重要机构。其前身称蒙古衙门，专管蒙古事务。后来，各民族事务日繁，交往日密，原衙门不足以处理日常的民族事务，遂于入关前，即崇德三年(1638年)七月，改此衙门为理藩院，与清朝相终始。这一机构之设，具有深远的历史意义，为巩固统一的多民族国家发挥了不可替代的作用。

在地方，设行省制，以巡抚为最高行政长官；一个大的行省区或相邻的一二个行省由中央派驻总督，协调与监督地方政务与军事。一省之内，行郡县制，按府州县制组织地方各级政府。

入关后的清朝，在全国设治，特别是在中央建立政治体制，由摄政王多尔衮、顺治帝开其端，随着战争的胜利进行，各项建制亦随之而建。终于在明朝的废墟上重新建成一代新的王朝体制，后经康熙、雍正至乾隆，历百余年，不断变更或增减，遂成定制。

医治战争创伤，全力恢复、发展农业生产，是顺治朝面临的一个严峻的任务。在经历了长期的战乱之后，明朝留给清朝的是国家残破、经济崩溃的乱摊子。从各地方官对当地经济状况的奏报，可知土地抛荒，“丁倒户绝”，百姓生活困苦到了极点!清官方《实录》及《明清史料》所编档案中，留下了大量的真实记录，令人触目惊心。清朝为摆脱困难，巩固政权，作出一切可能的努力，致力于重建封建经济。

首先，大刀阔斧废除明末弊政，多尔衮发布“令旨”中最重要的一条，就是废除明末加派的“三饷”和其它一切“暗派”、“私派”；各省拖欠钱粮，自顺治元年（1644年）五月初一日以前，未经征收的，一律蠲免。其次，实施大规模垦荒计划，制定优惠政策，动员或吸引流落异乡的流民，或留在当地，或返回故居，积极垦荒。各地驻军，如无战事，皆勤于屯田。实行垦荒奖惩办法，限定时间，完成垦荒任务，予以奖励；否则，予以处罚。经10余年实施各项经济计划，已初见成效。顺治八年以前，在清官方文件和《清世祖实录》中，还没有人口与土地的统计数字，说明前几年因战争还在进行，许多省区不在清朝的掌握之中，无法统计，即使已取得的地区，战乱、凋敝，没有什么可统计的。所以，缺乏前期的材料。从顺治八年底为始，才逐步有了具体统计数字，显示出人口与土地数呈逐年上升之势。如，顺治八年，全国丁口为1063万余，土地为2908584顷；至顺治十八年，丁口为1920余万，土地为549万余顷（见《清史稿》卷一二O，第3487页；《茶余客话》卷三，第83页）。10年间，人口与土地各翻了将近一番。农业生产稳步恢复，呈现出良好的势头，为康熙朝的经济繁荣奠定了基础。

吏治一向是历代王朝所关注的重要问题。一代政权之兴亡，实系吏治清廉与否。明朝之亡，原因是多方面的，而吏治败坏则是其主因之一。清入关后，首重吏治，将吏治置于法律的严格监督之下。在这方面，主政的多尔衮有明确的认识。清军进入北京的第2天，即顺治元年五月三日，他向投诚清朝的原明朝官员发出明确指示:“各官宜痛改故明陋习，共砥忠廉，毋朘民自利。我朝臣工，不纳贿，不徇私，不修怨，违者必置重典。凡新服官民人等如蹈此等罪犯，定治以国法不贷！”（《清世祖实录》卷五，第3页）多尔衮在各种场合，不断总结明亡的历史教训，告诫百官不得重蹈覆辙，规定官吏犯赃必斩。例如，有一次，他批示：“贪官必诛，屡旨甚明，何必论赃多少！”（《清世祖实录》卷一一，第11—12页）如有官员作弊，私自暗中加派税额，“察实纠参，必杀无赦”，知情不举，以同罪并罚（《明清史料》丙编，第一本，第90页）。多尔衮深知归降的原明将吏积有旧习，警惕他们故态复萌，特定出一条约规：降前如犯有不法事，“不必苛求”，但降后“官吏犯赃，审实立行处斩”（《清世祖实录》卷五，第19页）。多尔衮进一步提出，自清军进入北京之日起，从京师中央机构官员，到地方大员，直至最基层的书吏、班皂、通事、拨什库、粮长等，如犯有“贪贿枉法，剥削小民者，照常治罪，不在赦例”（《清世祖实录》卷九，第12页）。就是说，把贪污打入“十恶”不赦之例。严格执法，以重刑重罚，惩处贪官。如，福建巡按周世科、汉羌总兵尤可望等，都以贪污受贿、为非作歹等罪被处以死刑（《清世祖实录》卷四二，第22页）。自顺治八年顺治帝亲政后，继续关注吏治，把惩贪列于首要地位。他对都察院官员说：“朝廷治国安民，首在严惩贪官”（《清史资料》第一辑，《清初莆变小乘》）。以多尔衮摄政时同样的力度，加重了打击。顺治帝点名斥责大学士冯铨，私受贿赂，毫无建树，勒令其解职退休。工部尚书谢启光，以失职、勒索等罪，给予革职，“永不叙用”。礼部尚书李若琳、都察院左都御史卓罗等13人，皆系朝廷大员，都被顺治帝一次性处罚，大多被革职，个别降级。顺治八年，他又处理江宁巡抚土国宝贪污案，土国宝自知罪责难逃，畏罪自杀。顺治十二年十一月，顺天巡按顾红以受赂数百两银，判处斩首。顺治十五年十一月，江南按察使卢慎言以“奇贪异酷”罪被处以酷刑，凌迟处死（《清世祖实录》卷一二九，第8页）。类似的事例，不胜枚举。

从多尔衮摄政，到顺治帝亲政，力挽明末以来的政治颓风，根治贪污腐败，刷新吏治，不仅从思想上引导、说教，而且从法律上严加整治，不断加大打击力度，以近20年的不懈斗争，终于取得了成功，吏风显著好转，提高了行政效率，从根本上巩固了清朝的统治。

清朝的统治者入主中原，在一个民族众多的国度里，如何处理同其他各民族首先是汉族的关系，具有特别重要的意义。

早在清入关前，主要是在皇太极时期，成功地建立起以满族贵族为核心，与汉、蒙古等族的地方王公贵族联盟的关系。皇太极建立的民族关系的新格局，无疑为将来入关，确立对各民族的统治奠定了基础。在这个民族新格局中，满汉关系居于主导地位。从多尔衮到顺治帝，都继承了皇太极制定的“满汉一体”的民族政策，把它作为清统治全国的立国基石。顺治二年(1645年)四月，多尔衮明令宣布：“满汉官民，俱为一家。”不许满洲及其家仆恃强鱼肉汉人，如有违此令，即解送京师治罪（《清世祖实录》卷一五，第30—37页）。多尔衮尊崇儒家，信仰孔子，封赏孔子后裔，都表现了对汉族文化的尊重，因而与汉族取得了思想上的一致性，博取了汉族对其统治的认同。为进一步加强满汉之间的关系，多尔衮允许满汉通婚。顺治五年八月，以顺治帝的名义，向礼部发出指示："方今天下一家，满汉官民皆朕臣子，欲其各相亲睦，莫若使之缔造婚姻。"为此，制定了实施的具体政策（《清世祖实录》卷四O，第11、14页）。顺治帝亲政后，不厌其烦地宣讲满汉关系的重要性。他说："满汉人民，皆朕赤子"，"必使得其所，家给人足。"又说："惟求惠养满汉，一体沾恩"（《清世祖实录》卷九O，第4—5页；卷四O，第11页）。以前，各衙门奏事，只有满臣，不见汉臣。顺治帝发现后，指令今后奏事，必与同级汉官"公同来奏"。但满官可以直接至皇帝面前，当面领受皇帝的"圣谕"，而汉官却无此待遇。经汉官提出异议后，顺治帝立即予以改变。他本人对汉官也格外尊重，不时地召见汉官，共同讨论治国之道，评论古今，气氛融洽。汉官们大受鼓舞，不禁心悦诚服，赞赏说："皇上日召见臣等，满汉一体，视如家人父子，自今以后，诸臣必同心报国，不复有所顾惜。"（《清世祖实录》卷七一，第27页）

所谓"满汉一体"，并非完全平等对待，如顺治帝坦言："若以理言，首崇满洲，固所宜也"（《清世祖实录》卷七二，第4页）。显然，满汉关系是在"首崇满洲"指导下的一项根本政策，这就是说，在这种关系中，满洲永远是第一位的，汉族则居次要地位。因此，双方矛盾或磨擦时有发生。尽管问题大量存在，顺治帝都较好地妥善处理。约自顺治十五年以后，民族矛盾大为减弱，趋于淡化，汉族特别是入仕的汉官，都逐渐安定下来，社会也得以安定。

满族与其他民族的关系，也取得了重要进展。清入关前，已将东北诸少数民族、漠南蒙古(内蒙)、漠北蒙古(外蒙)置于清朝的直接统治之下。进关后，开始对漠西蒙古即厄鲁特蒙古、对西藏、对西南地区行使民族抚绥政策，建立朝贡关系：朝廷待之以礼，赏赐优厚，各民族头领、酋长以时朝贡，在政治上隶属于清朝。仅据《清世祖实录》统计，以顺治二年（1645年）为例，"三北"(东北、西北与北部)地区的蒙古诸部向朝廷朝贡达30次。平均每月为2次以上。是时，正值清军激战农民军，挥师渡江，战争频繁而紧张之际，顺治朝仍倾注入了极大的热情，善待各少数民族，取得了积极的效果。关系最密切的方式，莫过于联姻，结为亲戚。自努尔哈赤以来，清(后金)宗室上自皇帝(汗)，下至王公，大多娶蒙古王公贵族之女为后、妃(妻)。同样，朝廷也将宗室之女下嫁给蒙古王公。这一结亲政策，使满蒙民族的关系最为密切。入关后，多尔衮、顺治帝继承这一政策，继续与蒙古诸部保持和发展这种姻亲关系，不断地封爵，施以恩惠，加大其向心力。这是顺治朝的民族政策的主流。另一方面，如叛离清朝，或肆意抢夺他部牲畜、人口，造成蒙古内部动乱，顺治朝决不姑息，必进行军事打击，或以朝廷名义加以干预，以协调和解。如顺治三年，苏尼特部驻牧张家口外，其部落长腾机思封为额驸，突然叛逃到漠北蒙古喀尔喀部。多尔衮即遣大军追击，迫使腾机思上表乞降。喀尔喀部掠夺了巴林部牲畜财产，多尔衮立即进行干预，喀尔喀部即奉表谢罪。顺治朝以恩威并施的两手政策，达到了和融诸蒙的目的。

顺治朝与西藏的关系，也取得了突破性发展。皇太极去世前，已与西藏建立了初步联系。至顺治时，由遣使往还，发展到达赖亲自至京朝觐，最终确立了政治上的隶属关系。顺治九年十二月十五日，西藏宗教领袖之一达赖喇嘛历经长途跋涉，首途北京，与顺治帝实现了历史性的会晤，受到皇帝的册封，表明西藏已正式归属清朝。同时，还册封了厄鲁特部顾实汗（《清世祖实录》卷一七四，第18—19页），明确规定了西藏、青海在政治上对清朝的隶属关系。在西藏、青海归属清朝的影响下，新疆吐鲁番各民族也与清朝确立了同样性质的隶属关系（《清世祖实录》卷一O二，第22页）。对于清朝来说，所有这些成果，都是它的民族统一政策的重大胜利。

短短18年，顺治朝在各个方面都取得了胜利：削平群雄，将一个分裂的中国重新统一，尤其是把西北、青海、西藏地区纳入版图，初步解决了明朝尚未完全解决的隶属问题，为后来彻底解决这些地区的统一问题准备了条件。它在明朝的废墟上重建封建王朝，重建已残破的封建经济，稳步进入恢复阶段，并初见成效。它大力整顿思想，重点整饬吏治，初步形成了社会安定的新局面。在很短的时间内，如此迅速地取得了这些进展和成就，确实难能可贵。如不怀任何偏见，如实地看待历史，应当承认，满族这个新兴的民族，的确充满了活力，充满了窈窈乎前进不已的进取心，带领汉族、蒙古族广大军民，取得了如奇迹般的胜利。如果说，关外太祖、太宗时期为清朝的诞生开其端；那么，顺治朝则为清朝开创了统治全国的历史新纪元，更为清朝的长治久安奠定了坚实基础，为中国历史上又一个盛世康乾盛世的出现开辟了道路。

三

历史并不是一切皆美好，从来的伟大人物并非完美无缺。恰恰相反，历史的确有黑暗，有罪恶，有灾难，有丑恶。历史条件的限制，科技发展水平的时代局限，人的认识水准的局限，无论哪个伟大人物都不能超越他(她)生活的时代去创造历史，因此，他们的创造力是有限的，认识能力也只停留在与生产力发展水平相适应的程度。据此认识，一方面肯定顺治朝的成就，另一方面也不能忽略更不应掩饰它的不足、失误、错误甚至罪恶。从两个方面去认识顺治朝，评价那些站在历史潮流前头的人物，并且分清主要与次要，这才是我们应取的态度。

人们一向痛斥清入关后强迫汉人剃发易服，认为是民族压迫的野蛮行径。此策创行于努尔哈赤，他把汉人剃发易服与否，看成是真降或拒降的政治标准，凡归属后金(清)的汉人，必须剃发易服，否则即是抗拒，非我臣属，以死刑处罚。此后，这一做法便成为清朝对汉人的一项基本政策。多尔衮初入关，亦在北京城及京畿地区推行剃发，引起人心骚动，激起了汉人的愤怒情绪。多尔衮以入京立足未稳，且各方战事正在激烈进行，不想因剃发而引发骚乱，有碍清朝的稳定。遂于顺治元年五月二十三日下令，停止剃发，各随其便；冠服亦因循明制，不予更改。汉人对此自然感到满足。但仅过了一年，随着形势的变化，不剃发不易服的政策为之一变。

顺治二年五月，多铎率清军渡江，一举攻灭南明弘光政权；李自成农民军正在败逃，趋于瓦解。多尔衮以为天下太平，遂于六月向全国颁行剃发令，要求各处文武军民立即剃发，如若不遵守此令者，必以军法从事。具体规定了剃发的时间：从宣布之日起，京城内外限10天全部剃发，外地各省区自部文到日算起，也以10天为限。此令一颁，天下哗然，特别是江南地区反应激烈，遂引发了广泛的抗清运动，诸如嘉定、常州、无锡、宜兴、常熟、松江、绍兴等地，都掀起了反剃发的斗争。

各地的斗争情况，无须细说，其结局都是被清军残酷地镇压下去了，广大汉人无论衿绅、百姓，都被迫剃发易服，服从满洲文化习俗，汉族千百年延袭下来的传统为之一变。清朝用法律的规定，以行政命令，强迫汉人改变自己的习俗，服从满洲的习俗，甚至喊出了“留头不留发、留发不留头”的口号，不管清朝统治在出于何种目的或动机，都是一种有悖于理性的野蛮政策。每一个民族的文化传统包括习俗，无不是经千百年的传承、积淀而成，改变某一种习俗，不能以行政命令，更不得动用军事手段，只能靠提倡、引导，让人们去鉴别，决定取舍。这是就一般情况来说的。但有些陋习，又不得不以法律加以禁止。如，清入关前，还存在父死子妻其母、侄妻其婶伯、弟妻其嫂等习俗。皇太极在熟悉汉文化之后，下令本族严禁，如有违犯，视同奸淫罪。汉族妇女裹足，因属陋习，皇太极下令旗人妇女不得裹足。如不动用行政的或法律的手段，就难以改变某些极落后、极不利于社会进步的坏习俗。在中国历史，乃至世界史上，强迫一个民族服从另一个民族习俗的事，屡见不鲜。从理论上说，这种做法，都是错误的，但是具体问题具体分析，不能一概而论。顺治朝强迫汉人剃发易服、汉人抗拒剃发易服，双方为此都付出了血的代价，招致人身重大伤亡。当汉人被迫接受后，久而久之，遂成习惯。康熙朝以后，就不再发生抗拒剃发易服的事了。至辛亥革命时，要割辫子，汉族中很多人还加以维护，甚至抗拒割辫。至于服饰，除了西服传入，基本上还是清朝满族服饰的特色。可见，原先汉族所嘲笑、拒绝的满族习俗，在经历长期的磨合后已被认同，成了满、汉、蒙古族的共同习俗。今天，我们应历史地看待这个问题，一方面要看到顺治朝违背汉族人民的意愿，强迫改变习俗的非理性；一方面也无须把这个问题看得过于严重，重要的是，做出科学地分析，不能用绝对是、绝对否来回答。

圈地、投充、逃人法，被学术界称为清初“三大恶政”。所谓“圈地”，是指清入关后，诸王勋臣、八旗兵丁及其家属，皆“从龙”入关；还有“沈阳农民，皆令移居北京”(吴晗:《朝鲜李朝实录中的中国史料》，第3756页)。为解决其居住与生计问题，制定“圈地令”，允许在直隶与京畿地区，圈占战乱后无主荒地或故明勋戚的土地。但八旗将士不习农耕，专事打仗，圈占的土地不会经营，需要大批人力为其耕种，或供其役使。多尔衮遂下令，允许无地而贫困的汉人投身到旗下为奴，称为“投充”。这些“投充”实际是卖身为奴的旗下汉人，难以忍受主人的虐待、迫害，纷纷逃亡，被称为“逃人”。为保护满洲王公贵族及八旗将吏的利益，防止汉人逃跑，多尔衮制定“逃人法”，对“逃人”予以严厉的法律制裁。这三个问题紧密相连，互为因果。

可以肯定地说，圈地、投充、逃人法即使不认定为“恶政”，从其后果之严重，给汉族农民及其他劳动者所造成的灾难来看，亦可认为是错误的政策。但问题也并非如此简单，也应分别情况，给予具体的说明。先说圈地，缘何而起，摄政王多尔衮的令旨作了明确地交待；顺治元年十二月，先是下令“清察无主之地，安置满洲庄头”(《清世祖实录》卷一二，第8页)。接着，正式颁布圈地令：“我朝建都燕京，期于久远，凡近京各州县民人无主荒田及明国皇亲、驸马、公、侯、伯、太监等死于寇乱者无主田地甚多，户部可概行清查。若本主尚存，或本主已死而子弟存者，量口给与，其余田地尽行分给东来诸王、勋臣、兵丁人等。此非利其地土，良以东来诸王、勋臣、兵丁人等无处安置，故不得不如此区画。然此等地土，若满汉错处，必争夺不止，可令各府、州、县、乡村满汉分居，各理疆界，以杜异日争端。”此令是给先到的“东来”人“拨给田园”，其后到的，“再酌量照前与之”（《清世祖实录》卷一二，第13—14页）。

清朝迁都北京，几乎倾国而迁，以数十万之巨的人口入居北京及京畿地区，需要拨给大批土地和房屋，这是个实际问题。多尔衮决定将已死于“寇乱”的故明皇亲国戚及王公贵族的无主荒地拨给“东来”人。如果严格地限定在这个范围，所谓“圈地”就不算什么问题。然而，由于户部执行圈地时，除了圈占无主荒地外，竟将有主的土地一并圈占，殃及普通农民，所谓“圈一定，则庐舍、场圃悉皆屯有”(《皇清经世文编》卷三一，姚文燮：《圈占记》)。田主立即被逐出，连房主的物品也全部被扣留。圈占扩大化，给当地农民带来了灾难性后果。顺治二年(1645年)二月，多尔衮发现圈占不当，下令制止，要求另外补给被圈占农民同等田产，但负责的官员并不执行。当关外兵民不断内迁时，原圈占的田产不足，多尔衮又下令扩大圈占的数量，从河北等京畿地区再扩大到晋、鲁地区。以顺治四年统计为例，共圈占顺义、怀柔、密云、平谷、雄县、任邱、昌平、良乡、房山、易州、通州、蓟州、遵化、武清、高阳、保定、宝坻、滦州、乐亭等41州县一府的土地，达812897垧（《清世祖实录》卷三O，第4—5页）。经圈占后，民地所剩无几。如，今河北蓟县，原额地4348垧，仅五六年中被圈去4278垧，民地仅剩70余垧（《大清会典事例》卷一三五，第1—2页；参见昭梿《啸亭杂录》卷2，第30—31页）。圈占田地持续了20余年，至康熙八年才告停止。

圈占土地，带来了严重后果：满洲贵族占有很多土地，“广连阡陌”，生活富足；而农民“多失业”，背井离乡，流亡他处，“妇子流离，哭声满路……圈地占房，生气索然”。尽管多尔衮特别是亲政后的顺治帝痛斥非法圈占，也曾给土地被圈的农民以某些补偿，实际并不坚决纠正，所给补偿远远抵不上圈占带给他们的灾难。屡禁不止，根本原因是顺治朝以牺牲汉族农民的权益，全力保护满洲贵族及满洲八旗的特殊利益。简言之，就是剥夺汉族农民的利益，最大限度地满足满洲八旗的需要。

应当指出，在京畿地区圈地，与全局相比，毕竟是个局部问题，对全国并未产生影响。学术界有一种意见，把它看成是全国性的重大问题，未免失于夸大；又说，满洲贵族把极端落后的生产方式强加给汉人，也有夸大之嫌。还应看到，从多尔衮到顺治帝，屡次下旨，力图纠正圈地中的某些问题。这一点，也不能忽视。圈地的目的很明确，就是解决满洲贵族及八旗将吏的生计问题，并非如部分学者所说，是在推行落后的生产方式。

“投充”并不是纯属个人的行为，而是在朝廷的具体政策规定下采取的应对措施。事起顺治二年二月，以顺治帝的名义颁发谕旨，提出一项政策：在战争中被俘的汉人，如“情愿入满洲家”，可赴户部申请批准；还有“贫民无衣无食，饥寒切身”的汉人，如不能维持生计，想“投入满洲家为奴者”，由该主向户部报告，即准“投充”，但“力能自给者”不准。如罪犯隐藏罪行而投充者，一经查出，仍治罪不赦。“投充”后，不得逃跑，即不得随意离主。逃跑者为“逃人”，如有窝藏，其当地乡官甚至窝藏者的左邻右舍均按“逃人法”治罪（《清世祖实录》卷一五，第10—11页）。多尔衮解释这项政策的目的是为解救贫民的生计，为其“开生路”(《清世祖实录》卷一五，第16—29页)。实际亦非如此。如官方文件所称：“投充人，即系奴仆，本主愿卖者听。”顺治帝也明言：“投充者”，乃“奴隶也”。主人可以随意买卖。他们失去人身自由，与古代社会的奴隶没有什么区别。这项政策完全是为保护不事农桑的满洲贵族及其八旗将士而制定的，以汉人奴隶无偿的劳动来供养他们的生活。故又以“逃人法”严厉制裁“逃人”。“逃人法”始自太祖朝，凡汉人奴仆逃离主家，一经追捕到案，一律处死。太宗朝时，政策与处分皆放宽。多尔衮主政时期，以及顺治帝亲政后，其法令较之太宗朝更为严厉，与太祖朝大体相类。如，规定窝藏逃人者处死，逃人连逃三次即处死。针对“逃亡日众”，法令也更严酷。

圈地、投充、逃人法，都是官方行为，是在特定历史条件下制定的特殊政策。可以说，这些政策的规定与实施，毫无进步可言。尤其是“投充”，引诱和驱使大批汉人变为满洲贵族及八旗将吏的奴隶，实属历史倒退，即与太宗朝时将大部奴隶恢复其平民或自由民身份相比，也是大幅度的后退。而“逃人法”之严酷，同样是倒退行为。这三个方面的内容，应是顺治朝的黑暗记录。

清军渡江南下，大肆屠杀抗清的民众，也是顺治朝的一个污点。其后果，一直影响到今天，在江南广大地区，人们的遗恨不息，故对清朝多持批判态度。

清军南下大屠杀，人们最常用的事例，有所谓“扬州十日”、“嘉定屠城”、“江阴三日屠城”等说法。据明遗民所记，“扬州(十日屠城)士民死者，凡八十余万”（《明季南略》卷三，第205页，参见《南疆逸史·史可法传》）。有诗曰：“杀戮不分老与少，城中流血迸城外；十家不得一家在，到此萧条人转稀……”（邢昉《石臼后集》二，转引自周远廉等:《皇父摄政王多尔衮》第228页，吉林文史出版社）。从诗中描述可知，偌大个扬州城，已成无人之域！据《嘉定屠城纪略》，此城军民被杀2万余人。江阴城据守80天，城破后，“清兵屠城凡三日，晨出杀人，暮则归营”(《明季北略》卷四，第249页)。这座据说有20余万人口的工商业城市，看来也所剩无几了。据传，清军攻克广州后，也对全城进行毁灭性的大屠杀，死60余万……类似的记载，史不绝书。不管这些记述是否准确，是否有意夸大，但基本史实尚可相信，就是说，清军确曾有过屠杀。应当强调，主要是针对抗拒最激烈，给清军造成重大损失的那些城镇，当城破时，即开始“屠城”的报复行动，以众多百姓的生命和鲜血来补偿清军付出的生命代价，给当地的百姓造成灾难性后果。需要指出的是，这些惨剧都发生在个别地区、部分城镇，清军并不是到处屠城。如，清军进入南京，兵不刃血，百姓安宁，不受惊扰。清朝以军事手段统一全国，是大势所趋，符合中国历史发展趋势。在其统一过程中，难免遭遇最顽强最激烈的抵抗，分析其原因，从抵抗者方面说，或为忠明，或为气节而不屈，或拒绝“异族”统治，或为保卫民族文化，不愿降清，宁死勿降。从清朝方面说，显而易见的是，某些政策不当，如强行推行剃发易服的政策，不惜使用高压手段，因而激怒了如江阴、嘉定等城的兵民，以生命抗争到底，可歌可泣，值得称颂。实际上，双方都为国家的重新统一付出了重大的代价。毫无疑问，清朝作为主导的一方面，对在统一过程中发生的屠杀负有不可推御的历史责任。

以上所举，应是顺治朝存在的主要问题。当然，问题还不止于这些。如，对工商的政策，对外贸易、开放等，顺治朝保守，拒绝对外贸易，重本抑末，工商业得不到应有的发展。这些落后的政策，又为其后继者所继承。对中国的发展产生了消极的影响。受文字所限，这些问题就不逐一阐述了。

四

近20年来，在改革开放的推动下，清史研究取得了长足地进展。特别是人们观念的变革，对清史的认识趋于加深，摒弃传统的成见，逐渐形成一种新的“清史观”，给予清史以全新的诠释，科学地揭示出清史的真面貌。

顺治朝的历史，是清史研究中受到关注的热点之一。有关顺治朝的统一问题、经济政策、典章制度、吏治状况、人物评价等方面的研究，都有大量成果发表。如多尔衮传记、顺治帝传记，已有一二种或二种以上的专书问世。合两传即构成了顺治朝史的基本内容。从大的方面说，大体取得了较为一致的意见。在20年前，顺治朝的研究，基本上还是个空白领域，而经20年后，对顺治朝的研究既充实，又取得了显著的成就。

但是，问题仍然存在，换言之，尚有未触及的问题，缺乏研究；已大量展开研究的问题，尚有分歧，短期内还难以达成共识。概括地说，这些问题主要反映在以下几个方面。

关于清军入关的必然性或偶然性的问题，迄今争论甚为尖锐。一种意见认为，清军入关是必然的。主要根据是，早在皇太极时期，已把入关夺取全国政权作为战略目标，为此进行了长时期的准备，且具备了进关的实力，占地广阔，在军事上屡败明军，对于最后彻底打垮明军，确有优势。在得知农民军攻破北京、明朝已亡的消息后，主动出击，欲与农民军角逐天下。其偶然性就在于，当清军在入关的途中，意外地与吴三桂请兵求援的两使相遇，遂改变原定自经内蒙进关的行军路线，直趋山海关，与吴三桂结盟，共同击败李自成农民军，使清朝的胜利提前到来。吴三桂请兵，支援清军，对清朝来说，是个偶然性因素，却是通过清朝入关这个“必然性”体现出来。另一种意见认为，清军入关纯属偶然性，即由于吴三桂引清军入关，才侥幸战胜农民军。如果没有吴三桂的接引，清军就很难入关。这是把吴三桂请兵看成了清入关的决定性因素，即偶然性起了决定作用。持此种观点的学者断然否定清军入关的“必然说”，斥责此说是封建的“宿命说”。与此“偶然说”不尽相同，又区别于“必然说”，介于两说之间，称：清军入关，建立新王朝，“看来有他的一定的历史必然性，但是其中也充满了相当的历史偶然性”（李洵：《四十天与一百年》，《史学集刊》1985年第1期）。不难看出，此一说法，还是倾向于“偶然说”。

关于清军入关的性质，是“统一全国”，还是“征服全国”?用“统一”或“征服”来界定清军入关的内涵，鲜明地反映了两种不同的观点。“统一说”认为，在明亡前后，天下大乱，群雄并起，国家分裂，各种势力角逐，其结果，要么由一方统一全国；要么各方势均力敌，维持对峙的局面，国家将继续分裂，如同明以前曾出现过“南北朝”分立。清朝自1616年创建其前身后金政权，至1644年入关前，已领有整个东北及北部地区，成为与李自成、张献忠，后与南明并列的一大政治军事集团。这四方势力都想统一中国，君临天下。关键的问题是，应平等地看待少数民族，给予满族与李自成、张献忠、南明同等的政治地位。李自成或张献忠，或南明，重新建立一代新王朝，是天然合理的；那么，清朝也重建一代王朝，无可非议。所以，理应说清军入关统一全国，就是确切地揭示了历史真相。所说“征服”，显系贬词，如说“异民族”、“异国”，却是把满族视为不属于中华民族的外民族，将其清朝看成是中国之外的一个国家政权，当然也就否定了清朝统一全国的合法合理性。西方资产阶级学者发明了“王朝征服论”，用以解释中国的历史。中国部分学者也使用“征服”，包括“民族征服”的术语来看待清军入关，与西方学者的观点异曲同工。中国自古以来就是一个多民族的国家，各民族间的纷争，直至战争，是常有之事，用“征服”来解释他们之间的斗争或战争，是不妥的。

关于清军入关后所造成的破坏问题。有的学者认为，清军入关，进而统一中国，是以“破坏”中国的生产力为代价的。有的更明确地说：“在十七年民族征服战争中(指顺治朝)”，西北、北方及南方广大地区，都遭到“战火蹂躏”，“极为严重的破坏”，其“破坏的责任主要应当由征服者来负”。战争必然造成破坏，而破坏的程度也要依据事实，确定破坏的主要责任者。此种说法，即认定清朝发动了“民族征服战争”，应负主要责任。事实是，在清军入关前，先有明末政治腐败，加之天灾，已给生产力和农民的生活造成破坏，接着是长达17年的农民战争，同样造成了更严重的破坏。如崇祯十三年，李自成决黄河水以淹开封，数十万人被淹死，致使黄河改道，水患无穷。李自成从北京撤出时，劫夺明宫及百姓财物，举火焚烧宫殿，这也是破坏。事实是，清军入关前，中原已经受到严重破坏，百姓生命财产遭受严重损失。强调清军入关造成严重破坏来否定清军入关统一全国，是不合理、不符合事实的说法。

与清军入关，统一全国密切相关的一个问题是，清统一了全国，把中国拉向了倒退，使中国“迟缓发展”100年。有的甚至说，明朝若不灭亡，会加速中国的发展历程；如果李自成建立新政权，也将使中国加快发展，等等，就是不许清朝统一中国，它统一了，就使中国落后了。这又把“落后”的责任推给了清朝。这都是没有根据的主观想像。中国社会自有其自身的发展规律，绝不能依个人的意志为转移。无论是明朝，李自成的农民政权，还是入主中原的清朝，都不是先进阶级和先进生产力的代表，谁也设计不出更新的社会制度的方案，只能是王朝的更替，照旧是封建专制统治。

人物评价问题，也是顺治朝研究的一个热点。顺治朝最重要的人物，莫过于摄政王多尔衮，所出传记及专文讨论，观点基本一致，给予了肯定的评价。其次是顺治帝，基本没有争议。最有争论的人物，主要集中在降清人物的评价。从清军入关，首降吴三桂及其属将；其后，降者成千累万，既有高级将吏，更多的是广大士卒。他们从明朝、从农民军队伍投入清政权其原因多种多样，但其降清的性质都是一样的。一种看法是，在明朝崩溃或农民政权瓦解过程中，他们中的许多人投向胜利者，是自然的现象，反映了人心所向、大势所趋，为清朝统一全国而效力，并不是一件坏事，无须过多指责，不能简单地以道德观念来否定这些千千万万的人们。一句话，应从历史发展的趋势，是走向光明或是走向黑暗这个大前提下考察，做出应有的评价。另一种截然相反的意见，把这些降清的人统统打入“汉奸”之列，给予声讨挞伐，强调道德、气节，以此为标准，凡降清者都予否定；凡不投降，至死不屈者，皆给予肯定。这里，仅提出给那些降清的人都戴一顶“汉奸”的政治帽子，是否合适?相信读者会做出正确的判断。

分歧的看法，争论的问题还有，受篇幅之限，就不一一列举了。举出以上几个问题，为进一步展开研究提供了一个参考和提示，便于将研究引向深入。

这篇“序言”，从不同方面提出问题，勾划出顺治朝历史的基本梗概。是否妥当，有无遗漏，表述的观点正确与否，尚有待读者的识别，予以指正。

本书是以图片的形式，系统地编织顺治朝的历史。本序言就权作图录的说明吧!

2001 年 7 月 16 日

长春　威尼斯花园

图版目录

战事篇

一　清军入关

（一）　明朝灭亡

大顺军兵锋直指北京，煤山飘摇的古树，见证了大明王朝铜驼荆棘。

（二）　血战山海关

天下第一关内外走石飞沙，战马嘶鸣，两支精锐之师在刀光剑影中血肉相搏。

二　一统神州

（一）　西征大顺

九宫山墓草青青，枯荣有期，静静地相伴曾经叱咤风云的一代农民领袖。

（二） 征伐大西

蜀道之难危乎高哉，八旗铁骑踏平坎坷，荡平全川。

（三） 覆亡弘光

强渡长江天堑，八旗铁蹄踏入南京，弘光政权的南北分治终成一厢情愿的缥缈梦幻。

（四） 平定鲁王、隆武和绍武

南明政权豆萁相燃，清军坐收渔翁之利，诸小朝廷如走马换灯，转瞬即逝。

（五）　绞杀永历

永历帝在风声鹤唳中颠沛流离，苦撑江南半壁，面对清军咄咄逼进的猛烈攻势，终未免灭顶之灾。

（六）　鏖战郑成功

清廷大军压境，雄踞东南海疆的郑成功何去何从？

政务篇

一 入主中原

（一） 定都北京

八旗旌旗，猎猎飘扬在北京城四隅八方。

（二） 礼葬崇祯帝

为九泉之下崇祯帝发丧礼葬，清廷意欲何在？

（三） 顺治帝登极

皇极门前隆盛的礼乐奏鸣声中，顺治帝践祚登极，拉开了华夏大地江山易代的帷幕。

（四）　多尔衮摄政

幼主临朝，皇权析分，叔王多尔衮一手遮天。

二　建构制度

（一）　祭天祀祖

清廷一承“礼莫重于事天，孝莫大于尊亲”之古制，祭天祀祖，遵行不悖。

（二） 典律卤簿

颁行典律彰明法纪，定制卤簿仪仗尽显帝王威严。

（三） 衣冠服饰

马蹄箭袖，红缨披领，浓郁的骑射民族服饰风尚依存。

（四） 谥宝谥册

美玉幽幽，镌刻着对先祖功德毕恭毕敬的无限颂赞。

（五） 增置绿营

汉军绿营应时而生，疲于征战的清军八旗如虎添翼。

（六） 宫廷机构

红墙黄瓦之下，庞大的宫廷机构各尽其职。

（七） 邮传驿递

马蹄声声，邮传驿递机构迎来送往。

三 顺治帝亲政

（一） 顺治帝亲政

摄政王多尔衮猝亡，顺治帝仰人鼻息的日子不复再现。

（二） 追罪多尔衮

多尔衮尸骨未寒声名狼藉，少年天子踌躇满志乾纲独断。

（三） 废立皇后

顺治帝两度废后，轩然起波，却对红颜知己董鄂妃痴情不渝，演绎一出江山美人缠绵故事。

（四） 顺治帝之死

董鄂妃撒手人寰，顺治帝“为伊消得人憔悴”，身染痘疾，怅然作古。

民族篇

一 满蒙联盟

满蒙联盟世结姻娅，编结成清廷北部边防一道坚不可摧的无形屏藩。

二 册封西藏

北京南苑皇家猎场，顺治帝与五世达赖喇嘛“不期而遇”

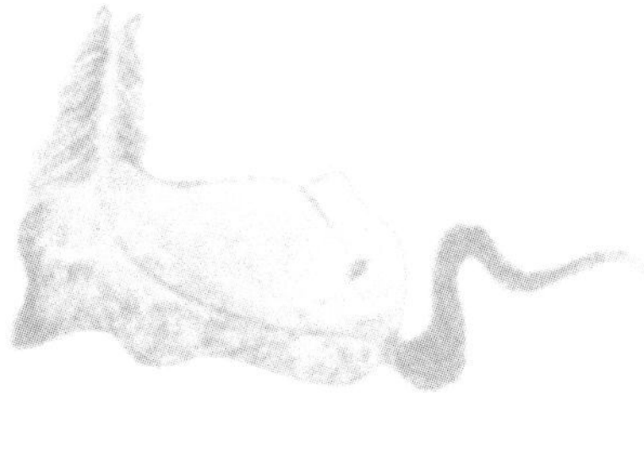

经济篇

一　经济措制

一册在手，赋役征派有据，
一纸令下，官吏督垦荒地。

二　重建三织造

江南丝织华彩再现，绫罗锦缎源源供应皇宫用度。

三　瓷器制造

瓷窑火焰熊熊复燃，中国传统工艺再度隆兴。

文化篇

一 尊孔开科

中国数千年传统的崇儒尊孔之风常续不绝。开科取士，天下群英纷入清廷彀中。

二 颁行历法

西洋历法怦然敲开了壁垒森严的中国皇宫大门。

三 习文修书

弯弓尚武的顺治帝墨笔丹青，挥抹着他个人世界鲜为人知的另一面。

四 思想文化

明清鼎革，社会思潮激荡，历经对“社稷沦亡，天下陆沉”的深刻反思，宋明理学走上穷途末路，“经世致用”的旗幡高扬于时代前列。

编者说明

《清史图典》共分为12册，依次为《太祖　太宗朝》、《顺治朝》、《康熙朝》（上下册）、《雍正朝》、《乾隆朝》（上下册）、《嘉庆朝》、《道光朝》、《咸丰　同治朝》、《光绪　宣统朝》（上下册）。

1. 篇章结构

由于清朝历史发展以及清朝各个时期存世文物的不平衡性，各朝在篇章划分上不尽一致。有的分册军政合一为“军政篇”，有的则析分为“政务篇”、“战事篇”；除一般分为政治、军事、经济、文化四大类别外，个别分册还单列“源流篇”、“民族篇”、“中外交流篇”、“风物篇”等。有些朝代的战争并非单纯意义上的军事问题，同时更具有政治意义，但为了表述的脉路清晰，故把所有与战争有关的历史事件，归结为“战事篇”。

2. 编排法

每册先按类别分篇，每篇内再编年排比。

3. 纪年

《清史图典》按朝代划分，一律以年号纪年。在年号纪年的表述上，以现今通行的正朔王朝纪年作为主线，如《太祖　太宗朝》展现的是满洲（女真）族入关前的历史，属于地方政权，而当时中国的历史序列是明王朝，故采用明朝年号纪年，以括号括注公元纪年与清太祖的天命、清太宗的天聪、崇德年号，如明万历四十七年（1619年，天命四年）；清入关后，取代明朝成为正朔，则把诸如南明政权的年号放在括号内，如顺治十年（1653年，永历八年）。括注公元纪年时，在连续的行文中，第一次出现的年号括注，以后则不括注。

4. 皇帝称谓

在即位前写其名字，即位后写年号，即胤禛——雍正帝、弘历——乾隆帝。

5. 文物表述

《清史图典》以图说史，对所采用的文物，首先向读者介绍该文物本身的特质，然后再揭示其历史内涵。对文物本身特质的表述按照作者、时代、质地、尺寸、收藏地为序。

（1） 对纸本类文物加书名号，并表明它的形式，如“卷”、“轴”、“册”、“拓片”，如：《康熙帝朝服像》轴、《乾隆帝南巡图》 卷、《十骏犬图》册、《洪承畴墓碑》拓片；

（2） 书影、档案的形式较为明确，不再特别标明，善本、殿本、抄本、稿本类书籍标明版本，收藏地，非善本书一般不再特别标明。

（3） 一般印章文物，如所写名称即是印面文字，则加引号，如只有印章实体，无印文，则不加引号，如：正红旗护军统领印、“正红旗护军统领印”印文；谥宝印文字数很多，在开列名称时有别与一般印章的写法，如：顺治帝谥宝、顺治帝谥宝宝文，然后对宝文进行注释。

（4） 为表明采用文物局部的来源，使用间隔点，间隔点之前为原文物名称，之后为编者根据图版的实际内容所作的定名，如《清太宗文皇帝实录·改女真为满洲上谕》、《木兰图卷·行营》、粉彩制瓷图瓶·制坯图。

6. 古建筑、遗址表述

对现今仍保存完好，属于文物保护单位的古建筑，则直书其名；如在原建筑基址上另修建筑，则在原建筑名称后写“原址”二字。

7. 地名表述

对历史上的地名与现今地名不一致者，加括号注明，二者一致者则不再括注。由于现今行政区划时有调整，一般在地名后不标注其级别“省”、“市”、“县”等。

战事篇

明崇祯十七年（1644年）三月，已建立大顺政权的李自成农民军攻克北京，明朝灭亡。雄踞关外的清政权面对骤变局势迅速调整总体战略，变与明廷为敌而为与大顺政权争夺天下，明确提出入主中原，一统天下的战略目标。四月初八日，摄政王多尔衮率兵大举进关，收降吴三桂。二十二日，于山海关大败李自成，进驻北京。李自成农民军退回陕西。十月初一，顺治帝在皇极门（清代改称太和门）举行定鼎登极大典，从此宣告清廷取代明廷开始对全国进行统治。

清军入关后，各地出现派别众多的抗清势力，既有李自成、张献忠等农民起义军，也有“南明”的江南旧明王朝残余势力，还有抗拒清廷民族歧视与压迫的反清武装。反抗浪潮风起云涌。清廷随即调兵遣将，全力征伐，开始了平定天下，统一全国的战争。

当时清军兵力合满洲、汉军 、蒙古八旗，约20余万人，人数上明显不占优势，为此采取集中优势兵力，各个击破的战略。顺治元年（1644年）十月，清军率先进攻李自成大顺军。顺治二年正月占领西安。李自成一路溃败，顺治二年五月，在湖北通山县九宫山遭当地地主武装的袭击遇害。大顺政权至此灭亡。余部则分散在湖南、湖北等地继续抗清近20年之久。

覆灭李自成后，清军兵锋转向张献忠的大西政权。顺治三年正月，肃亲王豪格率军进攻四川。八月，在西充凤凰山一役射杀张献忠，大西政权瓦解。余部由孙可望、李定国率领，南下云贵，投入南明永历政权共同抗清，延续至康熙元年（1662年）最后失败。

明廷灭亡之后，明宗室在南方相继建立了弘光政权、隆武政权、鲁王监国政权、绍武政权和永历政权，史称南明，占据江淮、闽浙、湖广及云贵广大地区。自顺治元年弘光政权起，至康熙元年永历政权灭亡止，历时18年。

在福建沿海，郑成功于顺治五年攻取厦门，作为抗清基地，曾沿长江一度攻至南京。顺治十八年，郑成功放弃大陆，渡海驱逐荷兰殖民者，收复台湾。清军最后平定台湾，已是康熙二十二年。

终顺治朝18年，清廷连年征战，四下征抚，到顺治朝结束时，基本平定了全国各地的抗清势力，除台湾外，基本完成统一全国的大业，为康乾盛世的到来奠定了基础。

一 清军入关

明崇祯十六年（后金崇德八年，1643年）八月初九日，皇太极在盛京（今沈阳）去世，多尔衮、豪格叔侄两王争位，经各派折衷，推出皇太极第九子、年仅六岁的福临即皇帝位，颁诏改明年为顺治元年。因福临尚处幼冲，国政由叔父睿亲王多尔衮和堂叔父郑亲王济尔哈朗共同辅理。大清朝在完成了皇位新旧交接后，随即厉兵秣马，准备大举攻明，进取中原，继续完成祖、父辈未竟之业。

放眼南望，此时中原大地的农民起义已成燎原之势，正猛烈地冲击着日薄西山、气息奄奄的明王朝。明崇祯十七年正月初一，李自成在西安建立政权，国号大顺。初八，李自成亲率大军自西安出兵北上，揭开了进攻明朝政治中心北京的序幕。同时，另派刘芳亮率军由河南向北进军直隶，意在切断崇祯帝南逃之路及南方诸省北上"勤王"之援兵。在大顺军两路的钳形攻势下，京师形同孤城。三月十九日，李自成攻占北京，崇祯帝朱由检于煤山自缢身亡，统治中国276年的明王朝自此终结。

清廷争夺天下的对手，骤然间由朱氏明王朝转换为李自成的大顺农民政权。顺治元年（1644年）四月初九，清廷下令"男丁七十以下，十岁以上，无不从军"，几乎倾国出动，由多尔衮亲自率领，大举入关。在决定清军与大顺农民军两大政权历史命运的山海关之战中，清军争得明镇守宁远总兵吴三桂投顺相助这一重要力量，大败李自成农民军。败退回京的李自成于四月二十九日在武英殿匆匆即皇帝位，第二天撤离北京，向陕西撤退。多尔衮于五月初二日进入北京。清朝取代明朝成为华夏新的主宰。

（一）　明朝灭亡

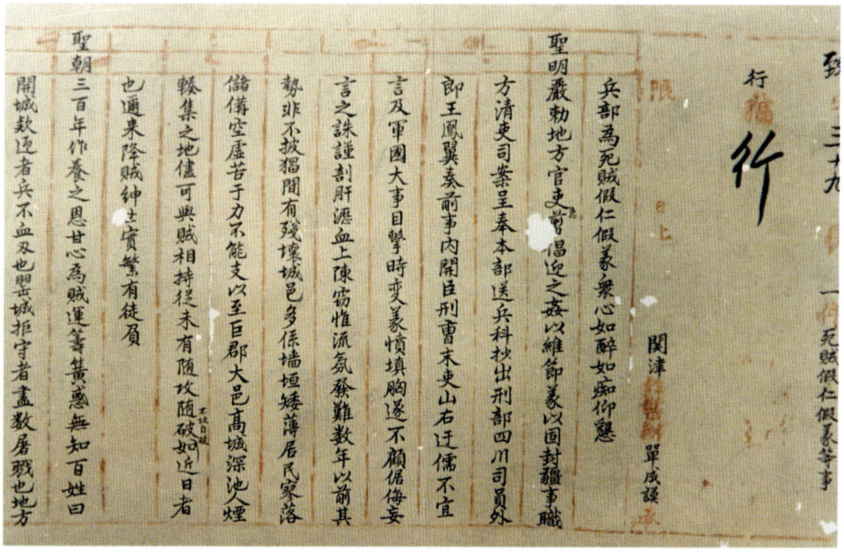
兵部為死賊假仁假義眾心如醉如痴仰懇
聖明嚴勅地方官吏首倡迎姦以維節義以固封疆事職
方清吏司案呈奉本部送兵科抄出刑部四川司員外
郎王鳳翼奏前事內開臣刑曹末吏山右迂儒不宜
言及軍國大事目擊時変義憤填胸遂不顧俱侮妄
言之誅謹剖肝瀝血上陳竊惟流氛發難數年以前其
勢非不披猖間有殘壞城邑多係牆垣矮薄居民寥落
儲備空虛苦于力不能支以至巨郡大邑高城深池人煙
輳集之地儘可與賊相持徒未有隨攻隨破如近日者
也通來降賊紳士實繁有徒負
聖朝三百年作養之恩甘心為賊運籌黃惑無知百姓曰
開城款迎者兵不血刃也堅城拒守者盡數屠戮也地方

《崇祯十七年兵部题稿》之一

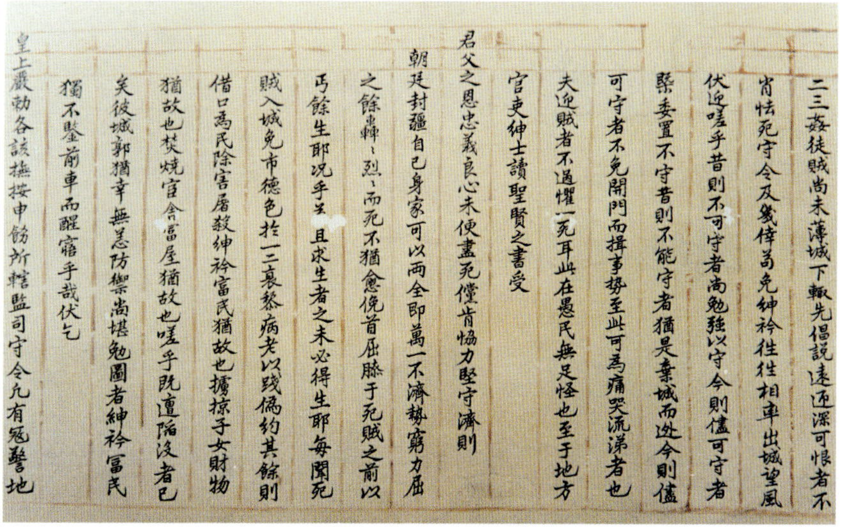
二三姦徒賊尚未薄城下輒先倡說遠迎深可恨者不
肖怯死守令及幾倖苟免紳衿往往相率出城望風
伏迎嗟乎昔則不可守者尚勉強以守今則儘可守者
棄妻置不守昔則不能守者猶是棄城而逃今則儘
可守者不免開門而揖事勢至此可為痛哭流涕者也
夫迎賊者不過懼一死耳此在愚民無足怪也至于地方
官吏紳士讀聖賢之書受
君父之恩忠義良心未便盡死儻肯協力堅守濟則
朝廷封疆自己身家可以兩全即萬一不濟勢窮力屈
之餘轟轟烈烈而死不猶愈俛首屈膝于死賊之前以
丐餘生耶況乎且求生者之未必得生耶每聞死
賊入城免市德色於一二衰黎病老以賤偽約其餘則
借口為民除害屠殺紳衿富民猶故也擄掠子女財物
猶故也焚燒官舍富屋猶故也嗟乎既遭陷沒者已
矣彼城郭猶幸無恙防禦尚堪勉圖者紳衿富民
獨不鑒前車而醒寤乎哉伏乞
皇上嚴勅各該撫按申飭所轄監司守令凡有冤譬地

《崇祯十七年兵部题稿》之二

崇祯十七年（1644 年），明末农民起义已进入即将取得全国政权的最后阶段。正月初八，李自成从西安挥师进军北京，向摇摇欲坠的明王朝发起最后的冲击，一路所向披靡，绝大部分地区兵不血刃，不战而胜，许多明地方守官望风投顺。图为正月十八日兵部所进题稿，恳请崇祯帝严饬守官克尽职守，对投降者予以正法，以阻止将兵杂佐望风而降的颓势，坚定兵民守城之心。

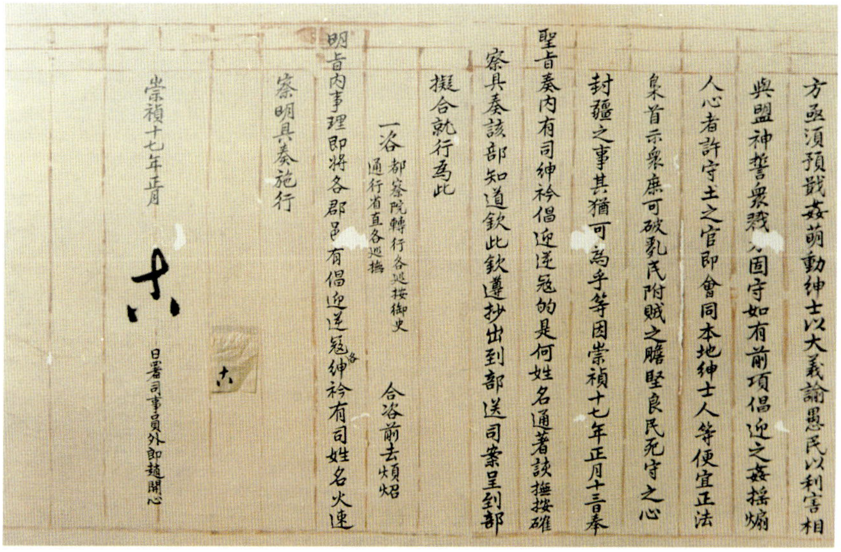
方亟須預戢姦萌動紳士以大義諭愚民以利害相
與盟神誓眾戮力固守如有前項倡迎之姦搖煽
人心者許守土之官即會同本地紳士人等便宜正法
梟首示眾庶可破亂民附賊之膽堅良民死守之心
封疆之事其猶可為乎等因崇禎十七年正月十三日奉
聖旨奏內有司紳衿倡迎逆冦的是何姓名通著該撫按確
察具奏該部知道欽此欽遵抄出到部送司案呈到部
擬合就行為此
一咨 都察院轉行各巡按御史 合咨前去煩照
明旨內事理即將各郡邑有倡迎逆冦各紳衿有司姓名火速
察明具奏施行
崇禎十七年正月
日署司事員外郎趙開心

《崇祯十七年兵部题稿》之三

山西宁武关

大顺军于崇祯十七年（1644年）二月初八占领太原，随后连克忻州、代州。明三关总兵周遇吉退守长城重要关隘宁武关，据险抵抗。大顺军经两天激战，于二月二十二日破关擒杀周遇吉。

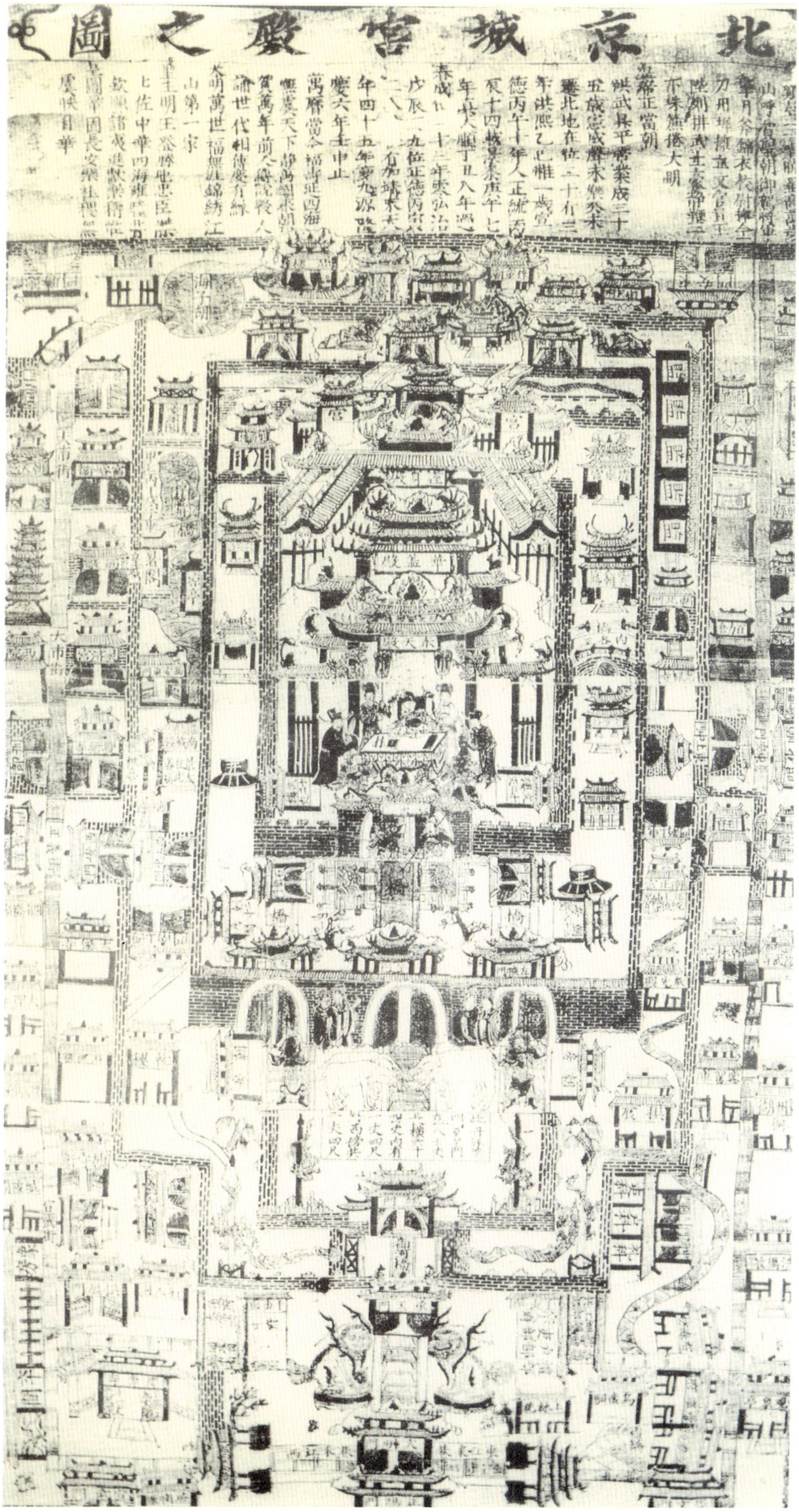

《明代北京城宫殿图》

明人绘。日本宫城县东北大学图书馆藏。

宁武之战后，大顺军迅速占领大同、阳和（明宣大总督驻守处）、宣府（今河北宣化）等军事重镇，三月十五日抵达居庸关，守将总兵唐通开关迎降。明朝京师的西北屏障全线失守，统治核心北京城一览无遗地暴露在大顺军兵镝之下。

《崇祯帝像》摹本

崇祯帝（1611-1644年），即明思宗朱由检，1627-1644年在位，年号崇祯。在位期间各种社会矛盾严重激化，农民起义风起云涌，地处关外的后金(清)迅速崛起，叩关问鼎，大明江山在内忧外患中风雨飘摇。

大顺军两路合击，崇祯帝惶惶不可终日，急求对策，欲放弃宁远，调吴三桂入关勤王，却又担忧辽东空虚为清军所乘。生性优柔的崇祯帝狐疑不决，直至崇祯十七年（1644年）三月才加封吴三桂为平西伯，令其进京戍卫，但为时已晚。迁都南京之议虽曾提出，但也争论不休，终未能定断。到三月中旬，大顺军合围北京之势行将完成，崇祯帝下《罪己诏》，在号召臣民“忠君爱国”的同时，对自己也只能做出“朕不能守社稷，然能死社稷”之无奈选择了。

《崇祯帝手迹“九思”》卷

“九思”，语出《论语·季氏》：“君子有九思，视思明，听思聪，色思温，貌思恭，言思忠，事思敬，疑思问，忿思难，见得思义。”崇祯帝书“九思”，欲表其行事有节而不迷惑之心迹。但面临国之大厦将倾，祖宗家业尽失，二百余年江山社稷断送在自己手中，“九思”之外，又作何所思呢？

崇祯帝押印

青玉质，蹲龙钮。长11厘米，宽9厘米，通高11.2 厘米。故宫博物院藏。

崇祯帝这方御用花押玉印，是其名讳“由检”两字花写而成。花押印为印章之一种，即是将花押式样的姓名刻入印章中，以代签押之用，使人不易摹仿，作为取信的凭记。帝王之印，总是比附着种种至尊的荣耀与辉煌，但世道更迭，这些外在的炫目荣光也倏然隐褪，一还其朴质的天然之本。

《明末农民起义军攻占北京图》

17 世纪法国绘画。

崇祯十七年（1644年）三月十七日，大顺军包围北京城，从西直门、平则门（今阜成门）、彰仪门（今广安门）等处发起进攻。十八日夜，破彰仪门攻入南城。当时西方传教士用画笔记录了他们想像的这一天翻地覆的历史性一幕。

《崇祯皇帝自缢图》

17 世纪法国绘画。

崇祯帝闻城破，即命太子和另两皇子随太监乔扮民人出逃，逼周皇后自缢，亲刺其妃、女数人，随后易服同太监王承恩等人出东华门，试图从齐化门（今朝阳门）、崇文门、正阳门等处突围，均遭阻隔。三月十九日晨，崇祯帝亲自鸣钟召集百官却无一至者，无奈与王承恩出神武门，登煤山（景山）以发覆面，自缢而亡。同日，李自成由德胜门入京，进驻皇宫。至此，享国276年的明王朝宣告灭亡。

崇祯帝自缢处旧照

旧碑古树，一代天子34岁的生命在此终结，大明二百余年的宏大基业也随之轰然倒塌。古树南向，静静地俯瞰铜驼荆棘的亡国残破之景，见证了末代皇帝的万念俱灰和新朝君主的神色飞扬。

（二） 血战山海关

大政殿

崇祯十六年（后金崇德八年，1643年）八月二十六日，清太宗皇太极第九子、六岁的福临在盛京（今沈阳）大政殿正式举行即位大典，宣布改明年为顺治元年。顺治元年（1644年）四月初八，顺治帝在此殿赐多尔衮奉命大将军印，命其“代统大军，往定中原”。次日，多尔衮统领满洲、蒙古兵主力及汉军恭顺等三王所部兵，浩浩荡荡，鸣炮启行，迈出了逐鹿中原，一统华夏的战争步伐。

山海关

山海雄关，控扼东北地区与中原内地的咽喉所在，自古为兵家必争之地。多尔衮率八旗军大举入关，初欲绕开曾令他们屡屡碰壁的山海关防线而从蓟州、密云等地破长城而入京。但行军至翁后（今辽宁阜新地区）时接明朝总兵吴三桂求援书，多尔衮遂下令立即改道，火速向山海关进发。而此时的李自成大顺政权则对清出兵与己争夺天下的危险性缺乏清醒的认识，数万大军歌舞升平，尚沉醉于繁华北京城的歌作酒酣之中。因此，没有在北京与山海关之间及山海关地区部署重兵，仅派降将、原明总兵唐通率部属8000人马接管山海关防务。

山海关上明代炮台

坚城利炮，巍然立于天下第一关的城头，昔日顽强地阻挡着八旗劲旅前进的步伐，曾重挫骁勇善战的努尔哈赤和皇太极叩关南下之勃勃锐气，将其入主中原之梦击得粉碎。而如今，面对即将压城而至的更为汹涌猛烈的战争阴霾，雄风是否依然？

《吴三桂像》

清人绘。纸本。

吴三桂（1612-1687年），辽东中后所(辽宁绥中县)人。时任统领重兵的明辽东宁远总兵官，在大顺与清廷势均力敌的较量中举足轻重，是左右时局的关键人物。他在双方都对其进行的招降中，静观其变，伺机而动。他首先选择了大顺，于崇祯十七年（1644年）三月二十三日，率部进京欲朝见新主。途中闻知大顺军拘押其父，夺掳爱妾陈圆圆，于是骤然生变，迅即回师重踞山海关，向清军乞师求援。

《陈圆圆像》

清人绘。纸本，设色。

吴三桂“冲冠一怒为红颜”，“红颜”即吴之妾，苏州名妓陈圆圆。当吴三桂闻知其为大顺军将领刘宗敏所掳时，拔剑斩案，大怒道：“大丈夫不能保一女子，何面目见人耶？”吴三桂的“英雄无奈是多情”，成全了纤纤女子陈圆圆“一代红妆照汗青”，他以拱手献关换得个人儿女情长的心灵慰藉。

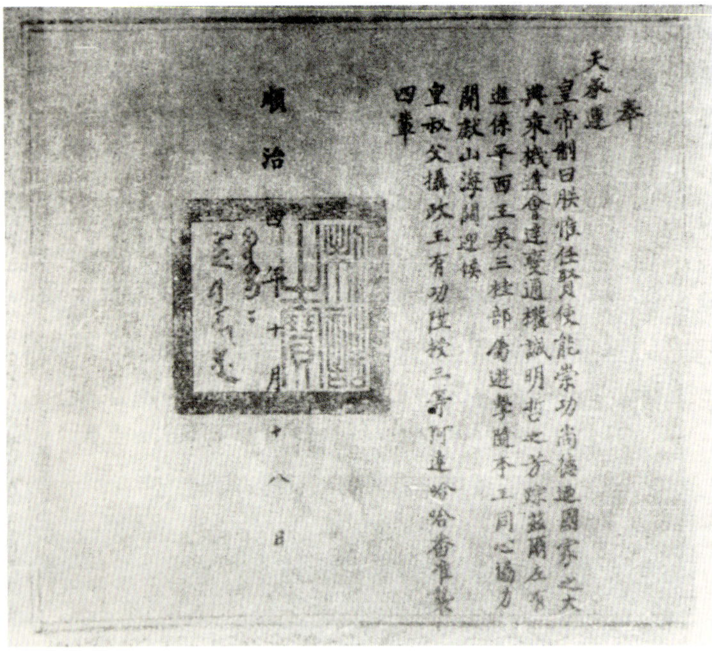
奉
天承運
皇帝制曰朕惟任賢使能崇功尚德迺國家之大
典來職遣會達變通權識明哲之芳踪茲爾左右
進保平西王吳三桂部屬進擊隨本王同心協力
關獻山海關迎接
皇叔父攝政王有功陞授三等阿達哈哈番章京
四章
順治四年十月十八日

《顺治帝封吴三桂部将告敕》

中国第一历史档案馆藏。

告敕为顺治四年（1647年）十月十八日，顺治帝奖赏吴三桂及部属献山海关有功所颁。

吴三桂突如其来的出尔反尔，把大顺政权推向了危如累卵的险境，战争胜利的天平开始向清廷一方倾斜。偏处关外，觊觎关内多年的清廷，终于迎来了问鼎中原，千载难逢的历史机遇。无怪乎清廷数年后对此间功臣还念念不忘。历史发展的走向，往往在瞬息之间决定。这一次，清廷无疑捕捉到了这一机遇。

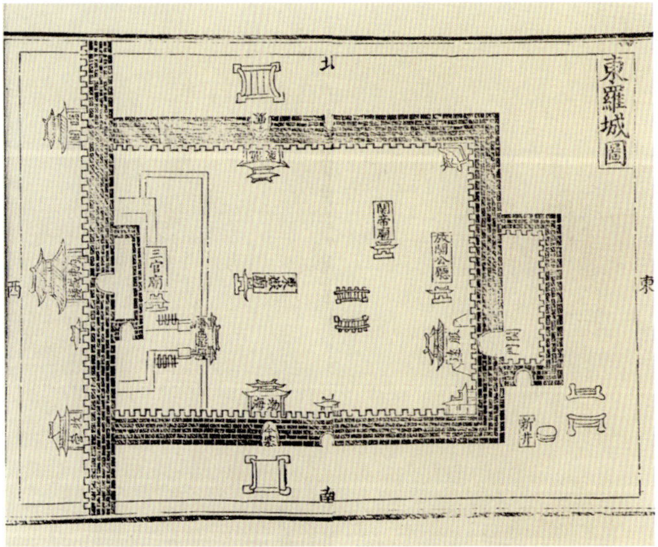

《山海关志·东罗城图》

《山海关志》，康熙九年（1670年）刊行。中国国家图书馆藏。

李自成闻吴三桂之变，一面下令唐通领轻骑自距山海关约十五公里的一片石越关外，以截断吴三桂与关外的联络；一面于顺治元年（1644年）四月十三日亲自率军东征。四月二十一日，双方在山海关前关内石河一线和山海关的护城东罗城、西罗城和北翼城内外展开激烈厮杀。

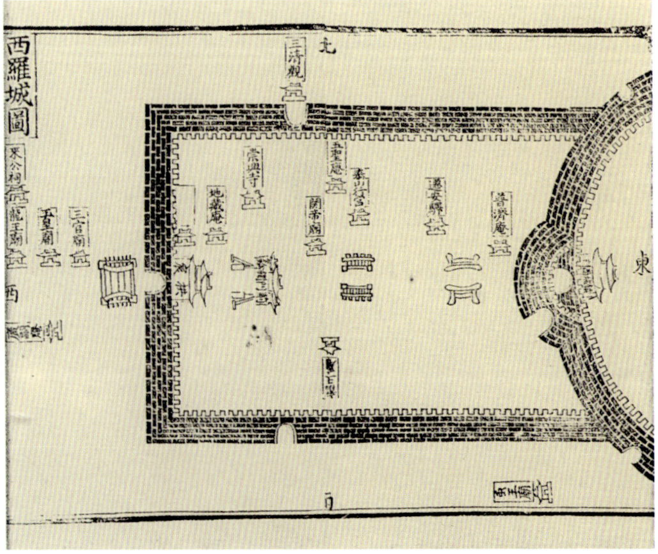

《山海关志·西罗城图》

《山海关志》，康熙九年（1670年）刊行。中国国家图书馆藏。

李自成亲自指挥大顺军猛攻，激战至中午，大顺军数千骑飞奔透阵，抵西罗城北，直攻关城。双方均伤亡惨重，而吴三桂军则几不能支。但李自成未能于清军赶到之前迅速攻下山海关，不可避免地陷入了腹背受敌的苦战境地。

一片石遗址

顺治元年(1644年)四月二十一日夜晚，清军火速进抵山海关外，在一片石击败唐通，扫清了入关的障碍。次日凌晨，吴三桂炮轰突围，急驰至清营拜见多尔衮，剃发称臣，开关迎降。清军随即进关，先蓄锐不发，待大顺军与吴三桂军又战至精疲力竭之时，迅速呼啸出击，大顺军不堪抵挡，纷然溃败。从此一路西逃，再无整军对阵的还手之力，八旗铁骑奔流入关。

武英殿

李自成败退回京，于顺治元年（1644年）四月二十九日在武英殿匆忙即皇帝位，入夜火烧皇宫及九门城楼，次日撤离北京，回师陕西。多尔衮率军于五月初二进入北京。多尔衮在火后尚存的武英殿升御座，伴随鼓乐奏鸣和旧明文武群臣的山呼拥戴，多尔衮俨然以改朝换代的新主宰自居。

二　一统神州

顺治元年十月，顺治帝登极仪式一结束，即调兵遣将，全面进攻大顺农民军，在豫亲王多铎和英亲王阿济格两路大军合击下，大顺政权于顺治二年（1645年）五月覆灭。

顺治三年正月，多尔衮命肃亲王豪格为靖远大将军，领兵西征四川大西政权。张献忠率军迎击，至西充凤凰山遭清军突袭，中箭身亡，大西政权随之瓦解。余部由孙可望、李定国率领，南下云贵，投奔南明永历政权共同抗清，一直坚持至康熙元年（1662年）最后失败。

清廷对南明弘光政权采取怀柔与打击兼施的策略。顺治二年五月，在劝降无效后，豫亲王多铎率军进占南京。弘光政权覆灭。此后，明宗室相继建立隆武、鲁王监国、绍武和永历诸政权，但其共同特点是皇帝昏庸无能，朝臣内讧不休，互相之间为正统之名争斗不已。除永历政权外，其余很快就被清军剿灭。

永历政权在南明诸政权中延续时间最长，顺治三年十一月建立，统辖湖广、云贵、两广、四川、江西等省及福建沿海郑成功控制区，一度声势浩大。但内部朝臣结党相争，攻讦不休，又排斥农民军。在清兵的猛烈攻势下，永历帝朱由榔颠沛流离，在西南苦撑了十余年。康熙元年四月，朱由榔在昆明被吴三桂绞杀，永历政权覆亡。

郑成功领导的抗清势力雄踞福建，一度给清廷带来很大威胁。顺治十八年，郑成功面对清一统全国之势，难以立足，遂渡海驱逐荷兰殖民者，收复台湾，以图长期隔海对峙。清军最后平定台湾，已是康熙二十二年。

（一） 西征大顺

永昌通宝

陕西省博物馆藏。

明崇祯十七年(1644年)正月，李自成在西安建国号大顺，称大顺王，改元永昌，正式建立了政权，铸永昌通宝铜钱。分小平、折五两种，钱文楷书。

“辽州之契”印文

故宫博物院藏。印面朱文九叠篆“辽州之契”。背款二行，首行释印文，次行“癸未年十二月日造”，边款“天字贰佰伍十壹号”。

癸未年乃明崇祯十六年（1643年），辽州属山西大同府。李自成官印分为符、券、契、章凡四等，称印为“契”是为避其父名“印家”之讳。此系李自成于建元永昌前颁授辽州的一方官印。

“金乡县契”印文

印面篆书“金乡县契”。背款二行，首行释印文，次行“永昌元年二月造”，边款“宇字贰百贰拾伍号”。

明代金乡县隶属山东兖州府，此印的颁发表明山东地区曾纳入大顺政权统辖之下。

工政府屯田清吏司印

铜质，柱钮。长7.9 厘米，宽7.9 厘米，通高10.1 厘米。中国历史博物馆藏。

明崇祯十六年（1643年）二月，李自成攻克襄阳后，成立新顺政权，仿明六部而设吏、户、礼、兵、刑、工六政府。屯田清吏司为工政府下属的四个清吏司之一，主管屯种、农耕、夫役、军储等事务。此印为李自成攻占北京后铸造。

“工政府屯田清吏司契” 印文

印文篆书“工政府屯田清吏司契”。背款二行，首行释印文，次行刻“永昌元年肆月日造”，边款“宇字伍百贰拾捌号”。

“三水县信” 印文

铜质。印文篆书“三水县信”。背款三行，首行释印文，次行“礼政府造”，三行“永昌元年十二月日造”，边款“安字壹佰号”。

三水县属明朝西安府邠州，此印当是李自成由北京退守西安后所造，这或许表明李自成尚有退关自守的决心，但此时已是回天无力了。

《九边图·大同》

（明） 申用懋绘。绢本，设色。中国历史博物馆藏。

多尔衮引而不发，并不急于进攻李自成大顺军，而是步步为营，先着手扫清大顺军占领区外围的反抗力量，以获得相对稳定的后方。大同、宣府（今河北宣化）二镇拱卫京师，襟带蒙古，地理位置十分重要，向为兵家所必争。顺治元年（1644年）六月，清军进攻山西，大顺军守将姜瓖以大同、宁武降。十月，攻取太原，控制山西大部地区。此图可见大同周边的地理形势。

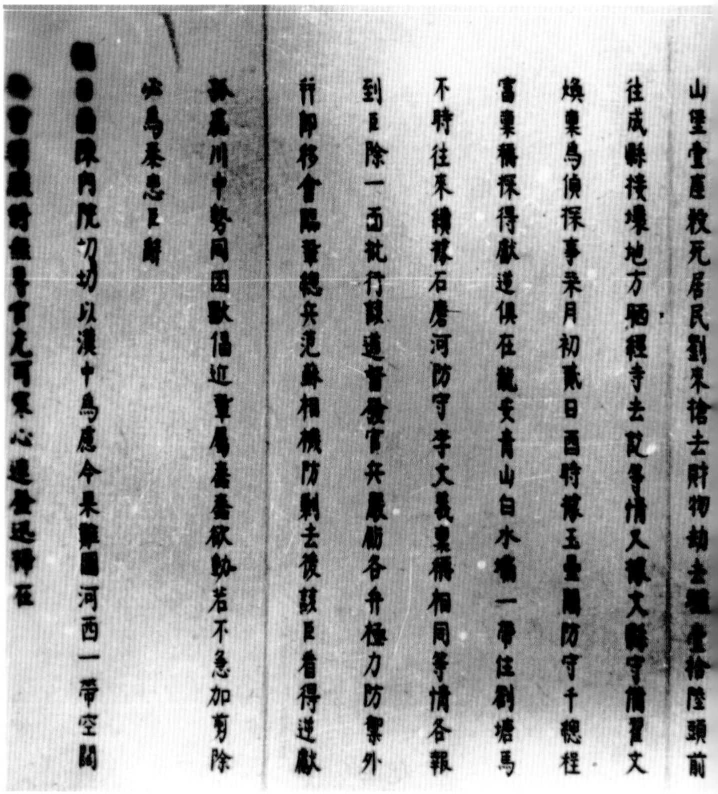
山堡壹座，放死居民劉朱諸去財物劫去鐵壹拾陸頭前
往成縣接壤地方駟程寺去訖等情又據大縣守備署文
煥稟為偵探事本月初貳日酉時據玉壘關防守千總程
富稟稱探得獻逆俱在龍受青山白水壩一帶住劄塘馬
不時往來續據石磨河防守李文義稟稱相同等情各報
到臣除一面批行該道督發官兵嚴飭各弁極力防禦外
[illegible]即移會臨鞏總兵范蘇相機防剿去後該臣看得逆獻
[illegible]川中勢同困獸倡近草屬蠢蠢欲動若不急加剪除
必為秦患臣謹
[illegible]陝內既切切以漢中為慮今果犯圖河西一帶空闕
[illegible]督撫時微等官尤可寒心速發兵禦征

《顺治二年关于大顺军在陕西活动的塘报》

中国第一历史档案馆藏。

多尔衮注重搜集情报，因情施策。陕西、甘肃监察御史魏琯及时向多尔衮汇报大顺军在陕西的活动情况。多尔衮在战略上做到了知己知彼，对李自成大顺军的进攻已是如箭在弦。

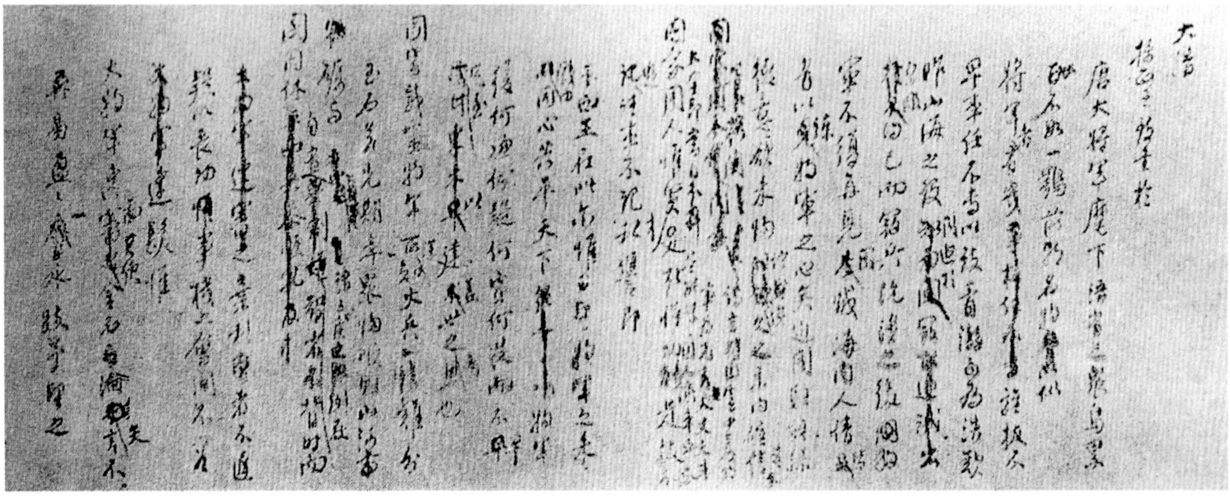

《多尔衮给唐通的劝降信》

中国第一历史档案馆藏。

对大顺实施军事打击的同时，多尔衮兼以招降为手段，致信协守陕北保德的大顺军将领唐通，劝其归降。信中写到：“众鸟累百，不如一鹗。前朝名将似将军者有几？……我国家用人，惟贤才是取，惟功能是拔，不追往事，不记私仇……将军何不早定至计，以建盖世之奇勋耶！”惯于见风使舵的唐通于顺治元年（1644年）九月接受招降，引清军攻李自成故里陕西米脂县，杀大顺军家属，掘李自成祖坟。唐通的倒戈，使李自成的陕西大本营防线更是雪上加霜。

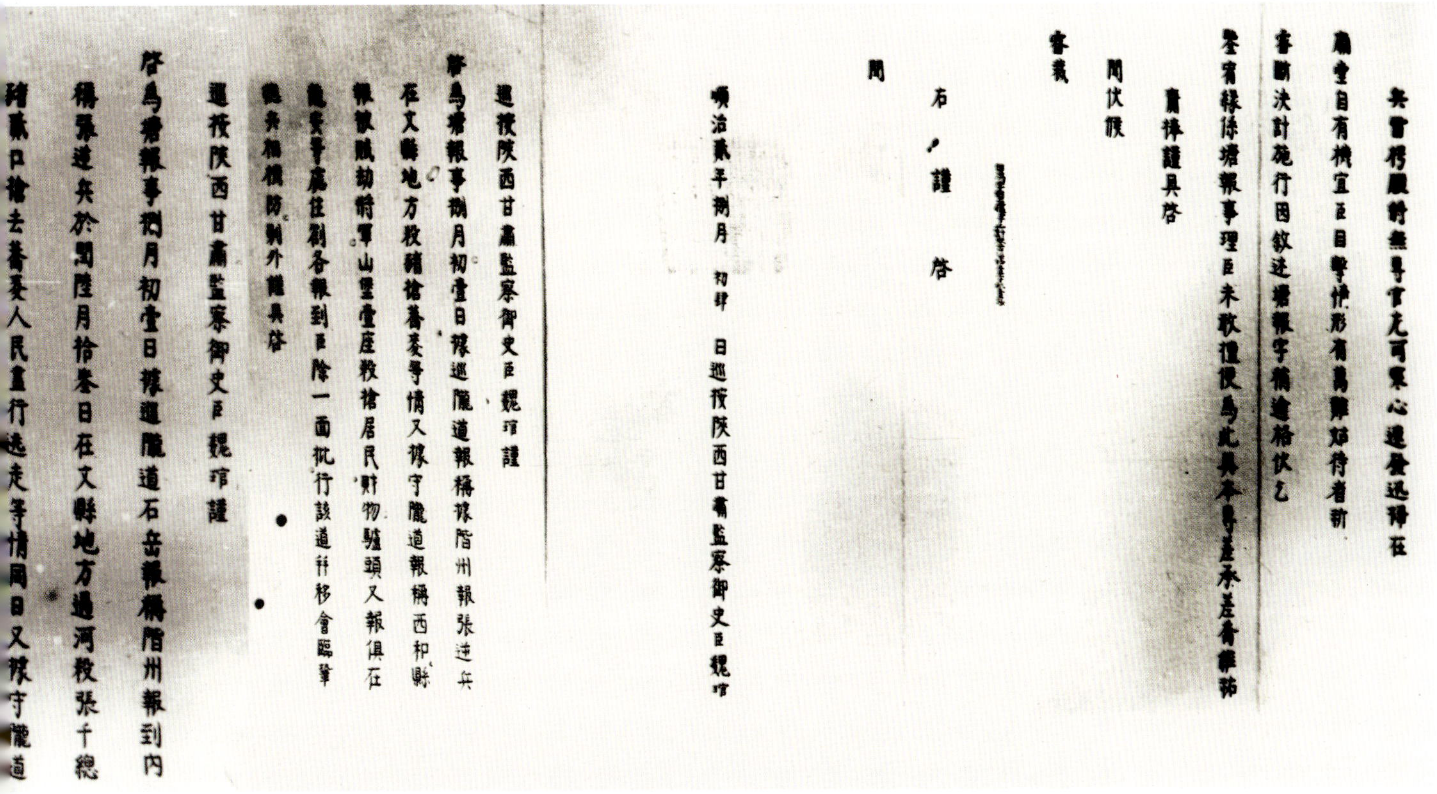
兵曾經嚴飭無奈官兵同聲心 速發迅擊在
廟堂自有機宜臣目擊情形有萬難卻待者謹
睿斷決計施行因敘述塘報字摘遵啓伏乞
聖睿錄除塘報事理臣未敢擅便爲此具本專差承差齊捧
齎捧謹具啓
聞伏候
睿裁
右謹啓
聞
順治貳年捌月初肆日巡按陝西甘肅監察御史臣魏琯
巡按陝西甘肅監察御史臣魏琯謹
啓爲塘報事捌月初壹日據巡隴道報稱據階州報張逆兵
在文縣地方殺擄搶奪等情又據守隴道報稱西和縣
報賊劫將軍山堡壹座殺搶居民財物驢頭又報俱在
龍安等處往劄各報到臣除一面批行該道并移會臨鞏
總兵相機防剿外謹具啓
巡按陝西甘肅監察御史臣魏琯謹
啓爲塘報事捌月初壹日據巡隴道石岳報稱階州報到內
稱張逆兵於閏陸月拾叁日在文縣地方過河殺張千總
諸家口搶去畜要人民盡行逃走等情同日又據守隴道

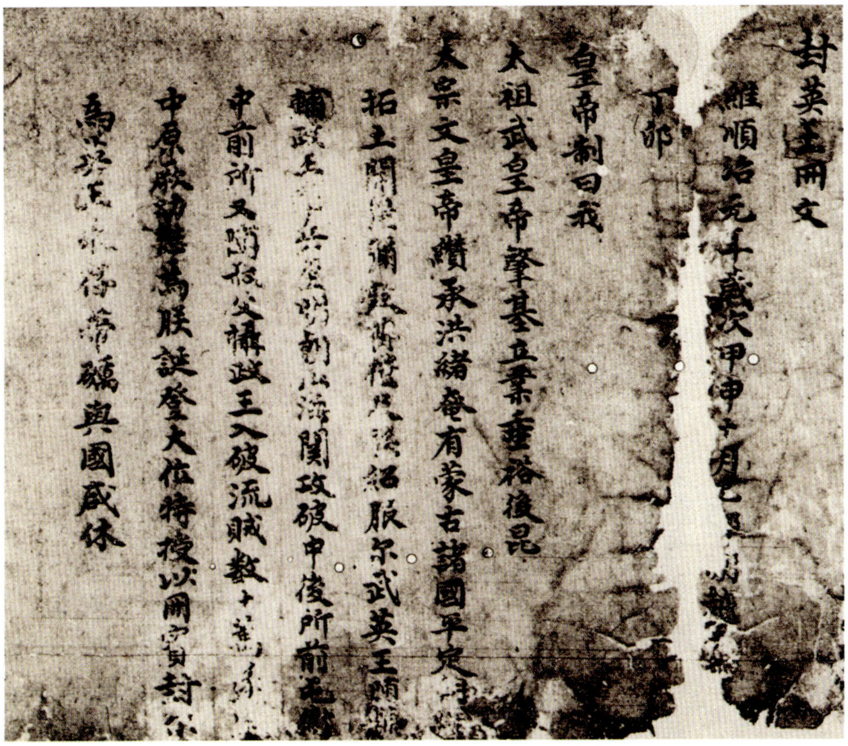
封英王冊文
維順治元年歲次甲申十月[illegible]
丁卯
皇帝制曰我
太祖武皇帝肇基立業垂裕後昆
太宗文皇帝纘承洪緒奄有蒙古諸國平定[illegible]
拓土開疆[illegible]朕爾武英王[illegible]
輔政[illegible]山海關攻破中後所前屯[illegible]
中前所又隨攝政王入破流賊數十萬[illegible]
中原底定[illegible]爲朕誕登大位特授以冊印封[illegible]
爲[illegible]藩[illegible]與國咸休

《封阿济格为英王册文》

顺治元年（1644年）十月，紫禁城内登极大典的礼乐声尚余音绕梁，向李自成大顺军发动总攻的战鼓声又已擂响。阿济格，清太祖努尔哈赤第十二子，年少从军，英勇善战，崇祯九年（后金崇德元年，1636年）封多罗武英郡王。顺治元年十月晋和硕英亲王，封靖远大将军征大顺，率领满蒙八旗和吴三桂、尚可喜两部汉军，从大同出发，经鄂尔多斯挺进陕北，再南下直捣西安。

潼关小南门城墙遗址

与阿济格军遥相呼应，豫亲王多铎率满蒙八旗和孔有德、耿仲明部汉军从陕西东面进攻大顺军。顺治元年（1644年）末抵达潼关。潼关自古乃出入秦、晋、豫三省的重要关隘，向为兵家必争之地。顺治元年十二月二十九日至顺治二年正月十一日，清军在此与大顺军殊死激战，李自成不敌，清军攻陷潼关，进陕门户洞开。

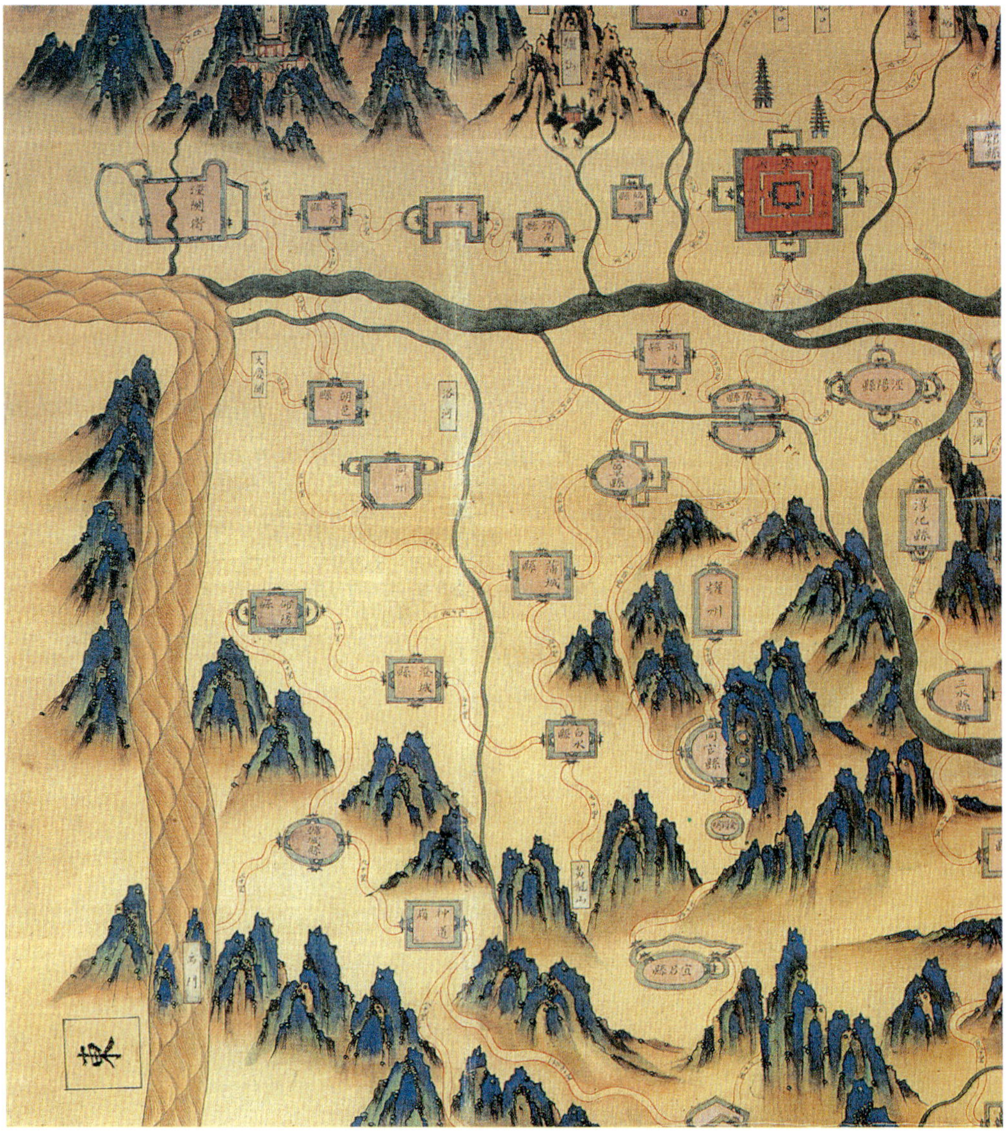

《陕西舆图·西安府》

明人绘。绢本，设色。中国国家图书馆藏。

李自成从潼关撤回西安，面临着来自东面多铎和北面阿济格两路大军互为犄角的钳形夹击，腹背受敌，不得不弃守西安，转奔湖广。多铎不劳一矢，于顺治二年（1645年）正月十八日顺利进占西安。

《江西全省图说 · 江西布政使司图》

（明）万历年间绘。绢本，设色。中国国家图书馆藏。

占领西安后，清军兵分两路：一路由多铎率领转而进攻南京弘光政权；另一路由阿济格率领下河南，入湖广，奔江西，继续追击李自成农民军，连战连捷。顺治二年（1645年）四月，清军与大顺军在江西九江展开最后总决战，俘获大顺军大将刘宗敏、军师宋献策、李自成的两位叔父及众多随军家属，大获全胜，彻底摧毁了纵横大半个中国的大顺农民军主体力量。

李自成陵园

位于今湖北省通山县城东南45公里九宫山北麓牛迹岭。

李自成节节败退，率残兵向湖南转移。顺治二年（1645年）五月初，行至湖北通山县九宫山。李自成率20余骑登山探路时，遭当地武装乡团的袭击而遇害，年仅39岁。大顺政权至此覆灭。

李自成墓碑

忆当年，叱咤风云的农民领袖尚在金碧辉煌的紫禁城皇宫御座上挥斥方遒，享受着无限的尊荣。而如今，只能孑然一身地同野岭崇山、青青墓草长久相伴了。匆匆一年光阴，恍然若隔世焉！

（二） 征伐大西

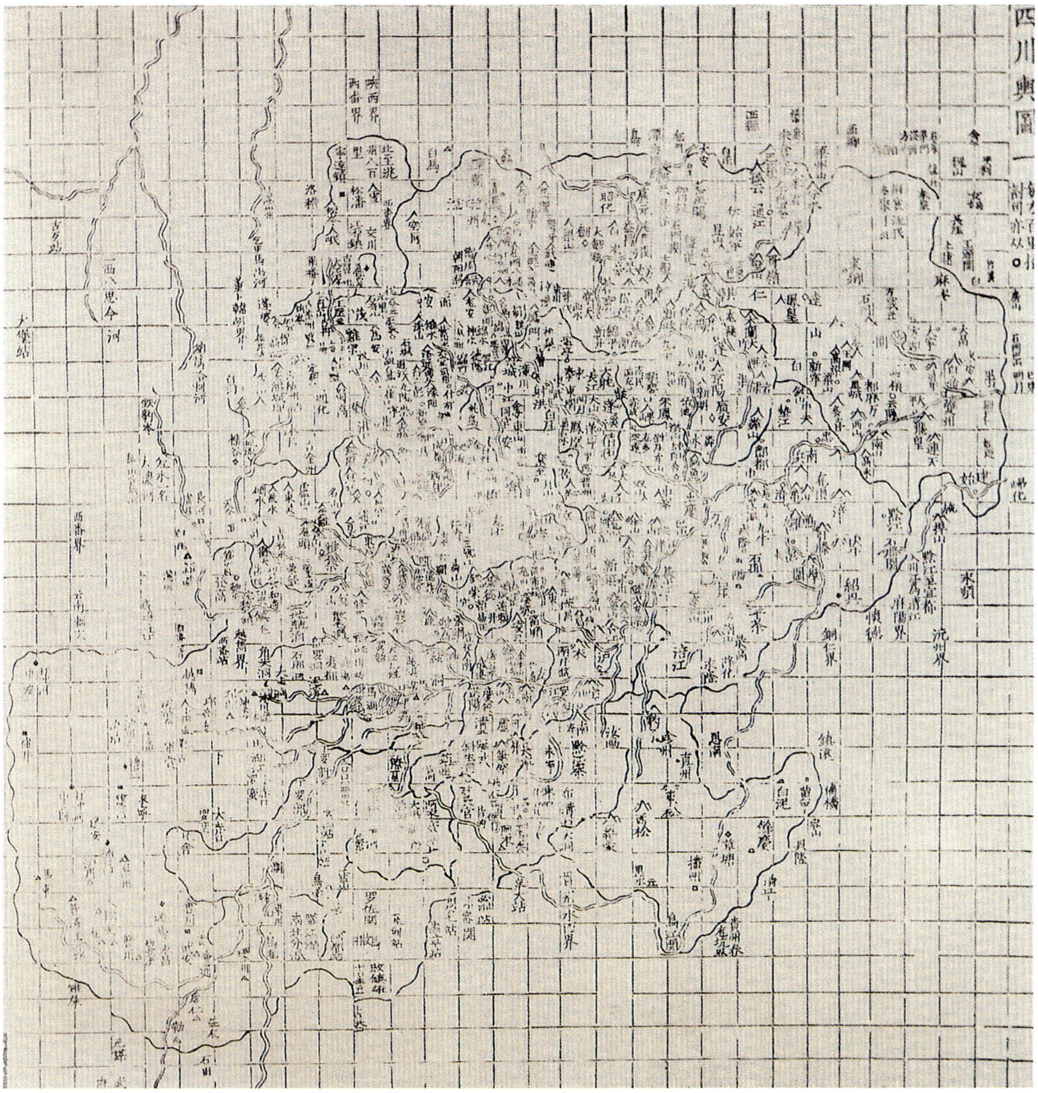

《广舆图·四川舆图》

（明）罗洪先绘。中国国家图书馆藏。

崇祯十七年（1644年）八月，明末另一支重要的农民起义军首领张献忠率军攻占四川成都。十一月十六日，在成都称帝，建立政权，国号大西，改元大顺。

“西王之宝”印文

张献忠曾于崇祯十六年（1643年）攻破武昌城，称大西王。建立大西政权后，以“西王之宝”发号施令，在明清之际风云多变的政治舞台上扮演着不可忽视的重要角色。

大顺通宝

大西政权在设立政府机构的同时，置铸钱局，铸造大顺通宝铜钱通行于市。所铸铜钱仅小平钱一种，背款铸“户”或“工”字。经济之道，政权命脉，大西政权也发行货币，维持政权机器运转。

“西王赏功”钱

建立大西政权后，张献忠下令铸金、银、铜三等西王赏功钱，文为楷书“西王赏功”四字，以此赏赐功臣部下。将士有功，除赏赐女子玉帛外，竟直接赏钱，足见钱能通道。

“南郑县印”印文

印文篆书“南郑县印”，背款“礼部造大顺二年正月日”。

官印为维系封建统治秩序的重要凭证。作为农民政权的大西，自然不脱窠臼，仿行起来，一丝不苟。大顺二年即顺治二年（1645年），南郑县隶属汉中府。此印反映南郑县当时已置于大西政权统辖之下。

“离八寺长官司印”印文

铜质，柱钮。长7.2厘米，宽7.2厘米，通高8.6厘米。印面篆书“离八寺长官司印”印文。背款两行，首行释印文，次行为“礼部造大顺二年正月日”。边款为“大字六百六十二号”。

张献忠建立大西政权后，追缴全川文武印信，改铸印文，此印即属其一。离八寺在今四川省甘孜藏族自治州道孚县，原名尼玛巴寺，意为红教寺，又称尼拔寺。此印为大西政权向少数民族地区颁发的宗教首领印信。

骁右营总兵关防印

铜质，柱钮。长10.6 厘米，宽7.1 厘米，通高8 厘米。印面九叠篆“骁右营总兵关防”印文。背款两行，首行释印文，次行为“礼部造大顺二年五月　日”。边款“大字九百五十三号”。中国历史博物馆藏。

大西军分为102营，每营的命名赋予一定政治或军事含义，如骁右营、骁骑营、振武营等。每营设总兵官统率，颁发关防印信。此为大西军骁右营的军营印信。

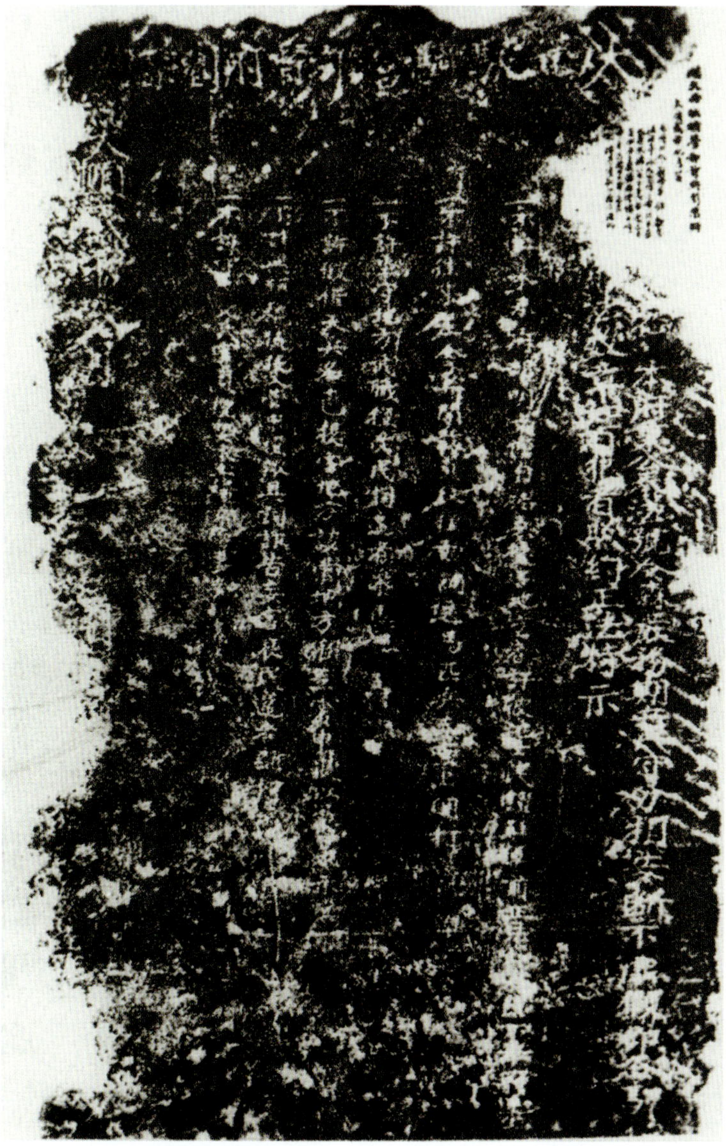

大西骁骑营都督府刘禁约碑

高129厘米，宽73厘米。

大顺二年（1645年）三月一日，大西骁骑营都督刘进忠向官兵发布的禁约文告碑，严申军队纪律，令官兵不得违犯。条款有不许擅自招兵买马；不许擅自调用驿站人夫马匹；不许假借天兵名义扰害地方；不许武官插手民间诉讼；不许无赖之徒参军入伍；不许擅娶本地女子为妻妾等等。若有违犯，当地民众可锁拿押至军前正法。此碑反映了大西军严明的纪律和安民政策。

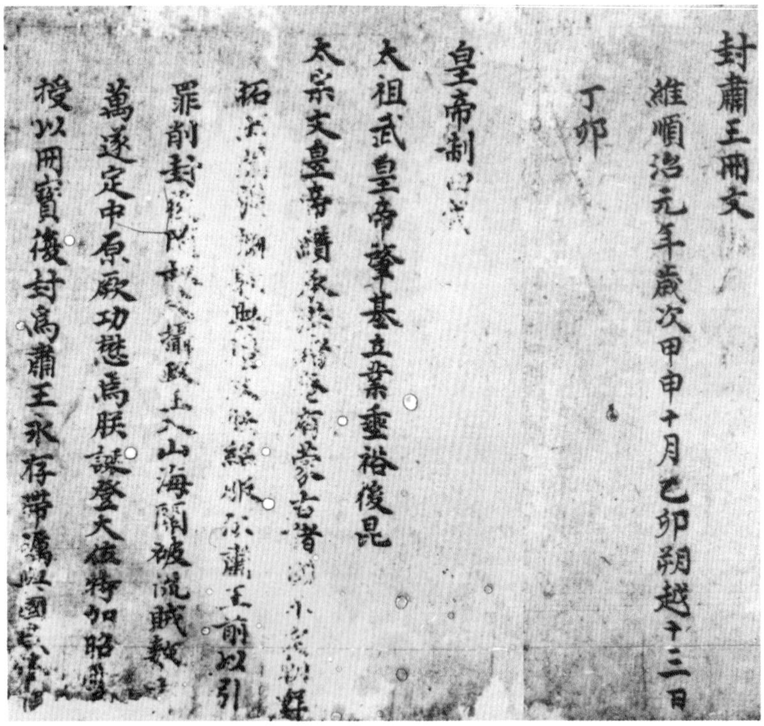
封肅王冊文
維順治元年歲次甲申十月己卯朔越十三日
丁卯
皇帝制曰[illegible]
太祖武皇帝肇基立業垂裕後昆
太宗文皇帝纘承[illegible]蒙古者[illegible]
拓[illegible]
罪削封[illegible]入山海關破流賊數
萬遂定中原厥功懋焉朕誕登大位特加昭
授以冊寶復封爲肅王永存帶礪[illegible]

《复封豪格为肃亲王册文》

中国第一历史档案馆藏。

顺治元年（1644年），豪格因冒犯多尔衮被削爵。顺治帝行登基大典后复其爵，图为复爵册文。

豪格（1609-1648），清太宗皇太极长子，向以勇猛顽强、多谋善战、治军有方著称。初以征蒙古札鲁特、察哈尔诸部有功封贝勒。天聪六年（1632年）又因战功封和硕贝勒。崇德元年（1636年）晋和硕肃亲王。曾在松山战役中俘获明军统帅洪承畴。顺治二年正月，豪格被任命为靖远大将军，率多罗衍喜郡王罗洛宏、贝勒尼堪等人，领兵赴川，踏上了进攻大西军的蜀道之旅。

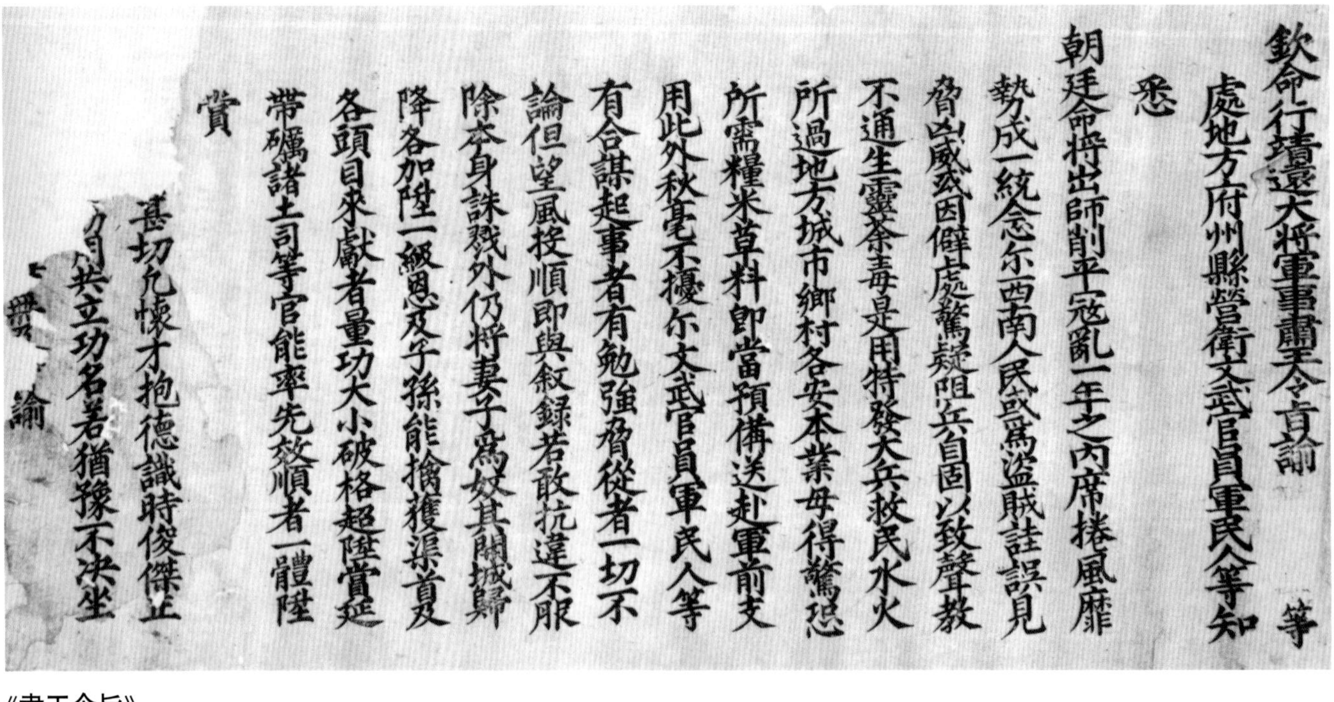
欽命行靖遠大將軍事肅王令旨諭　等
處地方府州縣營衛文武官員軍民人等知
悉
朝廷命將出師削平寇亂一年之內席捲風靡
勢成一統念爾西南人民或爲盜賊詿誤見
脅或威劫因僻處驚疑阻兵自固以致聲教
不通生靈荼毒是用特發大兵救民水火
所過地方城市鄉村各安本業毋得驚恐
所需糧米草料即當預備送赴軍前支
用此外秋毫不擾爾文武官員軍民人等
有合謀起事者有勉強脅從者一切不
論但望風投順即與敘錄若敢抗違不服
除本身誅戮外仍將妻子爲奴其闔城歸
降各加陞一級恩及子孫能擒獲渠首及
各頭目來獻者量功大小破格超陞賞延
帶礪諸土司等官能率先效順者一體陞
賞
甚切凡懷才抱德識時俊傑正
[illegible]月共立功名若猶豫不決坐
[illegible]諭

《肃王令旨》

台湾历史语言研究所藏。

图为肃亲王豪格征伐四川时所发布的安民告示。

豪格自陕入川，顺治三年（1646年）十一月，在大西降将刘进忠的引导下，突袭张献忠驻扎在四川西充凤凰山的宿营地。张献忠未及披甲，仓促应战，被清军箭矢射杀。群龙无首的大西军兵败如山倒，大西政权也随之土崩瓦解。豪格继而挥师南下，在西南边陲风卷残云般地扫荡着大西军残余势力，翌年八月平定全川。

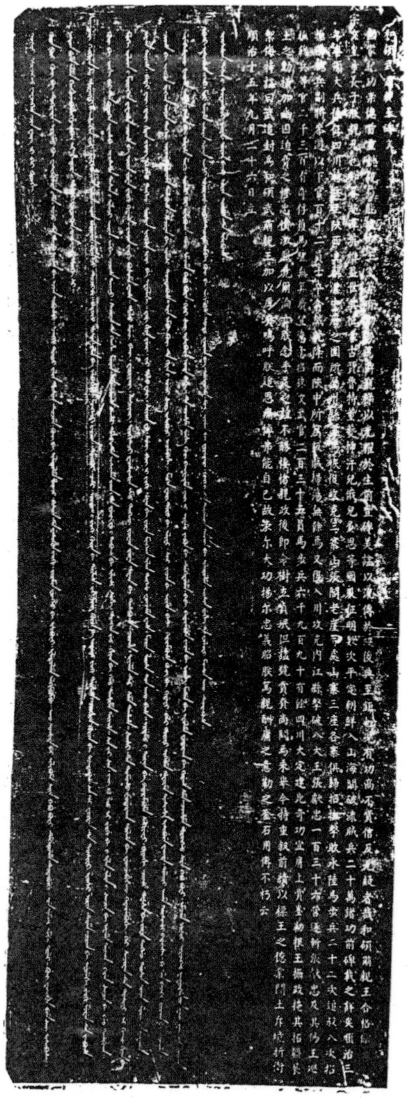

《豪格墓碑》拓片

豪格墓碑原立于今北京劲松，顺治十五年（1658）九月二十六日刻。

踏平了“难于上青天”的蜀道，豪格于顺治五年（1648年）二月载誉凯旋。然而，迎接他的不是加官晋爵的论赏庆功。摄政王多尔衮的忌恨及对政敌毫不手软的诛除和打击，让豪格踏上了较蜀道更为“危乎高哉”的不归之路。豪格被多尔衮罗织罪名，处以幽禁，一个月后悲愤而死。勇猛顽强的“巴图鲁”（满语“勇士”之意），战功赫赫的一代骁将未能战死沙场，马革裹尸，却在抑郁悲愤中悄然而逝。

《豪格诰封碑》拓片

豪格诰封碑原立于北京劲松豪格墓旁。碑文满、汉、蒙文三体合刻，顺治八年（1651年）八月刻。

顺治帝亲政后，认定其兄豪格被多尔衮拘禁致死实属无辜，决定为他平反昭雪，仍复封和硕肃亲王爵位，赐谥号“武”，并在其墓地建碑纪功，垂知后世。顺治十三年（1656年）追谥为“武”，尊称为“武肃亲王”。

（三） 覆亡弘光

弘光通宝

弘光政权是南明的第一个政权，由明神宗之孙、福王朱由崧在凤阳总督马士英、南京兵部尚书史可法等人拥立下，于顺治元年（1644年）五月在南京建立，年号弘光。弘光政权建立后，铸弘光通宝钱，有小平、折二两种，面文分真隶二体。

弘光政权控制着淮河下游和长江以南经济发达广大地区，拥有中国富庶的江南半壁。但弘光朝廷畏清若虎，龟缩怯战，军事上一筹莫展，坐视黄河流域沦入清廷之手无动于衷，却对坐享财赋充盈的江南表现出莫大的留恋，把苟安的全部希望寄托在同清廷虚无飘渺的议和上，以“联虏剿寇”为基本国策，欲联合清廷共同剿灭李自成农民军，实现与清廷的南北分治。

“吏部文选清吏司之印”印文

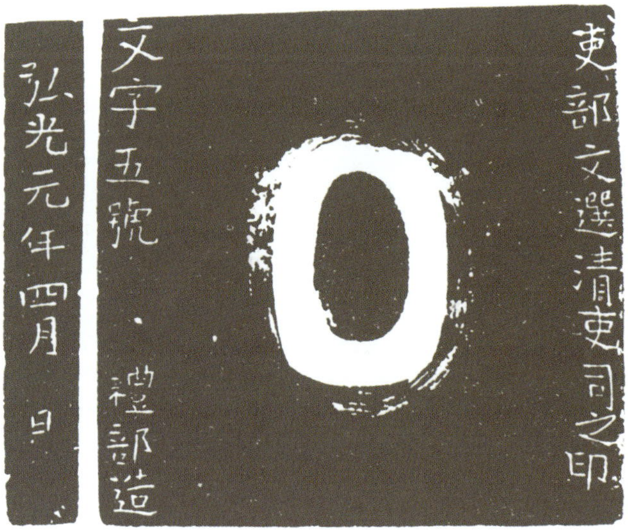

“吏部文选清吏司之印”背款

背款两行，首行释印文，次行为“文字五号礼部造”。边款“弘光元年四月日”。

弘光帝朱由崧昏庸无能，大敌当前，仍醉生梦死，沉湎于酒色声伎，不理朝政。朝廷内部党争不已，文官交讧，内耗激烈；武将骄横跋扈，拥兵自重，朝廷一派腐朽混乱。弘光朝吏部之印，掌管着官吏和人才的选拔任用，然而，遍览弘光朝廷内外，文韬武略之人、治国安邦之才寥寥无几。

《史可法像》

清人绘。纸本，设色。

史可法（1602-1645年），字宪之，号道邻，河南祥符（今开封）人，崇祯元年（1628年）进士，十六年拜南京兵部尚书。南明于顺治二年（弘光元年，1645年）授史可法为东阁大学士兼兵部尚书，督师扬州。顺治二年，多铎率清军攻扬州，史可法率军民坚守抵抗，城破，自刎未死，被俘杀。

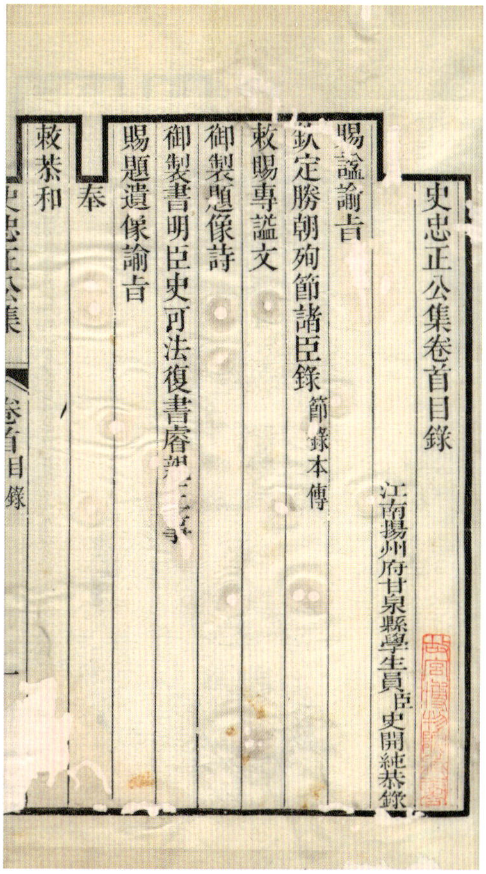

史忠正公集卷首目錄

江南揚州府甘泉縣學生員臣史開純恭錄

賜謚諭旨

欽定勝朝殉節諸臣錄 節錄本傳

敕賜專謚文

御製題像詩

御製書明臣史可法復書睿[illegible]

賜題遺像諭旨

奉

敕恭和

史忠正公集　卷首目錄

《史忠正公集》

史可法曾孙史山清辑，玄孙史开纯、史友庆校。故宫博物院藏。

该书辑录有史可法的奏疏、书札、家书、杂文和诗歌等，是全面了解史可法其人其事的文献材料。

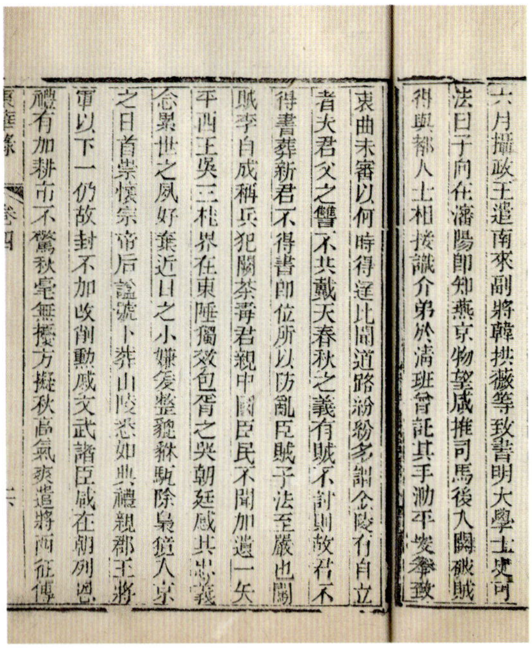

六月攝政王遣南來副將韓拱薇等致書明大學士史可
法曰予向在瀋陽即知燕京物望咸推司馬後入關破賊
得與都人士相接識介弟於清班曾託其手泐平安拳致
衷曲未審以何時得達比聞道路紛紛多謂金陵有自立
者夫君父之讐不共戴天春秋之義有賊不討則故君不
得書葬新君不得書即位所以防亂臣賊子法至嚴也闖
賊李自成稱兵犯闕荼毒君親中國臣民不聞加遺一矢
平西王吳三桂界在東陲獨效包胥之哭朝廷感其忠義
念累世之夙好棄近日之小嫌爰整貔貅驅除梟獍入京
之日首崇懷宗帝后諡號卜葬山陵悉如典禮親郡王將
軍以下一仍故封不加改削勳戚文武諸臣咸在朝列恩
禮有加耕市不驚秋毫無擾方擬秋高氣爽遣將西征傳

東華錄 卷四 六

《东华录·多尔衮致史可法书》

节录自蒋良骐撰《东华录》。故宫博物院藏。

多尔衮重视招抚南明弘光政权的文臣武将。劝诱核心重臣史可法对瓦解弘光政权至关重要，因此多尔衮于顺治元年（1644年）七月二十六日致信史可法，劝诱投降。信中指责明臣拥立弘光“便是天有二日，俨为劲敌”，否认弘光政权的合法地位，而自封正统；辩称清廷从李自成手中夺得天下，为明复仇，则是名正言顺。对史可法归降许以高官厚禄，同时以清军的强大相恫吓，指出清军平定天下之势不可阻挡，要求弘光朝廷无条件投降。

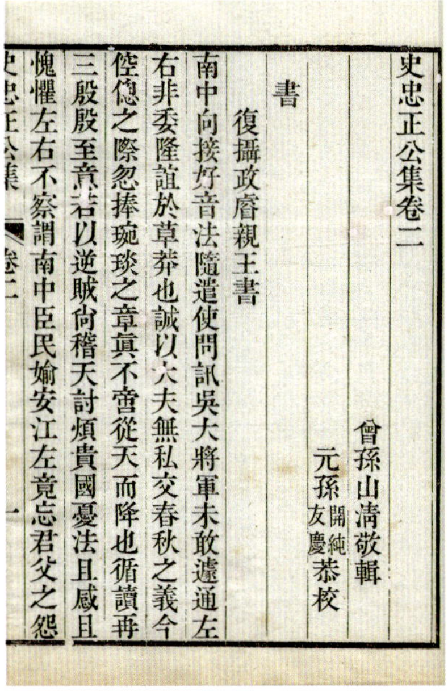

史忠正公集卷二
曾孫山清敬輯
元孫開純 友慶恭校
書
復攝政睿親王書
南中向接好音法隨遣使問訊吳大將軍未敢遽通左
右非委隆誼於草莽也誠以大夫無私交春秋之義今
倥偬之際忽捧琬琰之章真不啻從天而降也循讀再
三殷殷至意若以逆賊向稽天討煩貴國憂法且感且
愧懼左右不察謂南中臣民媮安江左竟忘君父之怨

史忠正公集 卷二 一

《史忠正公集·史可法复多尔衮书》

节录自《史忠正公集》。故宫博物院藏。

史可法给多尔衮的复信中，在坚决表示“忠君为国，愿为国死”的同时，对清军尚抱有世通盟好，合师进讨李自成农民军以偏安江左的一厢情愿之美好幻想。然而，待清军摧毁大顺政权，解除后顾之忧，调头东向直扑南明时，史可法钻冰得火之梦方告初醒，但噬脐莫及，为时晚矣！弘光政权紧步大顺政权后尘的厄运已呈山雨欲来之势。

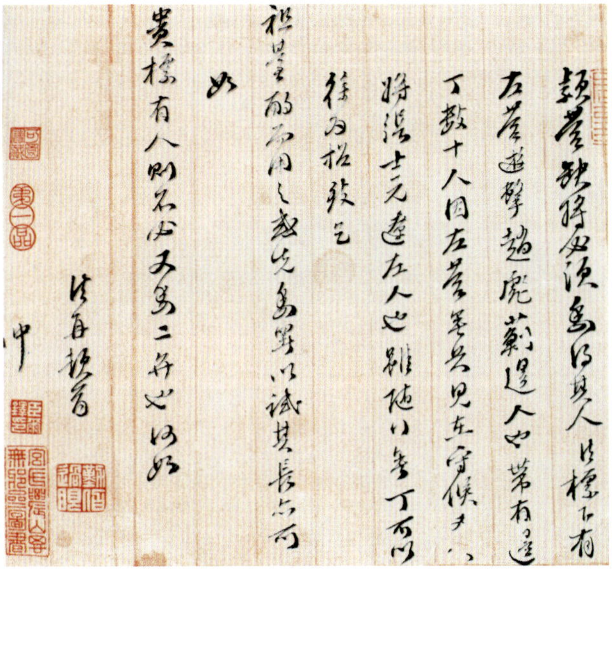

《史可法手札》

纸本。纵25.1 厘米，横341.2 厘米。故宫博物院藏。

顺治二年（1645年）四月二十日，红夷大炮震聋发聩的隆隆炮声终于在扬州城下响起。多铎统清军拉开了围攻扬州的序幕，史可法率军殊死相搏。二十五日，扬州城破，诸将士战至力竭，或自焚、或投井而亡。史可法拔刀自刎，为部下所阻。被俘后多铎尊称其为先生以劝降，史可法断然拒绝，大骂不止，终引颈就戮。

梅花岭

多铎为报复扬州之役中清军死亡上千人，下令屠城。十日之内，扬州城死难数十万人，昔日繁华的江南名城，顷刻间变为断垣废墟、人间鬼域。此次屠杀开创了清军大规模屠城的恶劣先例，是为“扬州十日”大惨案。史可法死后，人们遵照他的遗言葬其衣冠于扬州城北广储门外的梅花岭。

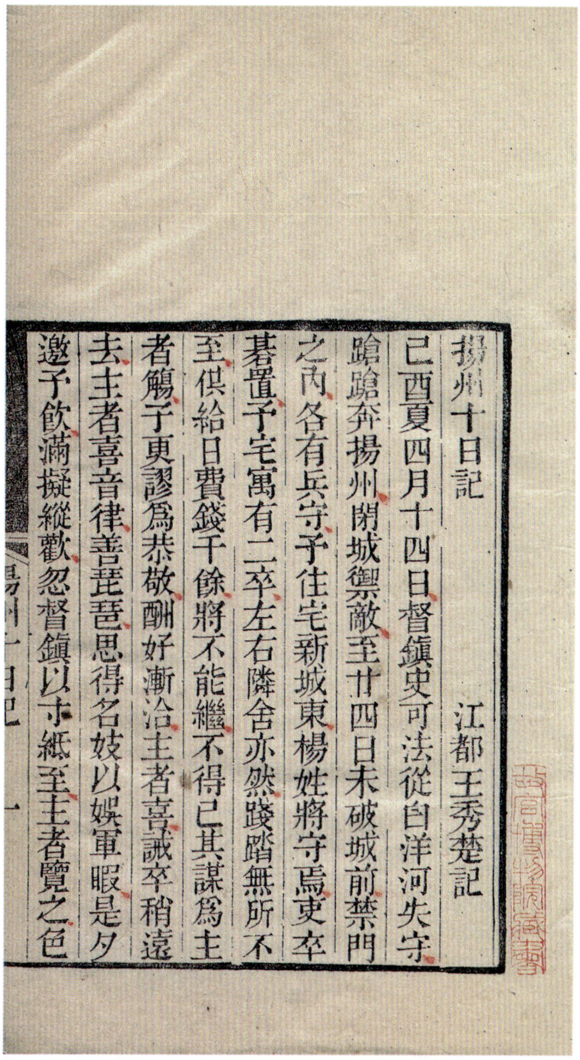

揚州十日記

江都王秀楚記

己酉夏四月十四日督鎮史可法從白洋河失守踉蹌奔揚州閉城禦敵至廿四日未破城前禁門之內各有兵守予住宅新城東楊姓將守焉吏卒棊置予宅寓有二卒左右隣舍亦然踐踏無所不至供給日費錢千餘將不能繼不得已其謀爲主者觴予更謬爲恭敬酬好漸洽主者喜誡卒稍遠去主者喜音律善琵琶思得名妓以娛軍暇是夕邀予飲滿擬縱歡忽督鎮以寸紙至主者覽之色

揚州十日記　一

故宮博物院藏書

《扬州十日记》

王秀楚撰。故宫博物院藏。

作者以亲身见闻记录了清军从顺治二年（1645年）四月二十五日攻入扬州，至五月五日进行为期10天残暴屠杀与奸淫掳掠的暴行。迄今读之，犹觉血腥气扑面而来。

史可法祠

史可法殉难，南明唐王朱聿键追谥“忠靖”，清乾隆帝追谥“忠正”，乾隆三十三年（1768年），在史可法墓前立祠纪念。史可法精忠报国，以身殉难的英雄壮举和宁死不屈的傲岸气节，得到后人无限的景仰和永远的怀念。

《褒慰忠魂》拓片

扬州市史可法纪念馆藏。

当年清廷的死敌，经过100多年的变迁后，成了皇帝褒奖的忠烈。乾隆四十年（1775年），乾隆帝为史可法赐匾，对史可法力撑残局，舍生取义，视死如归，矢志效忠其主的忠义之举大加褒扬。这块石匾，成为皇权玩弄屠杀与褒奖，主导意识形态的鲜明见证。

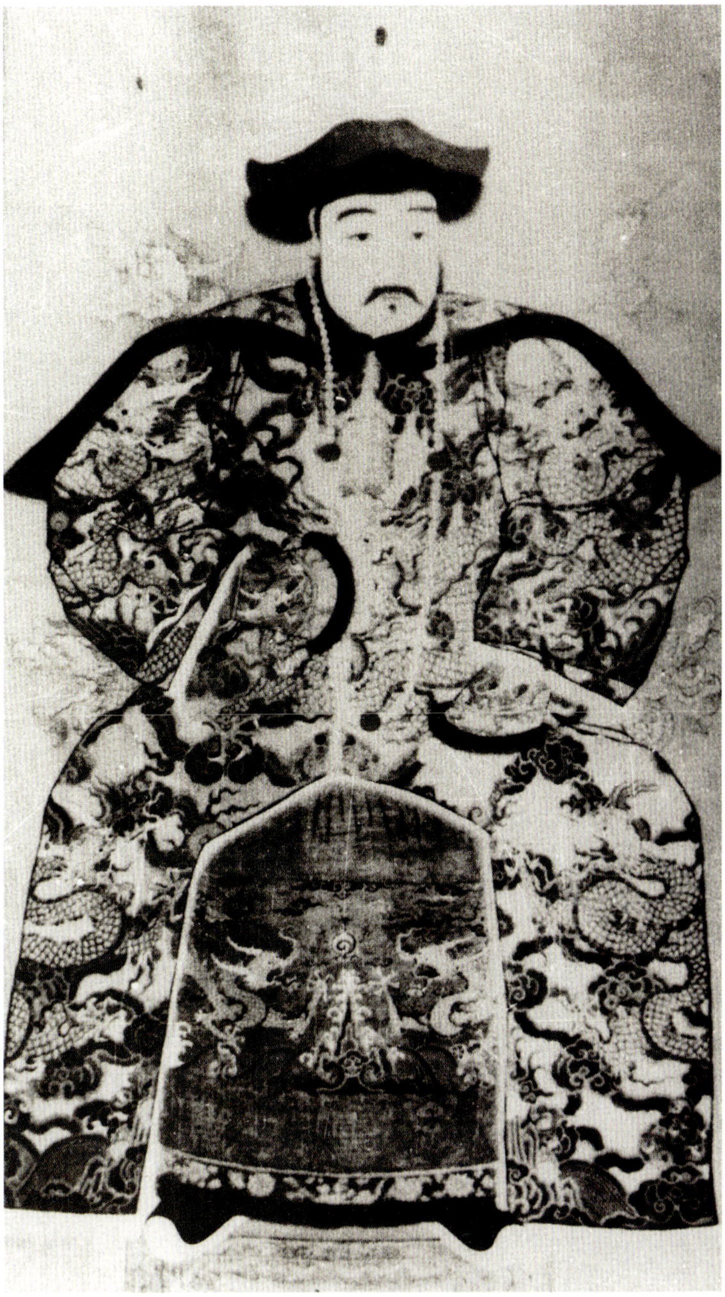

《多铎像》

清人绘。

多铎（1614-1649 年），清太祖努尔哈赤第十五子，多尔衮同母弟。明万历四十八年（天命五年，1620 年）封贝勒。天启六年（天命十一年，1626 年）为正白旗旗主。崇祯九年（崇德元年，1636 年）封豫郡王。多次参加对明朝、蒙古及朝鲜的重大战役。顺治元年（1644 年）十月晋封豫亲王，任命为定国大将军南征。攻克西安后，率军进攻南明弘光政权。顺治二年五月进占南京，收降南明文武官员及军队 23 万余人，俘弘光帝。他是清初统一全国战功卓著的主要战将之一。

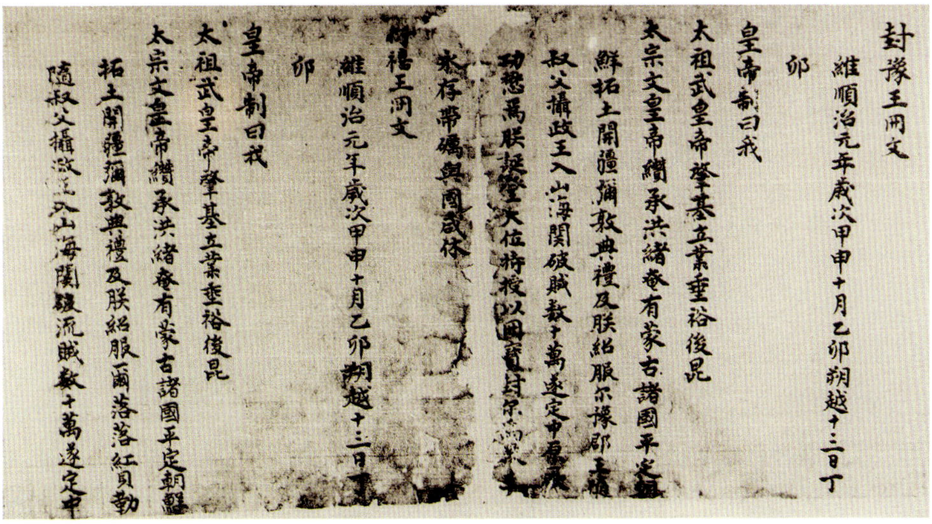

封豫王冊文
維順治元年歲次甲申十月乙卯朔越十三日丁
卯
皇帝制曰我
太祖武皇帝肇基立業垂裕後昆
太宗文皇帝纘承洪緒奄有蒙古諸國平定朝
鮮拓土開疆彌敦典禮及朕紹服爾豫郡王隨
叔父攝政王入山海關破賊數十萬遂定中原
勳懋爲朕挺望大位特授以冊寶封爾[illegible]
永存帶礪與國咸休
[illegible]禧王冊文
維順治元年歲次甲申十月乙卯朔越十三日丁
卯
皇帝制曰我
太祖武皇帝肇基立業垂裕後昆
太宗文皇帝纘承洪緒奄有蒙古諸國平定朝鮮
拓土開疆彌敦典禮及朕紹服爾落落紅貝勒
隨叔父攝政王入山海關破流賊數十萬遂定中

《封多铎为豫亲王册文》

中国第一历史档案馆藏。

此为顺治元年（1644 年）十月十三日，顺治帝于皇极门（后改称太和门）晋封多铎为豫亲王时所颁册文。册文对其褒赞有加，委以征讨南明，荡平江南的重任。

《江防海防图 · 南京部分》

明人绘。纸本，设色。中国科学院图书馆藏。

在八旗铁骑强劲攻势下，号称固若金汤的长江江防形同虚设，难以阻挡清军进攻南京的步伐。多铎率清军陷扬州后，随即飞渡长江天堑，攻克镇江，沿丹阳向南京迅速推进，一路如入无人之境。当先头部队抵达南京时，弘光帝早已逃之夭夭。

《多铎入南京图》

清人绘。纵 142.1 厘米，横 112 厘米。中国历史博物馆藏。

顺治二年（1645 年）五月，多铎率军进攻南京，南明大批官僚手捧明朝的疆域图本和户口、税粮册等，跪于道路两旁向清军主帅多铎请降。南京，自古虎踞龙盘的形胜之地，明太祖朱元璋的开国之都，就这样被清军未施一矢地踏于铁蹄之下。《多铎入南京图》以画笔形象地再现了此番场景，图中多铎被众人簇拥，威风八面。降臣赵之龙、王铎、钱谦益、齐赞元等人忙不迭地向新主顶礼膜拜。五月二十五日，出逃的弘光帝被俘，押回南京，次年五月解往北京处死。弘光政权灭亡。

豫亲王多铎府原址

位于北京东单三条胡同，
今协和医院所在地，现已不存。

多铎征战江南战功赫赫，凯旋回京后，晋封和硕德豫亲王。顺治三年（1646年）任扬威大将军，奉命讨伐蒙古苏尼特部叛乱。次年晋辅叔德豫亲王。顺治六年死于天花。多铎是清初开国“八大铁帽子王”之一，被乾隆皇帝评价为“开国诸王战功之最”。

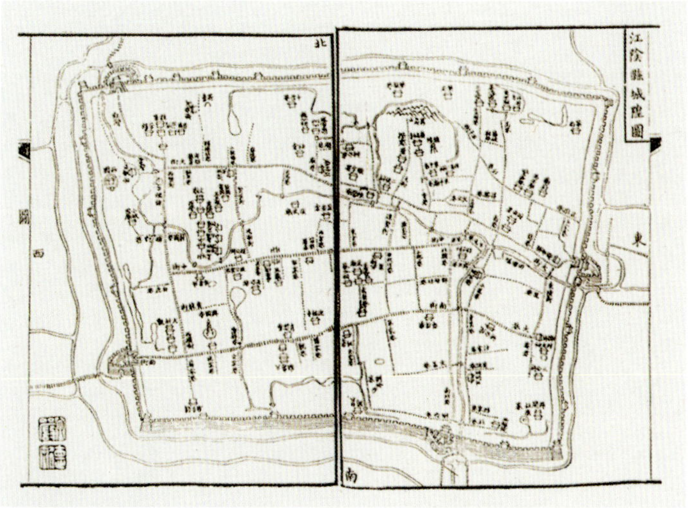

《江阴县城隍图》

攻占南京后，清廷悍然恢复剃发令，威逼汉民十天之内剃发易服，改从满俗。此举一出，许多地方纷纷起兵相抗，誓死不从，其中以江苏江阴和嘉定的斗争最为惨烈。顺治二年（1645年）闰六月一日，剃发令传至，江阴人民揭竿而起，据城自守，誓言：“头可断，发决不可剃！”坚守城防两个多月，八月二十一日城破，全城数十万生灵惨遭屠戮。

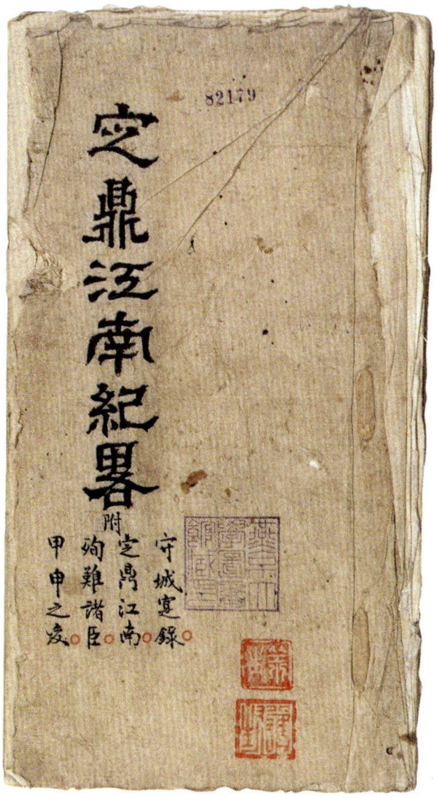

《定鼎江南纪略》

原题七峰樵道人辑撰，清初抄本。北京大学图书馆藏。

该书记录清军平定江南之事。其中有江阴、常熟自顺治二年（1645年）四月至九月间史事，反映了清军对当地的武力征服和人民的抗清斗争。

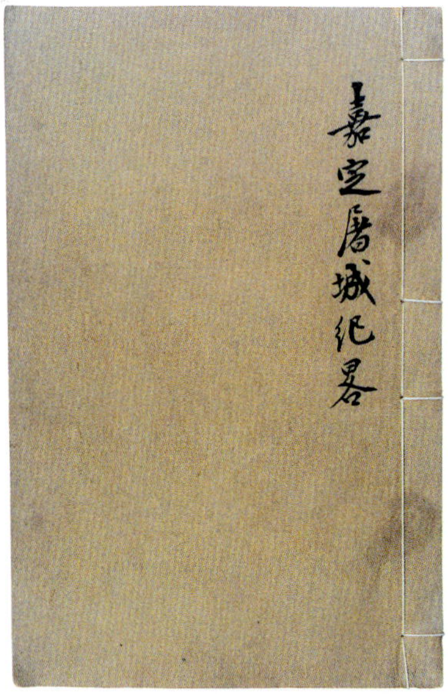

《嘉定屠城纪略》

又名《东塘日劄》、《嘉定县乙酉纪事》，一卷，朱子素撰，清抄本，北京大学图书馆藏。

与江阴之战同时，嘉定人民也不屈地进行了反剃发斗争。他们推举左通政使侯峒曾和进士黄淳耀为首领，起兵守城。七月四日城破，城内两万余人被杀。清军屠城退走后，嘉定居民返城重新聚集，与城郊人民并肩抗清，七月二十五日，遭清军血洗。八月十六日，明总兵吴之蕃起兵江东，反攻嘉定失败，嘉定城第三次被屠，全城血流成河，是为史称的“嘉定三屠”。《嘉定屠城纪略》记录了作者亲身见闻清军在嘉定大规模屠杀之史实。

《侯峒曾石刻像》拓片

石质，清人刻。

侯峒曾（1591-1645年），字豫瞻，苏州嘉定人，明天启五年（1625年）进士。顺治二年，率众力守孤城十余日，矢石俱尽，城破后携二子投家中池塘而死。

《侯峒曾像》轴

（明）曾鲸、张眷合绘。绢本，设色。纵121.3，横62.1厘米。上海博物馆藏。

幽幽庭院，品茗吟诗，妻儿同乐，平和怡然的生活何曾不让人留恋？但当战火袭至家园的时候，一介书生，挺身而出，赴汤蹈火，毁家纾难，威武不能屈的大丈夫气节淋漓再现！

《侯峒曾行书七言律诗》扇面

纸本。纵50.5厘米，横15.6厘米。辽宁省博物馆藏。

侯峒曾著有评注易经的《易解》，文学著作《仍贻堂集》等，也写得一手好字流传百世。

《黄淳耀石刻像》拓片

石质，清人刻。

黄淳耀（1605-1645年），字蕴生、松崖，号陶庵、小镜居士，苏州嘉定人。崇祯十六年（1643年）进士。清军围攻嘉定，与侯峒曾率众抗清，城破自缢。

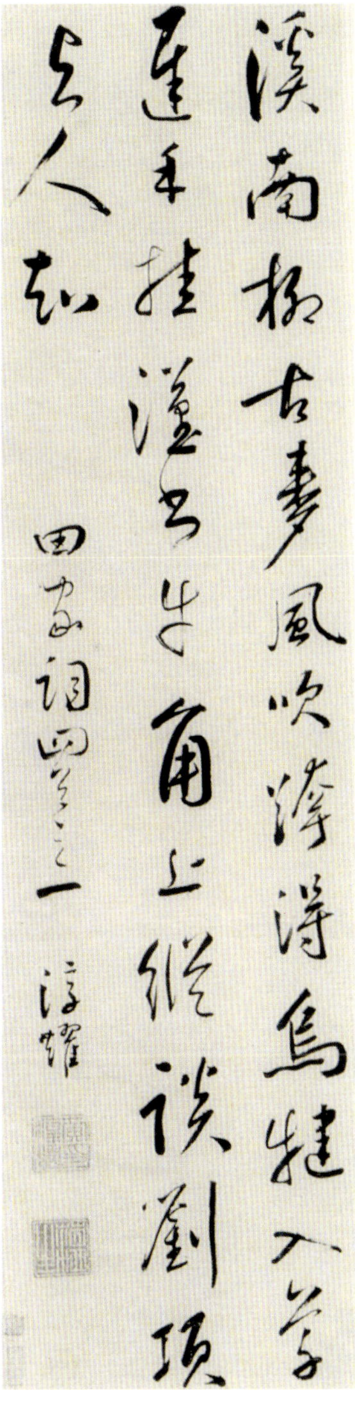

《黄淳耀行书七绝诗》轴

纸本。纵119厘米，横29.7厘米。上海博物馆藏。

黄淳耀工诗，亦善书法。此行书七绝诗为黄淳耀田家词四首之一，铮铮铁骨之气，充溢于字里行间。

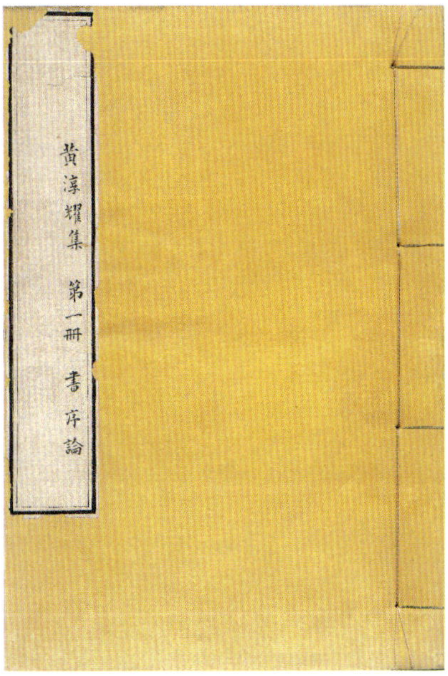

《黄淳耀集》

该文集内收有黄淳耀的著作《陶庵集》等。阅之可了解黄淳耀的文章学术和人格操行。

《夏允彝 夏完淳像》

清人绘。

夏允彝（？-1645年），字彝仲，别号瑗公，松江华亭（今上海市松江）人。明崇祯进士。顺治二年（1645年），清军进攻江南，参加明江南总兵吴志葵军抗清，兵败投塘自尽。著有《幸存录》、《禹贡合注》。

夏完淳（1631-1647年），夏允彝之子，字存古，别号小隐。在弘光政权灭亡，许多官僚士绅纷纷投降清军之际，与父一道奋起抗清，参加光复江南吴江和浙西海盐的战斗。顺治四年四月，被捕杀害，年仅16岁。著有《夏完淳集》。

“夏允彝印”印文

八旗军兴，江南明朝遗臣多死节之士。也许是深厚的汉文化熏陶，使他们难以沦同满族文化。文化底蕴的抗争，凝重而悲壮。方寸之印，镌刻着一代仁人志士宁死而不屈于外来压迫的崇高气节，存世永恒！

（四）　平定鲁王、隆武和绍武

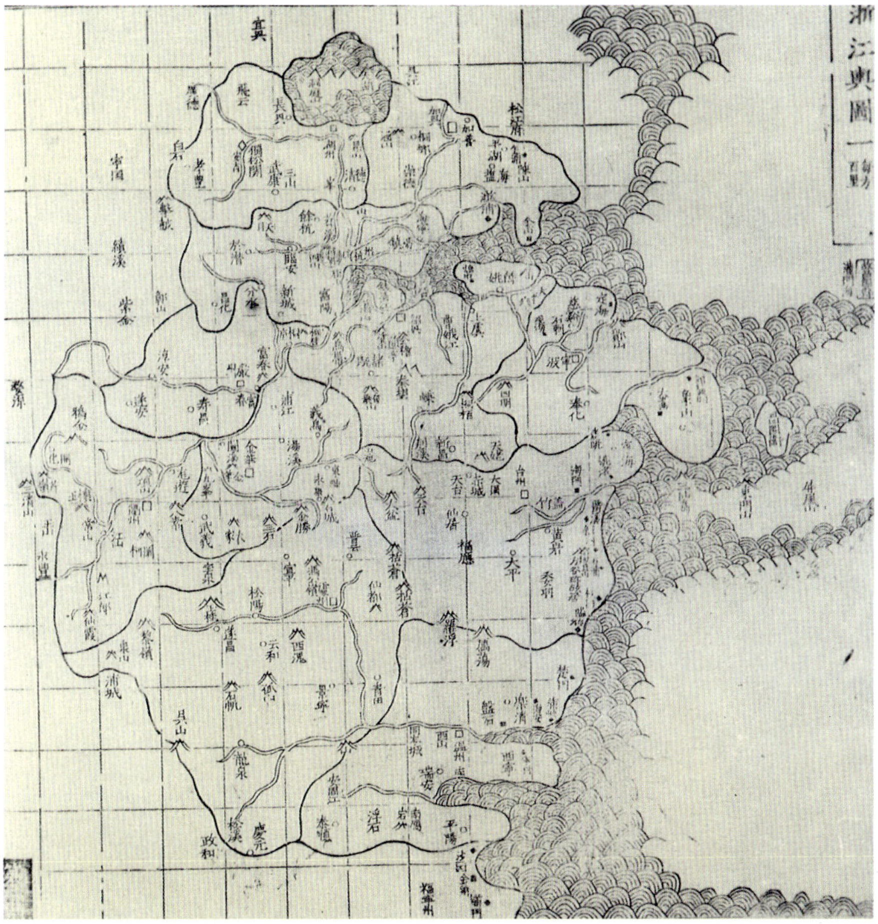

《广舆图·浙江舆图》

（明）罗洪先绘。中国国家图书馆藏。

弘光政权灭亡后，顺治二年（1645年）闰六月初八日，张煌言、钱肃乐和张国维等拥立明太祖朱元璋十世孙、鲁王朱以海监国于浙江绍兴，是为鲁王监国政权。该政权控制浙江大部分地区，在江南反剃发斗争的支持下，曾采取一些措施积极收复失地，一度渡钱塘江进攻杭州。但却与南明隆武朝争夺皇统，分庭抗礼，势若水火。内部诸王争位，互相倾轧，为政腐败。

《张煌言像》

清人绘。纸本，设色。

张煌言（1620-1664年），字玄著，号苍水，浙江鄞县人，明崇祯举人。拥鲁王监国，官兵部尚书加右佥都御史。鲁王出海逃亡后，在浙东一直以鲁王监国为号召，坚持抗清十余年，是浙东抗清斗争的著名领袖之一。康熙三年（1664年）被俘，宁死不降，于杭州被害。

博洛诰命碑

博洛（1613–1652年），努儿哈赤之孙，阿巴泰之子。顺治元年（1644年）入关及二年潼关之战有功。顺治三年二月，清廷命博洛为征南大将军，统兵征闽浙。五月渡钱塘江，攻占绍兴，鲁王出海逃亡舟山岛。清军平定浙东，鲁王监国政权灭亡。

鲁王墓

鲁王墓位于今金门大武山西麓。

鲁王监国政权灭亡后，朱以海漂泊海上。顺治四年（1647年），重振力量，一度收复福建30余个州县，但很快得而复失。后投奔郑成功，居金门。康熙元年（1662年），病卒于金门，就地安葬。年年岁岁无尽的风雨霜露，永无休止地剥蚀着日渐荒芜的墓土。惯常于钟鸣鼎食、喧嚣簇拥的天潢贵胄，能否承受这份苍凉与落寞？

《乾坤一统海防全图·福州府图》

（明）万历年间绘。绢本，设色。中国第一历史档案馆藏。

顺治二年（1645年）闰六月初七日，明礼部尚书黄道周、南安伯郑芝龙、镇江总兵郑鸿逵、户部员外郎苏观生等人拥立明太祖九世孙唐王朱聿键监国于福州，不久称帝，改福州为福京天兴府，以明年为隆武元年，建立隆武政权。抗清志士以这种扶立朱氏后裔为帝的方式，表露着坚定不移的反清意念，延续着日渐颓靡的反清气势。

《黄道周像》

清人绘。纸本，设色。

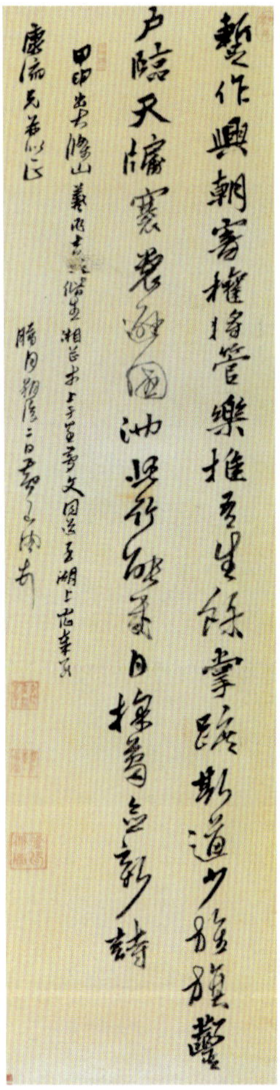

《黄道周自书诗》轴

纸本，行书。纵197.4 厘米，横50厘米。上海博物馆藏。

黄道周博通经史，谙熟天文、历法、数学，擅长诗文、书画。著述有《博物典汇》、《易本象》、《畴象》、《易象正》、《三易洞玑》等40余种。诗文杂著后世汇为《漳浦黄忠端公全集》刊行。对于书法，他主张跳出唐人和宋人的羁绊而直接追踵魏晋，以钟王为法，汴重遒劲浑深，反对纤弱柔靡。黄道周此幅作品可窥其书意之一斑，含有其坚贞刚毅、宁折不弯的立身处世之精神。此轴是黄道周《甲申腊月同诸友舟送入都赋此言别诗》十章之一，为崇祯十七年（1644年），黄道周60岁时书。

黄道周（1585-1646年），字幼平，号石斋，福建漳浦人，天启二年（1621年）进士。南明弘光朝建立，授吏部左侍郎，升礼部尚书。弘光政权灭亡后，顺治二年（1645年），在福州拥立隆武帝，被任命为吏部尚书、武英殿大学士，后又兼兵部尚书。同年自募兵9000人，亲率出征抗清，至江西兵败被俘，次年押送江宁（今南京），不屈被杀。

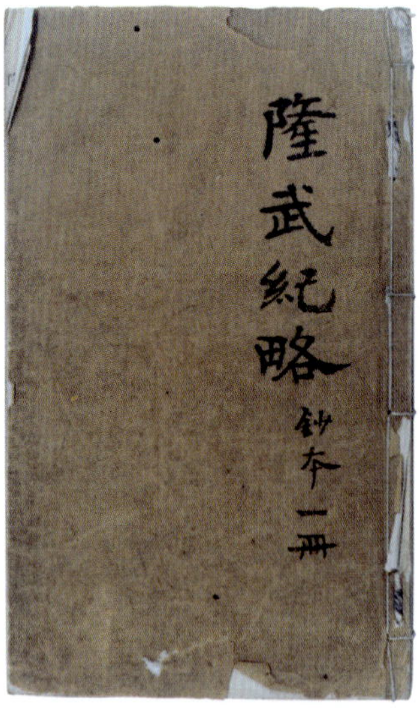

《隆武纪略》

清人著，抄本。北京大学图书馆藏。

该书记叙了南明隆武朝从建立到灭亡的史事，述说着一段八旗金戈铁马，一曲故明哀婉绝唱。

隆武通宝

隆武政权铸行隆武通宝，面文真书，有小平、折二铜钱及铁钱。

隆武政权辖地有福建、两广、湖南全部及安徽、江西、湖北一部。铜钱斑驳陆离的锈迹，默默地印证着一个政权真实的历史存在，一个血雨腥风年代，抗清复明的如烟往事也似乎在向人们娓娓道来。

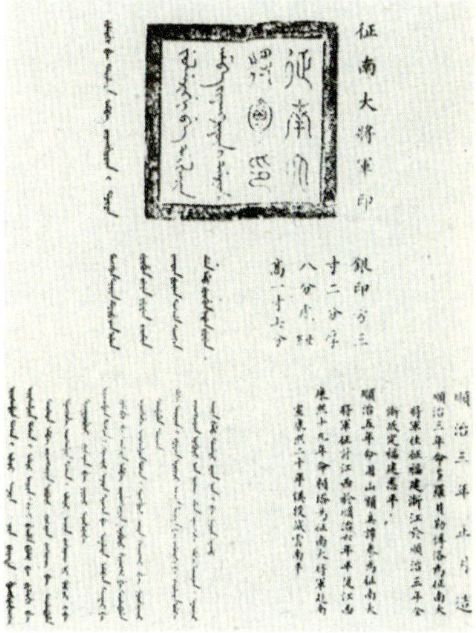

"征南大将军印" 印文

南明隆武二年铁炮

顺治三年（1646年）八月，清征南大将军博洛在平定鲁王政权后，挥师南下福建。总督军务大学士洪承畴遣使密召郑芝龙投降，使之尽撤仙霞岭天险之守军。唐王朱聿键屏蔽尽失，为长驱直入的清军所追击，被执于汀洲（今福建长汀），不久解至福州，以不降被戮。隆武政权覆灭，历时一年三个月。

隆武二年即顺治四年（1647年），此时隆武政权占据全闽，在总体战略上，改弘光政权以"剿寇"（即镇压农民军）为主而为以"御虏"（即抗清）为主。一度与大顺军余部李过、高一功在湖广联合抗清，掀起抗清斗争的小高潮，成为南明政权联合农民军共同抗清之始。隆武朝黝黑的铁炮，此时已调转炮口，直面给自身社稷存亡造成主要威胁的清八旗军阵营。

《广舆图·广东舆图》

（明）罗洪先绘制。中国国家图书馆藏。

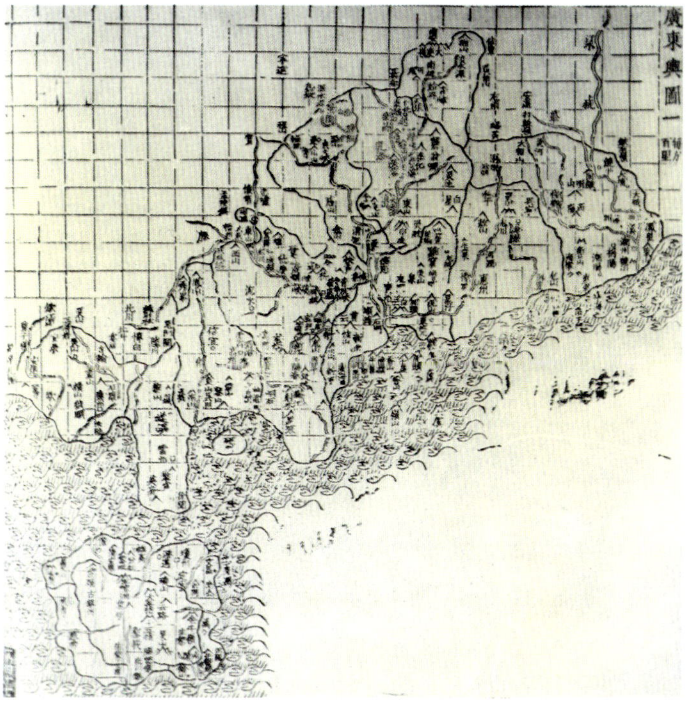

顺治三年（1646年）十一月初五日，原隆武朝大学士苏观生、明广东布政使顾元镜等人于广州扶立朱聿键胞弟唐王朱聿𨮁为帝，改明年为绍武元年，是为绍武政权。绍武政权的粉墨登场，重演了一年前鲁王监国和隆武两个南明政权争夺正统的闹剧，并趋愈演愈烈之势。它与10多天后建立的永历政权又是豆萁相煎，同室操戈，短短一个多月内，竟两度交战。鹬蚌相争的直接后果，导致同年十二月十五日佟养甲、李成栋率清军攻入广州，摧毁了建立仅41天的绍武政权，坐收渔人之利。朱聿𨮁被俘，虽不吃清军嗟来之食，发出"吾若饮汝一勺水，何以见先帝于地下"不屈之绝言，自缢而亡，但自种的苦果毕竟太难吞咽。

（五） 绞杀永历

《两广总镇图·肇庆府图》

选自明代抄本《古今图书编》内《两广总镇图》。中国国家图书馆藏。

隆武帝蒙难的消息传出后，南明各地官绅将皇室继统问题再次提上紧急日程，但在个人和小集团利益驱使下，不以国家大局和民族大义为重，争相拥立于己有利的新主。继南明绍武政权成立仅十余天，顺治三年（1646年）十一月十八日，明两广总督丁魁楚、广西巡抚瞿式耜等拥立明神宗孙、桂王朱由榔在广东肇庆称帝，以明年为永历元年，建立永历政权。这样，在广东一省之内，几乎同时建立了两个南明政权。当时永历政权控制的领土范围达广西、云南和贵州三省以及湖广、广东局部。

永历通宝

永历政权铸行永历通宝，有小平、折二、折五、折十、当十四等大小铜钱数种。背文复杂，有户、土、御、敕、督、部、道、府、留、粤、辅、明、定、国、二厘、五厘、壹分等字。

随着绍武政权的迅速灭亡，永历政权成了复兴明室重任的理所当然的担当者。但永历政权一袭明末以来朝廷内部党争不断之衣钵，仍以内讧为能事，对清军的咄咄攻势不组织抵抗，一味避敌先逃。从顺治三年(1646年)底至五年初的一年半时间内，永历帝在风声鹤唳、草木皆兵中逃遍粤桂楚三省，行程数千公里，饱尝颠沛流离之苦。

《瞿式耜像》

清人绘。

瞿式耜(1590-1651年)，字起田，号稼轩、耘野，苏州常熟（今属江苏）人，明万历进士。南明弘光朝封应天府丞、广西巡抚;隆武朝加兵部侍郎,参与拥立朱由榔在肇庆称帝，授吏部右侍郎、兵部尚书、文渊阁大学士。清军陷肇庆后，留守桂林，曾多次上疏谏阻永历帝逃跑，主张还都桂林。顺治七年（1650年），孔有德率清军破桂林，瞿式耜被俘，不屈遇害。著有《瞿式耜集》。

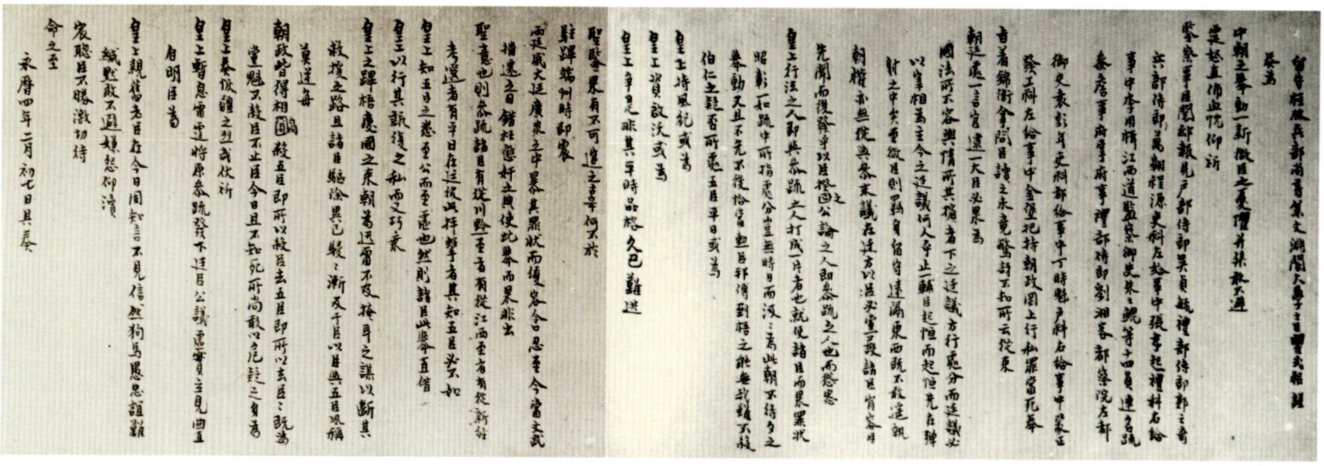

《永历四年瞿式耜救刘湘客等五臣疏》

刘湘客，南明永历朝礼部侍郎，与左都御史袁彭年、吏科给事中丁时魁、工科左给事中金堡、户科右给事中蒙正发并称“五虎”，形成楚党，一度把持朝政。顺治七年，（永历四年，1650年），户部尚书吴贞毓等14人联名上疏揭发“五虎”“罔上行私”的罪行。永历帝对其骄横狂悖的行径也早已不满，下令将五臣投狱审讯。同年二月初七，瞿式耜上疏申救，但五臣均未能幸免，被革职充军、追赃助饷。这一事件实质是永历朝廷朋党之间的权力之争，也是南明朝廷内讧痼疾的一个缩影。

"规秦将军之印"印文

铜质，蹲虎钮。长9.4厘米，宽9.4厘米，通高10.2厘米。印面柳叶篆文"规秦将军之印"，背款"永历二年十一月奉圣旨礼部造以铜代银"、"永字第一千一百三十九号"。

明朝印信制度规定将军印为银印虎钮，方三寸三分，厚九分，柳叶篆文。此印遵循了明朝旧制，不过只能以铜代银，系南明武将所佩。顺治五年，(永历二年，1648年)，朱由榔驻广西桂林，川、黔等地的明朝遗臣及部分少数民族首领遥奉永历为正朔。

援江将军之印

铜质，虎钮。背款"永历三年八月日礼部造"。广西横县出土。

"援江将军之印"印面

印面柳叶篆文"援江将军之印"。

永历三年即顺治六年(1649年)。这时国内形势发生了较大变化，起于顺治五年的金声桓、李成栋、姜瓖等一批降清明将相继"反正"，和大顺、大西农民军余部的联合抗清，使清军频频调兵遣将，在江西、广东、湖南、湖北、四川、山西、陕西、甘肃等广大区域内四处作战，疲于奔命，形成无法兼顾之势。已是山穷水尽的永历政权方有喘息之机，得到暂时稳定。

“平东将军之印”印文

铜质，虎钮。印面柳叶篆文“平东将军之印”，背款“永历六年礼部造”。

永历六年即是顺治九年（1652年）。此时，大西农民军余部和南明残余军队已联合抗清，昔日水火不容的大西、大顺军也转为相互合作。同时，西南抗清力量与郑成功、张煌言的沿海抗清军间的联络、沟通也大大加强。各派抗清力量的空前团结，一度使抗清斗争掀起高潮。永历政权与大西军兵分三路，开始向清朝大举反攻，安西王李定国率军8万东征两广，抚南王刘文秀率军6万北伐四川，秦王孙可望率军出师湖南。从顺治九年到十二年间，最盛之时占领过广西全省、保宁一隅之外的四川、常德一隅之外的湖南、广东西部和江西数县。

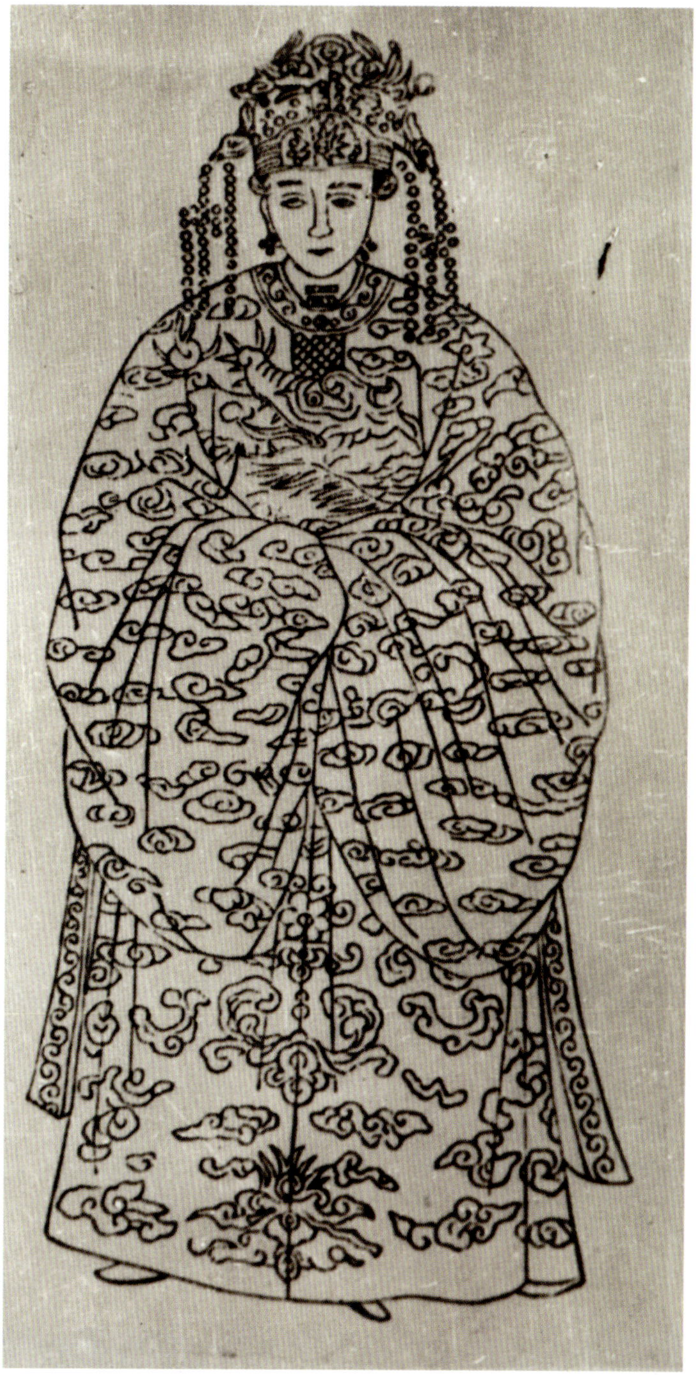

《永历王太后像》

此像为南明永历朝王太后，系永历帝朱由榔嫡母，信奉天主教，圣名烈纳。在其影响下，永历朝宫中天主教非常活跃，永历帝生母马太后、王皇后、太子、内监及官吏等许多人都受洗入教，对天主教耶稣会传教士瞿安德和卜弥格信赖有加。

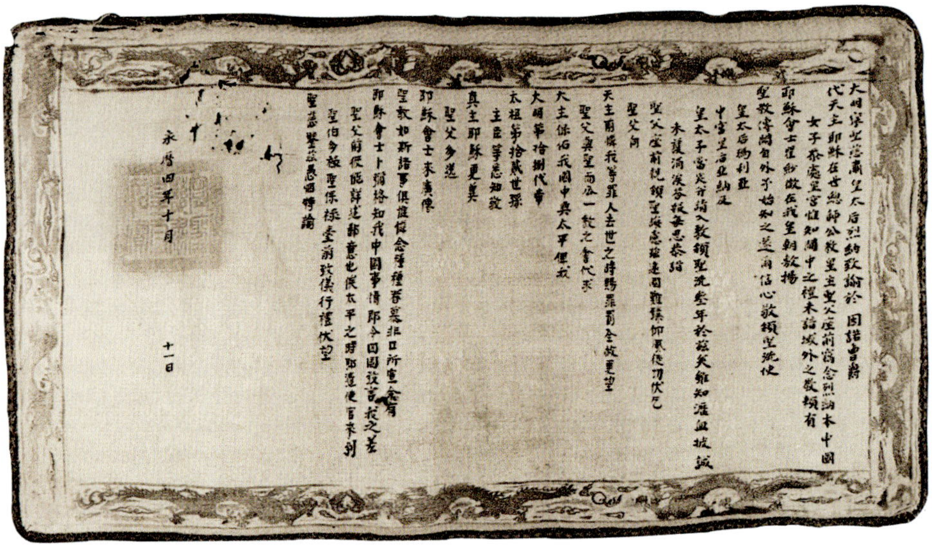

大明寧聖慈肅皇太后烈納致諭於 因諾曾爵
代天主耶穌在世總師公教皇主聖父座前竊念烈納本中國
女子忝處皇宮惟知閫中之禮未諳域外之教賴有
耶穌會士瞿紗微在我皇朝敷揚
聖教傳聞自外予始知之遂爾信心敬領聖洗使
皇太后瑪利亞
中宮皇后亞納及
皇太子當定並請入教領聖洗三年於茲矣雖知瀝血披誠
未獲涓埃答報每思恭詣
聖父座前親領聖誨慮茲遠國難臻仰風徒切伏乞
聖父向
天主前憐我等罪人去世之時賜罪罰全赦更望
聖父與聖而公一教之會代求
天主保佑我國中興太平俾我
大明第拾捌代帝
太祖第拾貳世孫
主臣等悉知敬
真主耶穌更冀
聖父多遣
耶穌會士來廣傳
聖教如斯諸事俱惟憐念種種眷慕非口所宣今有
耶穌會士卜彌格知我中國事情即令回國致言我之差
聖父前復能詳述鄙意也俟太平之時即遣使官來到
聖伯多祿聖保祿台前致儀行禮伏望
聖慈鑒茲愚悃特諭
永曆四年十月 十一日

《永历王太后致罗马教皇笺》

顺治七年（永历四年，1650年）十月十一日，永历王太后为表示对教皇的虔诚和敬意，取得教廷对南明政权的保佑和支持，致书教皇及耶稣会。传教士波兰人卜弥格奉命携书出使，于顺治八年从澳门出发赴罗马。顺治十二年十二月，携教皇亚历山大七世用拉丁文颁发的答王太后烈纳书返回。顺治十五年抵暹逻（今泰国）。顺治十六年病死于广西百色，复信终未交至永历朝。

顺承郡王勒克德浑墓碑

勒克德浑之墓，位于今北京房山区长沟乡西甘池村。墓碑高4.7米，宽1.44米。

勒克德浑（1619-1652年），礼亲王代善之孙。顺治二年（1645年）被任命为平南大将军，代叔父多铎统领江南清军，大败南明弘光朝马士英部于余杭，平定浙、鄂。顺治五年晋封多罗顺承郡王。顺治六年，湘潭一战俘获南明永历朝将领何腾蛟，攻占湖南全省及广西部分地区。

《两广总镇图·桂林府图》

选自明代抄本《古今图书编》。中国国家图书馆藏。

孔有德墓碑

墓碑原位于北京孔王坟。

顺治六年（永历三年，1649年），永历政权开始联合大西军余部共同抗清。顺治九年，清军攻占湖南、广西，兵锋直指贵州，威胁永历政权。已归属永历的将领李定国统兵8万反击，由贵州出湖广。七月，攻陷桂林，清定南王孔有德手刃其家眷，闭门自焚而亡。李定国取得桂林之战大捷，一鼓作气收复了广西全境。

孔有德（1602-1652年），在清朝定鼎之初，身经历次重大战役，战功卓著。顺治三年（1646年）任平南大将军征湖广，俘明桂王宗室，占领全湘。顺治六年改封定南王，入广西，顺治八年定广西全境。顺治九年在桂林被李定国围困身亡。孔有德死后备受殊荣，顺治十一年为其建祠，春秋致祭。顺治十二年三月三日立碑，褒扬孔有德一生功绩，特赐谥号“武壮”。

李定国抗清铁炮

1962年云南勐腊出土。

桂林大捷后，李定国乘胜进逼湖南。清廷震惊，命敬谨亲王尼堪为定远大将军统兵出征，大举反攻。李定国撤出长沙，尼堪率军穷追，轻骑冒进，孤军深入。顺治九年（1652年）十一月，于衡州陷入埋伏，死于农民军乱刀之下。李定国出师桂林、衡州奏捷，“两蹶名王，天下震动”，打破了清军不可战胜的神话。

尼堪府原址

位于今北京东铁匠胡同。

尼堪（1619-1652年），清太祖努尔哈赤之孙，褚英第三子。崇祯八年（后金天聪九年，1635年）封贝子，顺治元年（1644年）晋多罗贝勒，从多铎进攻大顺农民军和南明弘光政权。顺治三年随豪格征大西农民军。顺治五年晋敬谨郡王，顺治六年晋敬谨亲王，后降郡王，顺治八年复封亲王。

敬谨亲王尼堪墓碑

顺治九年（1652年），尼堪被任命为定远大将军征湖广，十一月在衡州之役中战败身亡，是清廷定鼎华夏征战中战死沙场的地位最高的王公。尼堪死后追封庄亲王，葬于今北京西南房山东甘地。

十八先生墓

位于今贵州省安龙县城北的马场坝。

顺治九年（1652年），李定国在广西取得桂林大捷。孙可望妒其军功，将永历帝从广西挟至贵州安隆，欲逼永历帝禅位而自立。永历帝遂与东阁大学士吴贞毓、太监张福禄等人密议召李定国率部勤王。孙可望探知消息，逮捕吴贞毓等18名朝臣和内官，逼使永历帝定18人“盗宝矫诏，欺君误国”之罪，于顺治十一年三月全部处死。这即是“十八先生之狱”。严重的内讧，是南明朝廷根深蒂固的致命弱点。顽疾不除，萧墙之祸当蔓延而生，灭顶之灾的降临也就为时不远了。

《洪承畴像》

清人绘。

清廷征讨南明的主将孔有德和尼堪的相继败亡，使清军前线形势告急。顺治十年（1653年）五月，清廷决定派遣曾招抚江南有功的大学士洪承畴，以兼兵部尚书和都察院右副都御史的名义经略湖广、广东、广西、云南、贵州五省，赐“经略大学士”印，主持进攻永历政权军务。上任后，洪承畴在军事上采取“以守为战”的方针，在政治上实施“特恩招抚”之策略，竭力扭转局势。

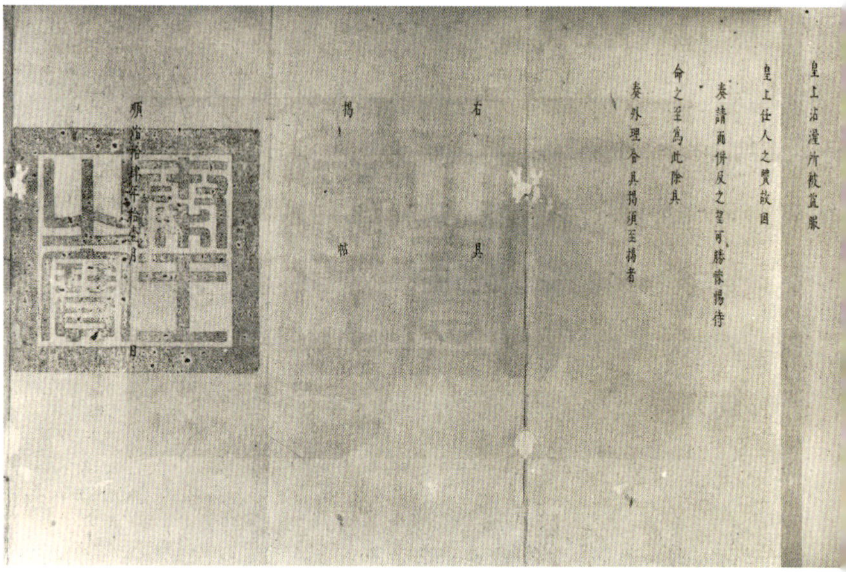

皇上沾澧所被簋服
皇上任人之賫故国
奏請両併反之望可勝懍惕待
命之至為此除具
奏外理合具揭須至揭者
右具
揭帖

《孙可望揭帖》

台湾历史语言研究所藏。

孙可望（？ -1660 年），陕西延长人。早年从张献忠起兵，封平东将军。大西政权溃败后，与诸将率余部进驻云贵，称平东王，与李定国投归南明永历朝共同抗清。顺治八年（永历五年，1651 年）受封为秦王。后与李定国矛盾激化，势同水火。顺治十四年九月，双方兵戎相见，孙可望以“清君侧”为名，率兵攻李定国。云南交水（今曲靖）一役，孙可望全军覆没，仅带数十骑逃奔长沙，剃发降清。清廷对其恩赏有加，破例特封其为“义王”。

諡恪順義王碑文
朕惟宣忠効順者臣子之常經哀死榮生者朝廷之盛典爾義王孫可望審時歸命慕義來庭列爵
舊勳寵命及於後嗣斯恩既沃於分既優方冀遐齡詎期奄逝稽諸典禮祭葬加隆特賜王諡曰恪順
之貞珉以示來茲庶昭朕柔懷之盛始終靡斁云爾
順治十八年四月十九日立

《孙可望墓碑》拓片

孙可望死于顺治十七年（1660 年），死后特赐谥为“恪顺”。其墓位于今北京昌平东三旗白坊村。墓碑刻于顺治十八年四月十九日。碑文左刻满文，右为汉文。

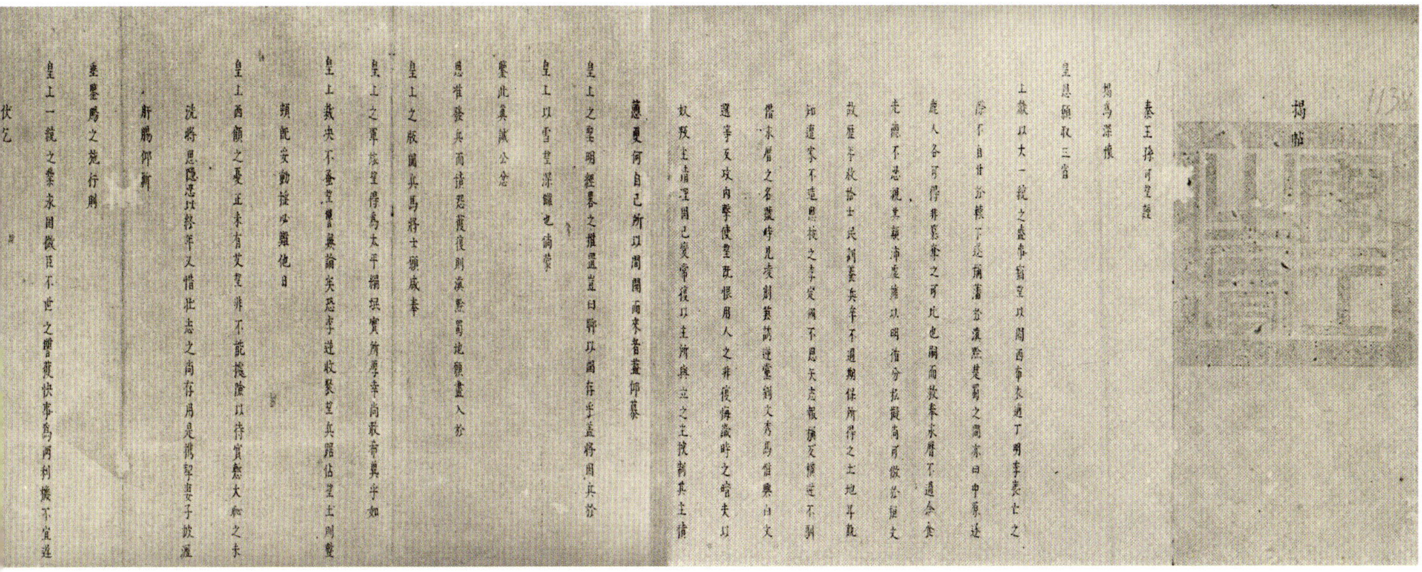

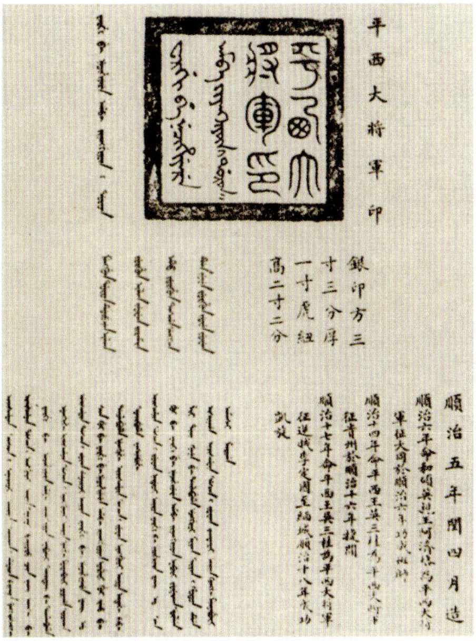

“平西大将军印”印文

此印为顺治帝封吴三桂之印。

孙可望的降清，使抗清形势急转直下，清军开始反守为攻。顺治十四年（1657年）十二月，顺治帝下令，命平西王吴三桂为平西大将军与侍卫李国翰由四川，贝子罗托为宁南靖寇大将军同经略洪承畴由湖南，固山额真赵布泰为征南将军由广西，分三路大军以犁庭扫穴之势向朱由榔、李定国发起全面进攻。云贵大地顿时笼罩在刀光剑影、战火弥漫之中。

《多尼像》

清人绘。中国历史博物馆藏。

多尼，豫亲王多铎长子，努尔哈赤之孙。顺治六年（1649年）袭封豫亲王爵，顺治九年受多尔衮案牵连，降为信郡王。顺治十五年正月，顺治帝授其为安远靖寇大将军，总统罗托、吴三桂和赵布泰三路大军，进攻云贵。名门之后，再现当年乃父驰骋疆场，所向披靡之雄风。

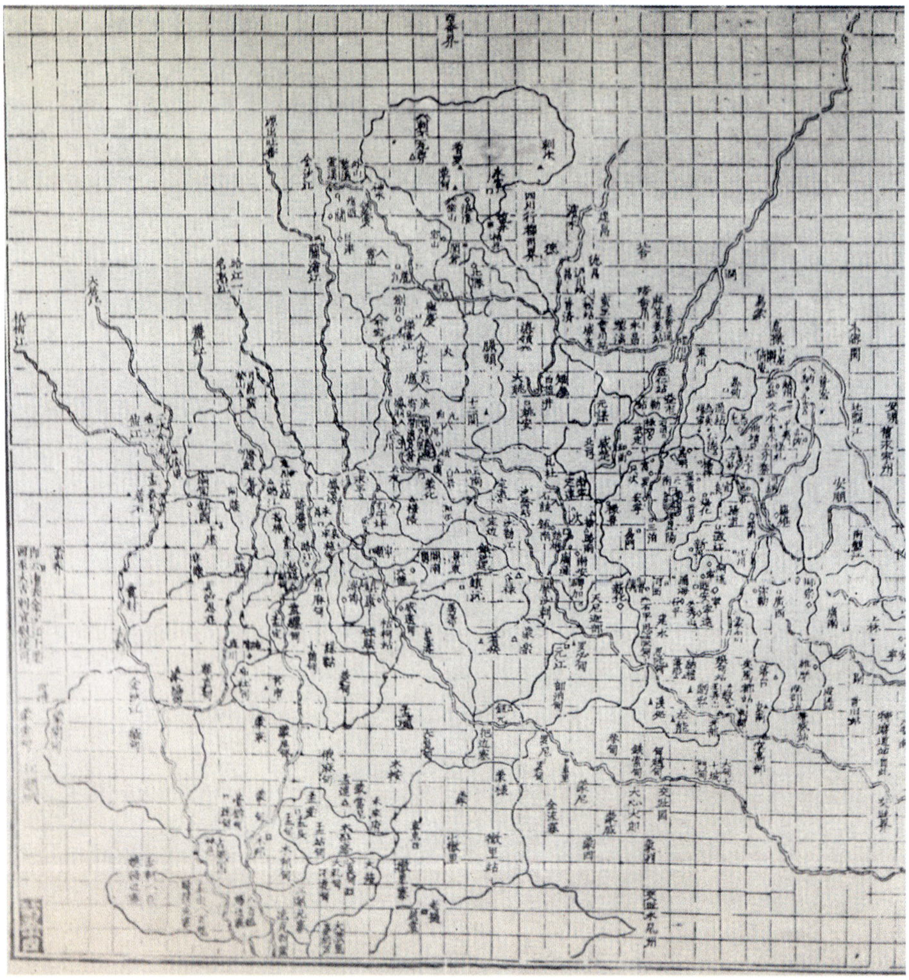

《广舆图 · 云南舆图》

（明）罗洪先绘制。中国国家图书馆藏。

清三路大军进展迅速，顺治十五年（1658年）五月平定贵州全省。十月，三路大军会攻云南，吴三桂军为北路军，由遵义过七星关；赵布泰为南路军，自都匀沿黔桂边界；多尼为中路军，从贵阳过关岭、铁索桥兼程疾进。经大理玉龙关、永昌磨盘山诸役，南明永历帝于顺治十六年正月逃入缅甸，李定国也退守滇缅边界。云南全省遂纳入清朝版图。

《吴三桂擒桂王朱由榔论》册

玉质。共6片，每片长17.3 厘米，宽9.8 厘米，厚0.7 厘米。上刻乾隆帝御制诗文。故宫博物院藏。

为斩草除根，顺治十七年（1660年）八月，顺治帝授领侍卫内大臣、一等公爱星阿为定西将军，率领八旗军，赴滇会同吴三桂入缅作战。顺治十八年九月，爱星阿与吴三桂率17万大军出边入缅，迫使缅人将永历帝及其家眷交与清军。次年，康熙元年（1662年）四月，永历帝被吴三桂用弓弦绞杀于昆明五华山西麓之金蝉寺。历时15年的南明最后一个政权永历政权归于灭亡。

100多年后，乾隆帝为宏扬其先世的功德，特制此玉册收存宫中。

（六） 鏖战郑成功

《郑成功像》

（清）黄梓绘。绢本，设色。纵130.5厘米，横65厘米。中国历史博物馆藏。

郑成功（1624-1652年），福建泉州南安县人，明平国公郑芝龙长子，母为日本人川田氏。出生于日本，7岁时回国。颇受南明隆武帝器重，赐国姓“朱”，改名“成功”，并授为御营中军都督。郑成功最初占据闽粤交界的南澳，继又以厦门、金门两岛为根据地坚持抗清。

此画右上角有王忠孝题写的《百字赞》，称其气吞湖海，胸藏甲兵。王忠孝是明崇祯进士，曾任兵部侍郎，后入郑成功幕府。

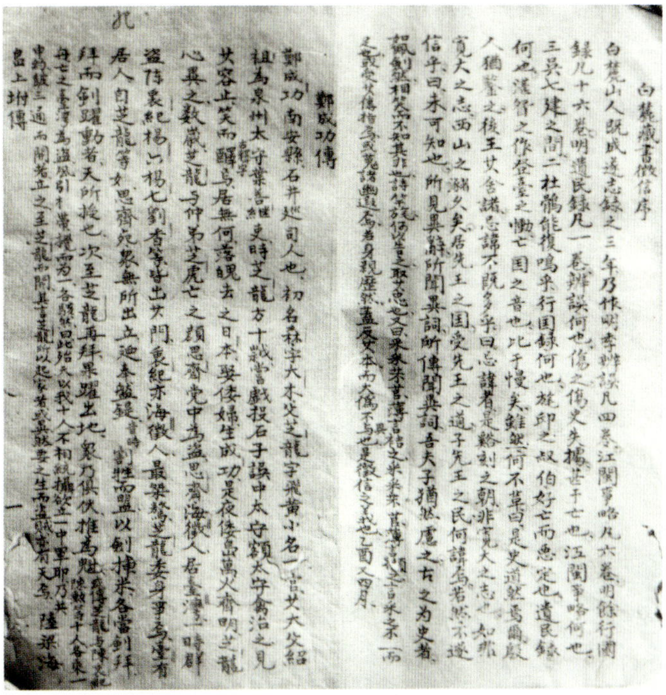

鄭成功傳

《岛上附传》

郑庆邹撰。清代抄本。

该书记录了郑成功抗清及收复台湾之事。

厦门郑成功屯兵山寨

郑成功于顺治五年（1648年）攻取厦门，作为抗清基地。清军数次进攻及招降均无功而返。郑成功的20万军队，虎踞东南沿海，成为全国抗清势力的一支重要力量。

郑成功军用过的大刀

厦门郑成功纪念馆藏。

刀锋锐利，亲历了当年郑成功军与清军血雨腥风的惨烈厮杀。

厦门水操台

位于厦门鼓浪屿日光岩。郑成功当年在此亲自检阅和指挥水师于海中操练。郑成功据守攻战，全恃碧波汪洋，故而异常重视水师的休整与操练。艰苦严格的训练，训就一支在惊涛骇浪中仍矫捷如飞的海上劲旅，为日后袭扰长江进逼南京，横渡海峡收复台湾，打下了坚实的基础。

藤盾

厦门郑成功纪念馆藏。

郑成功军将士手持藤盾，闪展腾挪，顽强抵御着清军如雨似潮的矢石刀枪。

“国姓瓶”

厦门郑成功纪念馆藏。

南明隆武帝朱聿键都福州时，见郑成功聪明英俊，赐姓朱，封忠孝伯，人称国姓爷。其所用武器炸药瓶也被称为“国姓瓶”。足见人们对他尊爱并寄予反清复明的一线希望。

漳州军饷银币

厦门郑成功纪念馆藏。

此为郑成功所发行的货币。银币正面模铸“漳州军饷”四字，下方有一个花押，为“朱成功”三字的合书。背面有“足纹通行”四字。一个政权要取得军事上的胜利，没有强大的经济基础为后盾，无异于建造空中楼阁，看来郑成功深谙此道，在经济上力求建树。

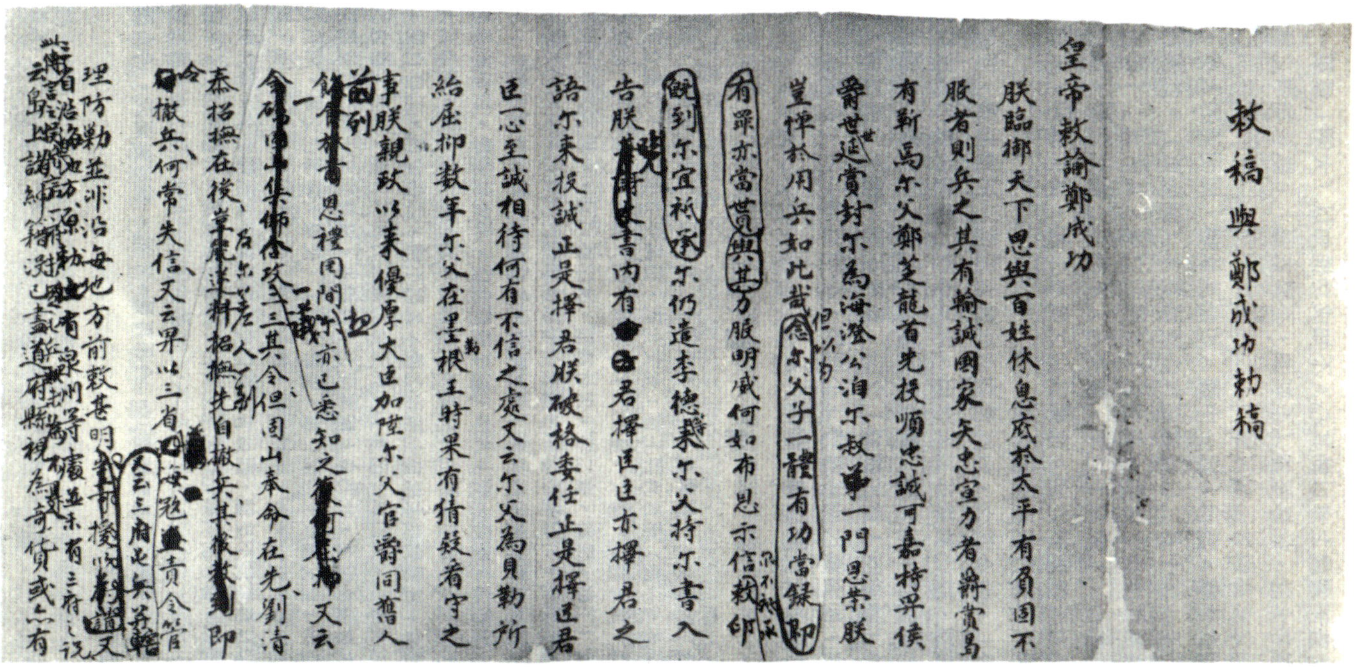

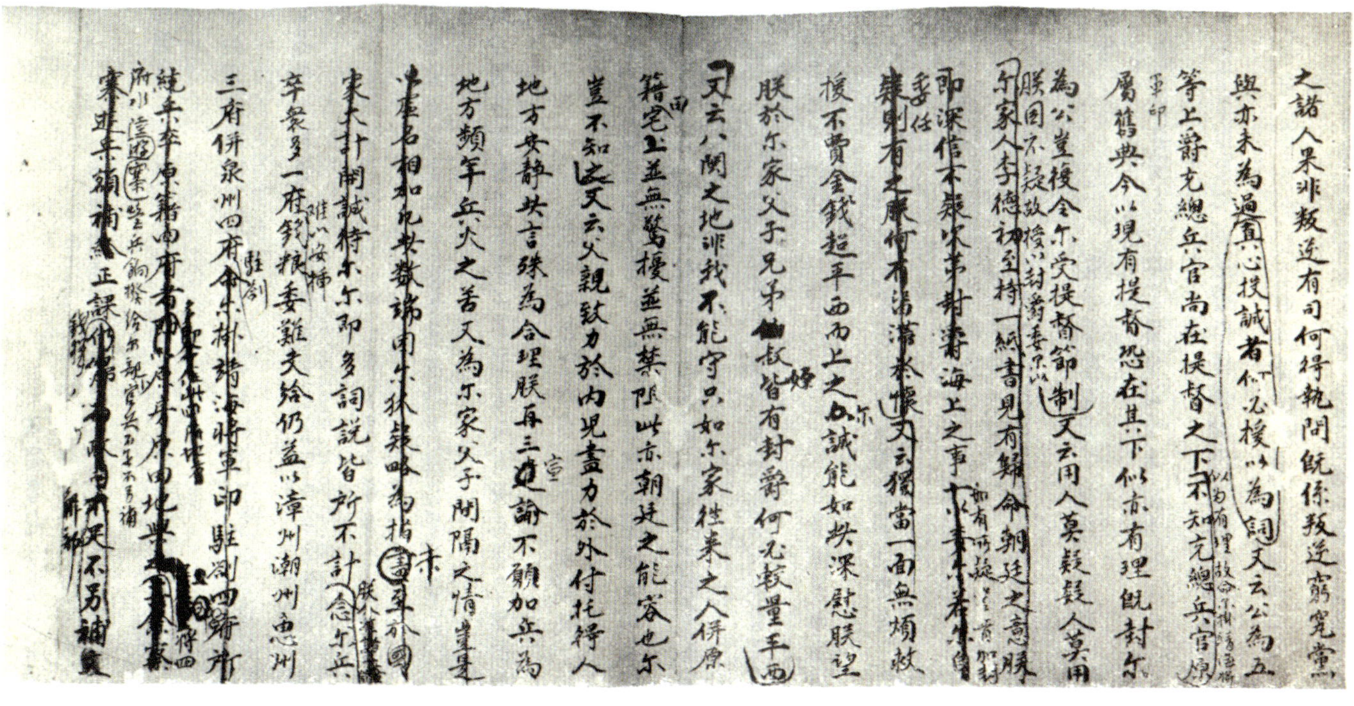

《顺治帝敕谕郑成功稿》

台湾历史语言研究所藏。

顺治十年（1653年），清军在桂湘战场受困于李定国，连连失利，首尾不能兼顾，遂改变策略为东抚西剿，决定与郑成功休兵讲和。为此顺治帝特发敕谕给郑成功，封郑成功为海澄公，再三提及郑成功父郑芝龙之归顺，并作若干迁就之态。但郑成功以儒家传统信条“尽忠则不能尽孝”为不渝之圭臬，坚奉明朝为正朔，始终坚持“不剃头，不变衣冠”。和议之事终未成。

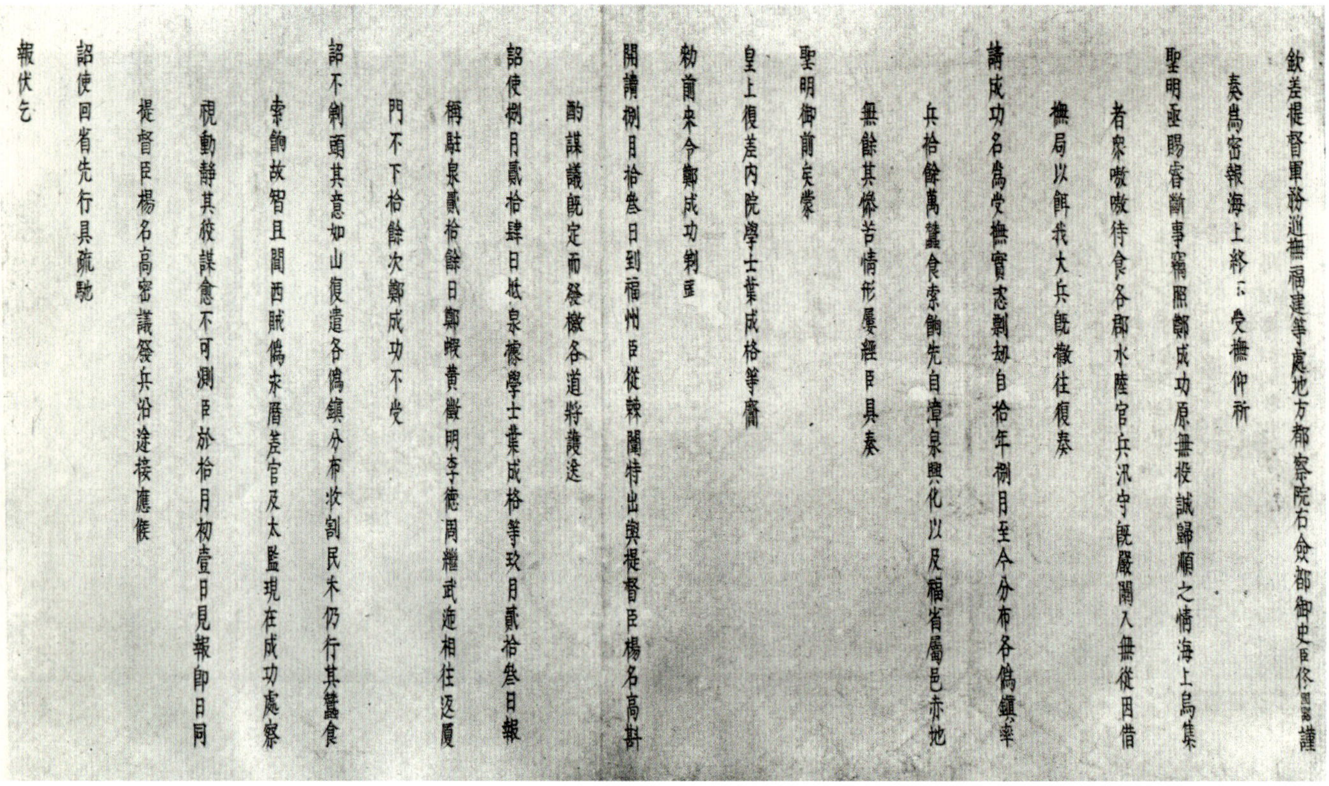
欽差提督軍務巡撫福建等處地方都察院右僉都御史臣佟國器謹
奏爲密報海上終不受撫仰祈
聖明亟賜睿斷事竊照鄭成功原無投誠歸順之情海上烏集
者衆嗷嗷待食各鄉水陸官兵汛守既嚴闌入無從因借
撫局以餌我大兵既撤往復奏
請成功名爲受撫實恣剽刼自拾年捌月至今分布各偽鎮率
兵拾餘萬蠶食索餉先自漳泉興化以及福省屬邑赤地
無餘其餘苦情形屢經臣具奏
聖明御前矣蒙
皇上復差內院學士葉成格等齎
勅前來令鄭成功剃頭
開讀捌月拾叁日到福州臣從棘闈特出與提督臣楊名高斟
酌謀議既定而發檄各道將護送
詔使捌月貳拾肆日抵泉據學士葉成格等玖月貳拾叁日報
稱駐泉貳拾餘日鄭暇黃徵明李德周繼武迭相往返屢
門不下拾餘次鄭成功不受
詔不剃頭其意如山復遣各偽鎮分布收割民禾仍行其蠶食
索餉故智且聞西賊偽朱曆差官及太監現在成功處察
視動靜其狡謀愈不可測臣於拾月初壹日見報即日同
提督臣楊名高密議發兵沿途接應候
詔使回省先行具疏馳
報伏乞

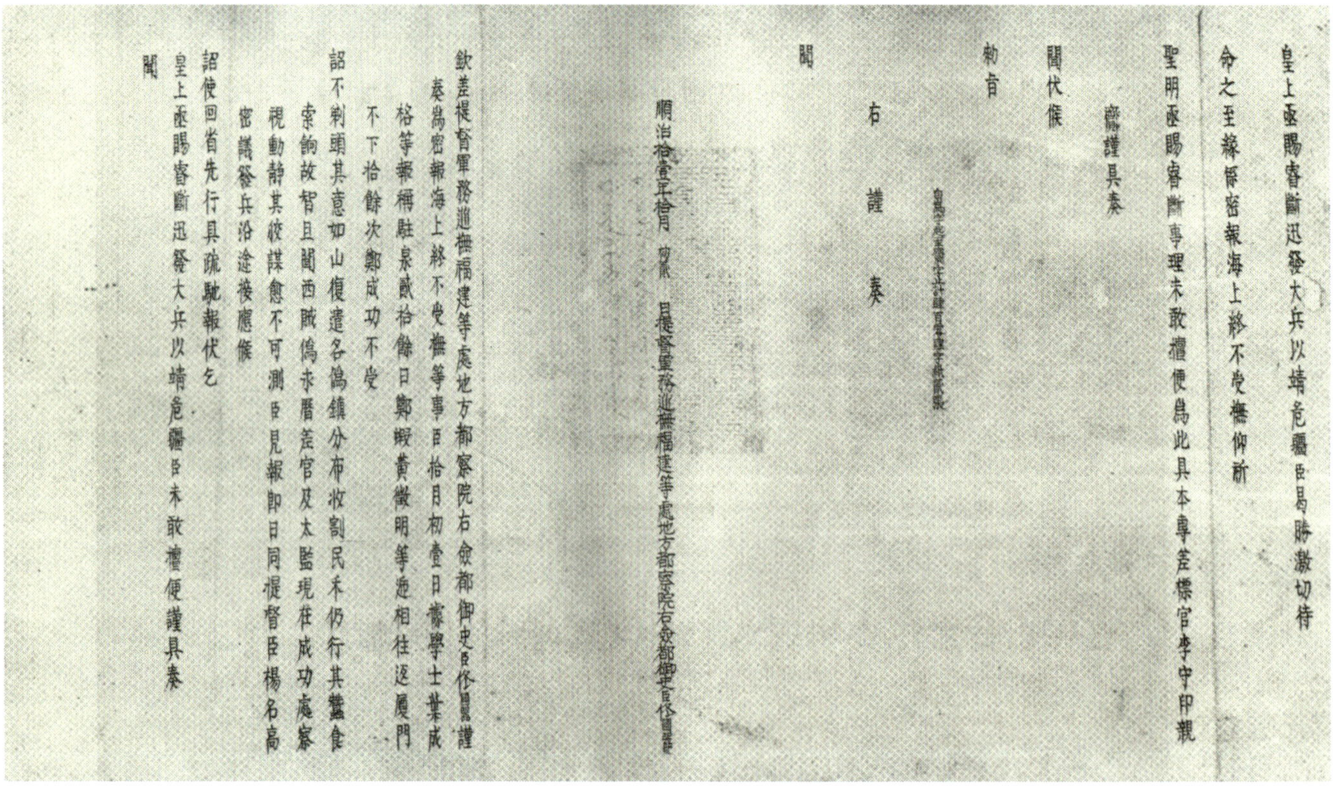
皇上亟賜睿斷迅發大兵以靖危疆臣曷勝激切待
命之至緣係密報海上終不受撫仰祈
聖明亟賜睿斷事理未敢擅便爲此具本專差標官李中印親
齎謹具奏
聞伏候
勅旨
右謹奏
聞
順治拾壹年拾月初貳日提督軍務巡撫福建等處地方都察院右僉都御史臣佟國器
欽差提督軍務巡撫福建等處地方都察院右僉都御史臣佟國器謹
奏爲密報海上終不受撫等事臣拾月初壹日據學士葉成
格等報稱駐泉貳拾餘日鄭暇黃徵明等迭相往返屢門
不下拾餘次鄭成功不受
詔不剃頭其意如山復遣各偽鎮分布收割民禾仍行其蠶食
索餉故智且聞西賊偽朱曆差官及太監現在成功處察
視動靜其狡謀愈不可測臣見報即日同提督臣楊名高
密議發兵沿途接應候
詔使回省先行具疏馳報伏乞
皇上亟賜睿斷迅發大兵以靖危疆臣未敢擅便謹具奏
聞

《佟国器奏本》

台湾历史语言研究所藏。

顺治十一年（1654年）十月初二日，福建巡抚佟国器上奏，述及郑成功励志奉明，拒受招抚，有凛然不可侵犯之意。奏折中言：“郑成功不受诏，不剃头，其意如山。”

《河防一览图 · 镇江府河防图》

（明）潘季驯等绘。绢本，设色。中国历史博物馆藏。

郑成功军继续溯江西上。顺治十六年（1659年）六月下旬，郑成功连破瓜洲、镇江，继而进逼南京。又派张煌言另率军招抚南京上游州县，清江南四府三州二十四县相继反正。清廷大震，顺治帝拔剑碎御座，准备御驾亲征，经谏阻方止，乃命内大臣达素为安南将军，统兵一万余名增援江南。郑成功因胜而骄，轻易中了清江南总督郎廷佐“乞宽三十日之限，以率众来降”的缓兵之计，延误战机，败退厦门。

《两淮地区府县图册 · 瓜洲镇图》

明万历年绘。镇江博物馆藏。

顺治十六年（1659年），郑成功乘清军主力西进，直扑云贵永历政权之机，联合张煌言的浙东抗清武装，从舟山出发，经崇明，溯长江而上，向南京发起进攻。瓜洲地处长江与大运河的交汇处，是南北交通的咽喉要道。张煌言巧妙地突破层层防线，与郑成功的后援部队配合，于顺治十六年六月十七日攻克瓜洲。

《招抚郑成功部下诏书》

纵78厘米，横83厘米。满、汉文书，钤"皇帝之宝"朱印。中国第一历史档案馆藏。

长江战役，郑成功以失败告终，元气大伤，战略上对清廷已无进攻之势。而清军则步步进逼，顺治十七年（1660年）正月，达素统军入闽。此时，永历朝廷更是人心涣散，一蹶不振，清廷一统江山之势日趋明朗。郑成功孤掌难鸣，不仅复明的希望愈发渺茫，甚至自身的立锥之地也面临不保之窘境，于是把重新寻觅根据地的眼光转向了一海之隔的台湾岛。

《荷兰殖民者占领下的台湾古地图》

从明万历二十年（1601年）起，荷兰开始入侵中国广东、福建沿海地区。明天启四年（1624年），凭借船坚炮利，从台南附近的台江登陆，侵占台湾，以隔江相望、互为犄角的台湾城（又名普罗文查城，今台南市安平镇赤嵌楼故址）和赤嵌城（又名热兰遮城，今台南）两城为中心，对台湾实施殖民统治。

《台湾古地图》

清代以前绘。纸本，彩绘。台北"国立中央图书馆"藏。

顺治十六年（1659年），时任荷兰东印度公司台湾评议会通事的何廷斌来到厦门投奔郑成功，建议出兵收复台湾，并向郑成功进献了一份标注有鹿耳门港附近的地形及荷军炮台部署的台湾地图，提供了一条避开荷军攻击而登陆的航线，并自告奋勇充当向导。

《澎台海图》

清康熙年间绘。纸本，彩绘。旅顺博物馆藏。

顺治十八年（1661年）三月，郑成功率将士25000人，战船300余艘，从金门岛出发，先占取澎湖列岛，再乘风破浪，横渡台湾海峡，于形势险要的鹿耳门港绕过荷军炮台，在北港强行登陆，立即包围赤嵌城，切断台湾城与赤嵌城的联系。不久，赤嵌城守将举旗投降。

《荷兰殖民者投降图》

转录自Jame　W. Davidson: "The Island Of Formosa"　一书，1903年出版。北京大学图书馆藏。

对赤嵌城的近邻热兰遮城，郑成功采取围困战术。顺治十八年（1661年）十二月十三日，在围困8个月后，荷兰侵略军长官弗里德里克·揆一率部投降。至此，荷兰殖民者在中国台湾进行的殖民统治宣告结束。沦陷38年的台湾重归祖国版图。

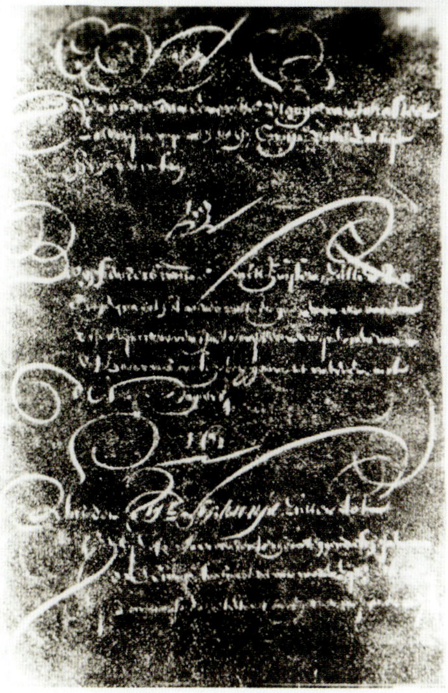

《荷兰殖民者投降书》

用古荷兰文书写的投降书共18款，记录了荷方必须将重要军用物资和东印度公司的全部财产交与郑成功等条款。荷兰侵略军长官弗里德里克·揆一代表荷方签字。

赤嵌楼

赤嵌楼，位于今台湾省台南市民族路，原是荷兰人修筑的普罗文查城。郑成功收复台湾后，改称东都明京，在此设立承天府，作为处理政务的场所，并设天兴、万年二县，在澎湖设立安抚司，积极开发宝岛。

政务篇

清廷在夺取全国政权的过程中，强制推行剃发、易服、圈地、投充和逃人法等一连串的民族压迫政策。清军入关后，将剃发易服作为中原百姓降服的标志。对不愿屈从、敢于抵抗者毫不留情地予以镇压。这一暴行强烈地伤害了汉民族的传统伦理、风俗和尊严，激起了强烈的民族仇恨，掀起大规模的抗清运动。与此同时，清统治者在京畿地区和八旗驻防的大城市周围大规模圈占土地，严重侵犯了汉族土地所有者的利益，大大激化了民族矛盾，并对经济生产造成极大破坏。圈地后，为解决农业生产和府宅役使的劳动力问题，又实行投充办法，诱骗和胁迫汉民投充旗下为奴，其中大多数是土地被圈占的受害者。此外还采用抢掠、买卖或判罪犯入旗下等方式，迫使大量汉民为奴。造成了原有自由身份的农民或平民失去自由，成为旗人可支配的财富和任意驱使的工具。汉族被占地区的封建租佃制生产方式被迫退回到落后的旗地农奴制，严重阻碍了社会经济的发展。与此相关联，失去自由的汉民不甘为奴，纷纷逃亡。清廷于是制定了极为严酷的逃人法。这一切造成社会更加动荡的严重后果。

清廷在征战全国的同时，采取了一系列笼络汉族官绅、安抚汉民的措施，在相当程度上改变了清军在汉人心目中野蛮残暴的形象，稳定了京城及畿辅地区的统治。清王朝是承袭明朝而有天下，明朝以至前朝政权组织的丰富经验与教训，特别是明朝治国施政的得失，都成为清人治国的借鉴。因此，在吸取前明旧制优长的基础上，根据满族文化的特点和实际需要，经过进一步的变通而确立了清初各项制度。其中央集权的封建国家机构与入关前相比较，具有以下特征：一是基本上沿袭了明朝的制度，但在“首崇满洲”的前提下，扩大了对汉族官员的任用，汉官地位有所提高。二是进一步加强了皇帝集权专制。清初最高决策机构仍是入关前既定的议政王大臣会议，中央行政机构则沿用皇太极时期的内三院八衙门。但也增设了一些新的行政机构，特别是管理皇族和宫廷事务的一些机构，使清王朝中央机构的设置臻于完善。地方建制为省、道、府、县四级，机构和职官依仿明制几乎未做大的变动。清初的中央和地方机构的建设，奠定了有清一代官僚机构的框架和基础。

顺治三年（1646年），颁行了清代第一部法典《大清律例集解附例》，意在以法律手段维护满族贵族的统治。清廷还十分重视祭祀礼仪，坚持“旧俗相承”，保留了入关前拜天于庭，祭神祖于室的习俗，定期举行祭堂子、坤宁宫祭祀等祭祀仪式。但也执行“有举莫废”的方针，容纳汉民族的典型风俗。一些在关外时并不奉行，却是中原历代王朝进行统治的中心祀典如祭天、祭地、祭太庙、祭社稷、祭先农、祭历代帝王等，遵行不废，形成满汉祭祀仪式并存的局面。

一 入主中原

多尔衮初入北京，为争取汉族官绅地主的支持以巩固统治，打出为明帝复仇讨贼的旗号，采取了一系列笼络汉官，安抚民心的措施。主要有：一、为崇祯帝服丧三日，礼葬崇祯帝并安奉神位于历代帝王庙。二、对曾经投降大顺农民军的明朝官员既往不咎，并不失时机地广为招徕，下令在京的内阁、六部和都察院等衙门的官员俱以原职同满官一同任事；不久又进一步规定不论是明朝还是大顺官员，只要归附清朝就官复原职，甚至加官晋级。三、暂停把剃发易服作为归顺与否标识的做法，汉民礼俗衣冠可暂从明朝旧制不作改动。四、在经济上，宣布凡被农民军夺去的田产一律归还本主，并且流民来归者复其本业。五、减免赋税徭役，免除了令汉民深恶痛绝的明末辽饷、练饷和剿饷三饷加派。这些措施，使清廷在北京及畿辅地区的统治局势稳定下来。随后定议迁都，多尔衮驳斥了部分满洲贵族打算退回关外的意见，决定迁都，以图进取。顺治元年（1644年）九月，除留下少量官兵镇守辽东地区外，绝大多数八旗兵民随顺治帝从沈阳迁至北京。十月初一，顺治帝在北京再次举行即位典礼，正式宣告了清朝作为新王朝对中国统治的开始。由于顺治帝年幼，军国大事仍由摄政王多尔衮裁决。

（一）　定都北京

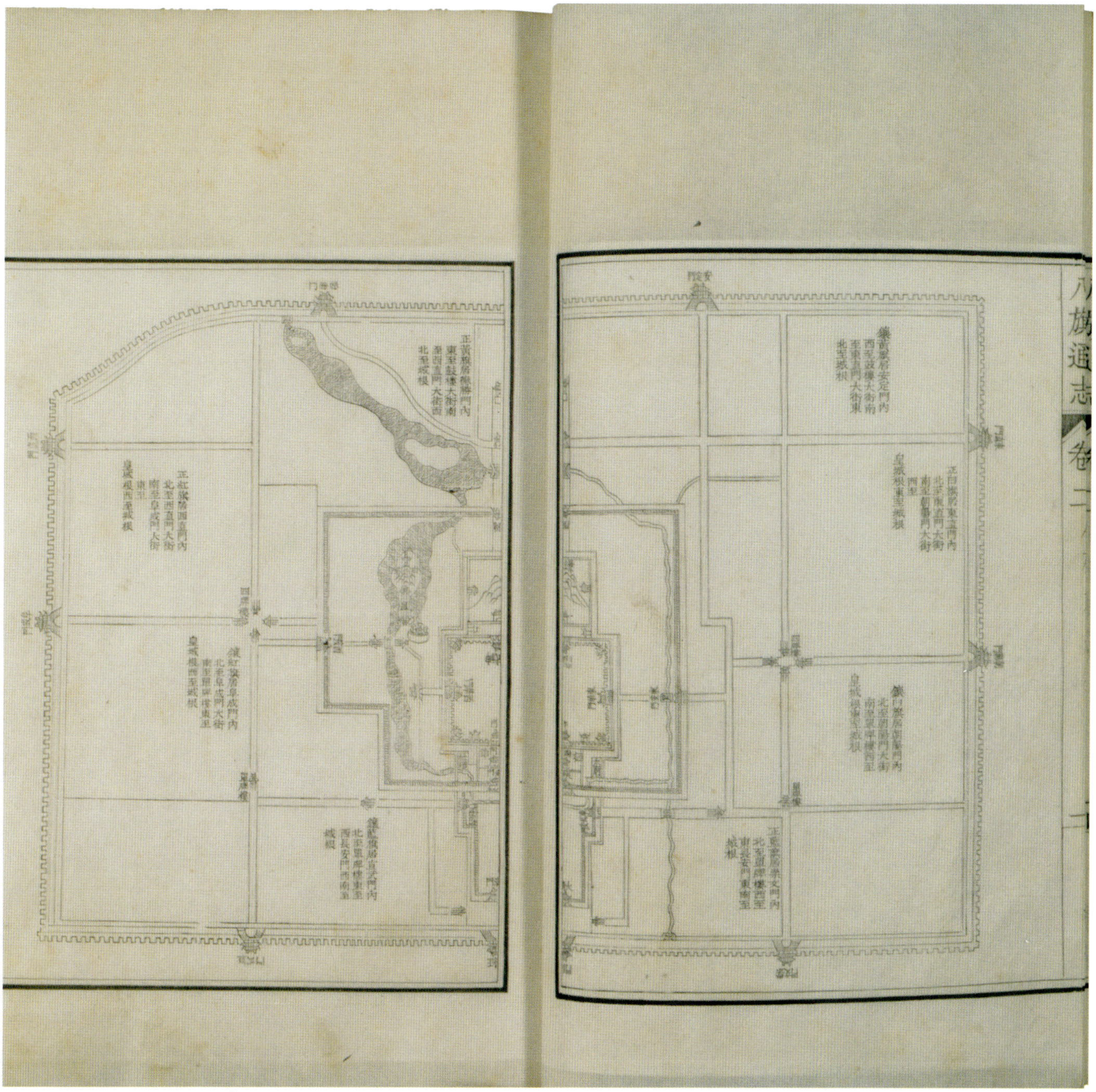

《八旗通志初集·北京城八旗驻防图》

（清）鄂尔泰等奉敕撰。乾隆四年（1739年）武英殿刻本。故宫博物院藏。

清军进北京城后，尽圈东城、西城和北城房屋为驻军营地，将居民迁于狭窄的南城。按照五行学说，置两黄旗驻城北，取土胜水；两白旗驻城东，取金胜木；两蓝旗驻城南，取水胜火；两红旗驻城西，取火胜金。同时，为进一步君临天下，顺治元年（1644年）六月，摄政王多尔衮与诸王、贝勒议定，建都北京，并派人去沈阳迎接顺治帝。

八旗甲胄

故宫博物院藏。

图为八旗兵的棉盔甲，以黄、红、蓝、白四色及镶边为标志以区分旗属。

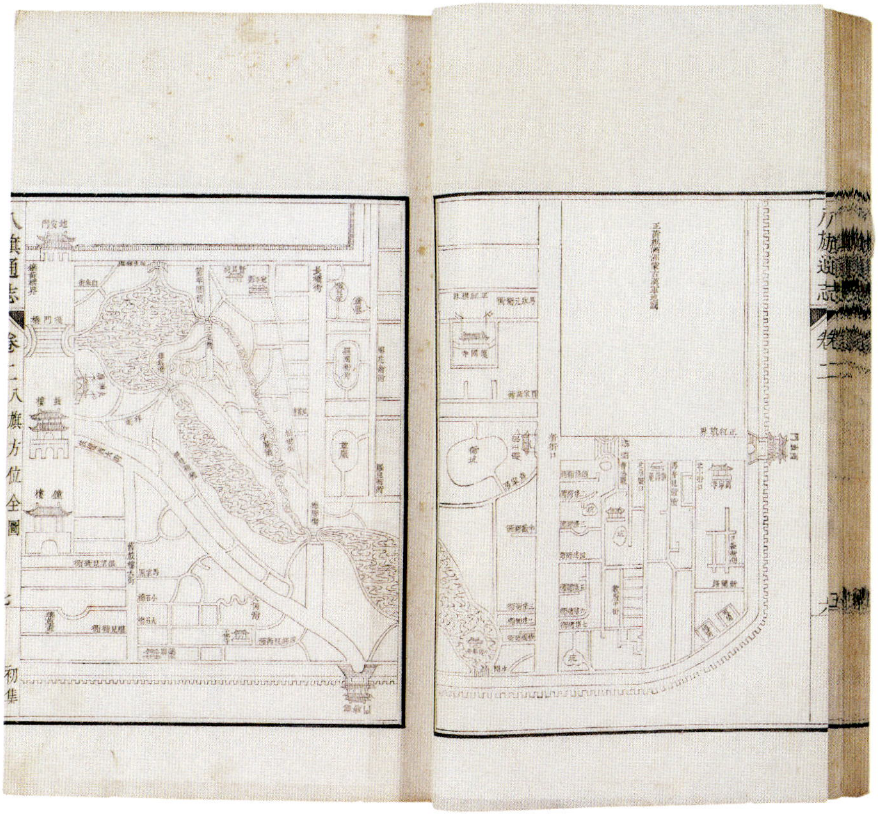

《八旗通志初集·正黄旗方位图》

（清）鄂尔泰等奉敕撰，乾隆四年（1739年）武英殿刻本。故宫博物院藏。

正黄旗驻守德胜门内。

正黄旗护军统领印

银质，虎钮。长10.6 厘米，宽10.6 厘米，高9.1 厘米。故宫博物院藏。

护军营为清禁卫军之一，以上三旗护军守卫宫禁，下五旗护军守卫王公府宅，还负责朝会及皇帝出巡之警卫。营兵由满蒙八旗每佐领下选调17人充任，每旗各设护军统领一人领之，共8人。护军统领官秩正二品，于满洲、蒙古大臣官员中选任。正黄旗护军统领掌正黄旗护军营之政令。护军统领在办理公务时，以这种官印作为凭信。

“正黄旗护军统领印”印文

印文柳叶篆体，左满文，右汉文。印文为乾隆年间印制改革后所改镌。

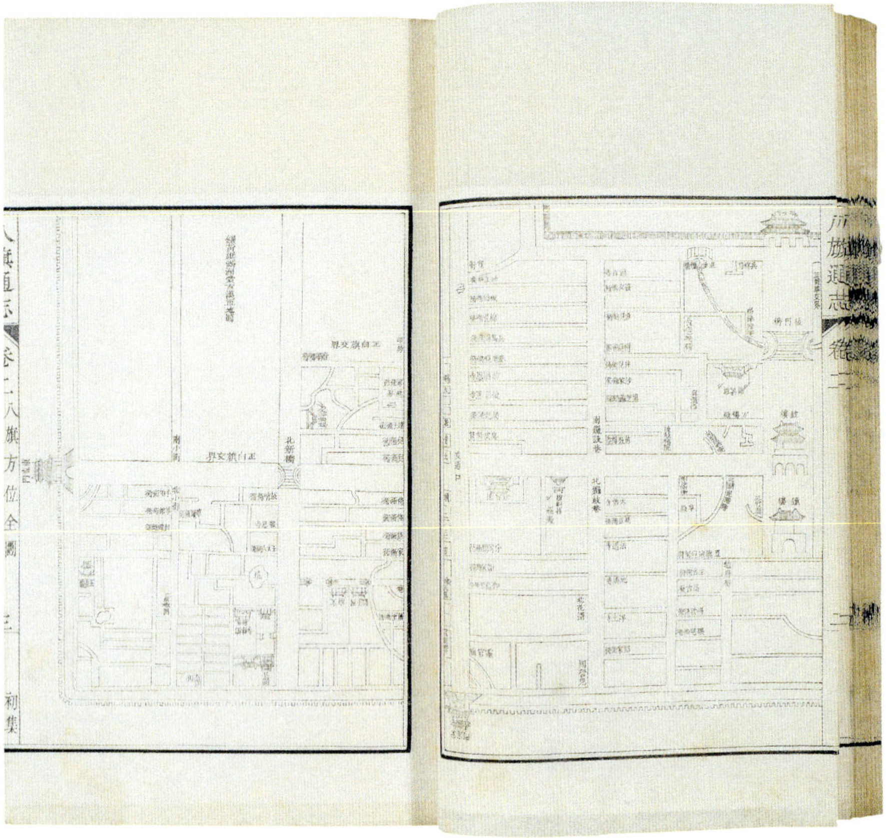

《八旗通志初集·镶黄旗方位图》

（清）鄂尔泰等奉敕撰，乾隆四年（1739年）武英殿刻本。故宫博物院藏。

镶黄旗驻守安定门内。

镶黄旗护军统领印

银质，虎钮。长10.6厘米，宽10.6厘米，高9.1厘米。故宫博物院藏。

“镶黄旗护军统领印”印文

印文柳叶篆体，左满文，右汉文。印文为乾隆年间印制改革后所改镌。

镶黄旗护军统领掌镶黄旗护军营之政令。

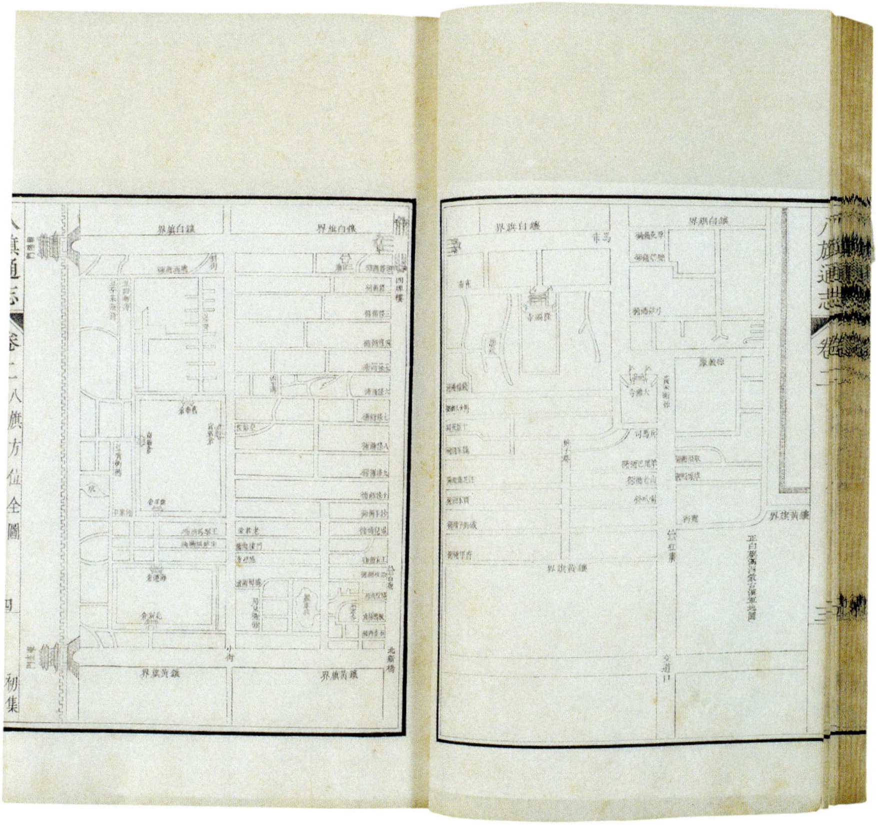

《八旗通志初集·正白旗方位图》

（清）鄂尔泰等奉敕撰，乾隆四年（1739年）武英殿刻本。故宫博物院藏。

正白旗驻守东直门内。

正白旗护军统领印

银质，虎钮。长10.6 厘米，宽10.6 厘米，高9.1 厘米。故宫博物院藏。

正白旗护军统领掌正白旗护军营之政令。

“正白旗护军统领印”印文

印文柳叶篆体，左满文，右汉文。印文为乾隆年间印制改革后所改镌。

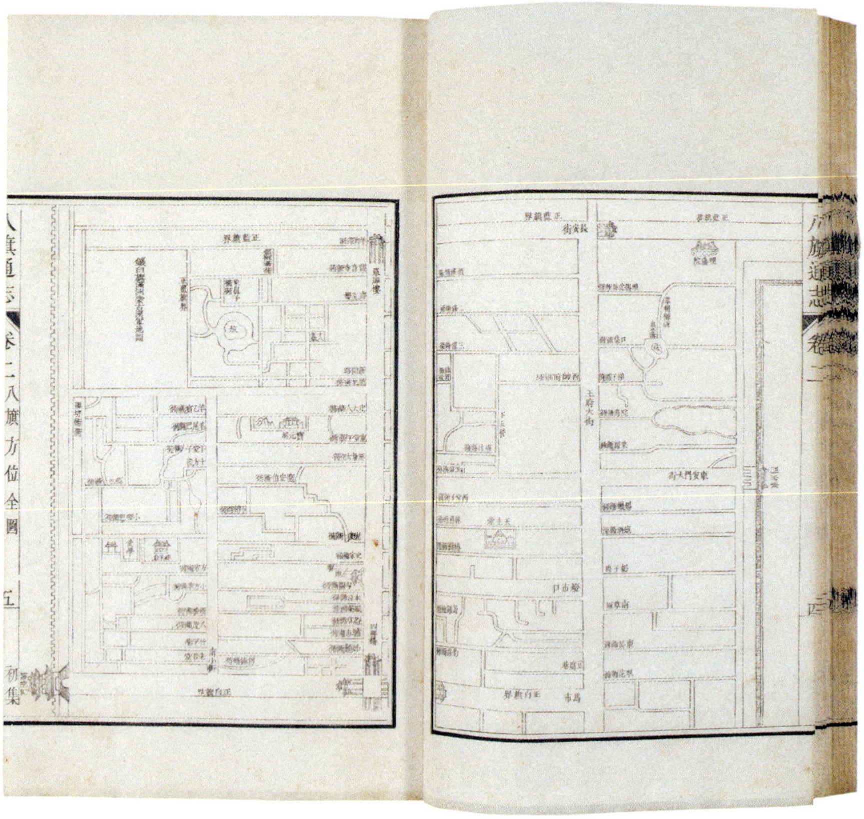

《八旗通志初集·镶白旗方位图》

（清）鄂尔泰等奉敕撰，乾隆四年（1739年）武英殿刻本。故宫博物院藏。

镶白旗驻守朝阳门内。

镶白旗护军统领印

银质，虎钮。长10.6厘米，宽10.6厘米，高9.1厘米。故宫博物院藏。

镶白旗护军统领掌镶白旗护军营之政令。

“镶白旗护军统领印”印文

印文柳叶篆体，左满文，右汉文。印文为乾隆年间印制改革后所改镌。

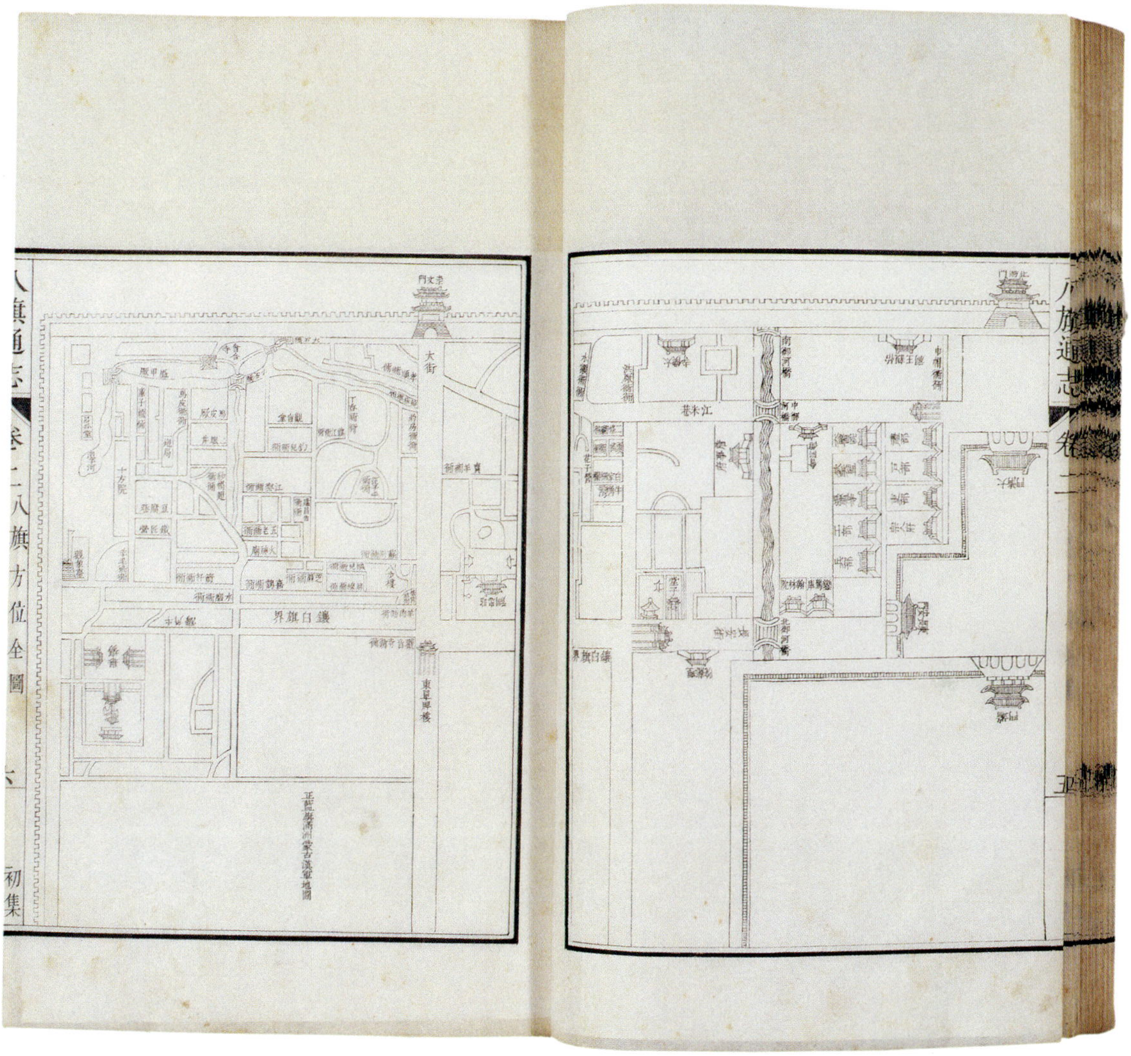

《八旗通志初集·正蓝旗方位图》

（清）鄂尔泰等奉敕撰，乾隆四年（1739年）武英殿刻本。故宫博物院藏。

正蓝旗驻守崇文门内。

正蓝旗护军统领印

银质，虎钮。长10.6厘米，宽10.6厘米，高9.1厘米。印面磨损严重，已不可钤印。故宫博物院藏。

正蓝旗护军统领掌正蓝旗护军营之政令。

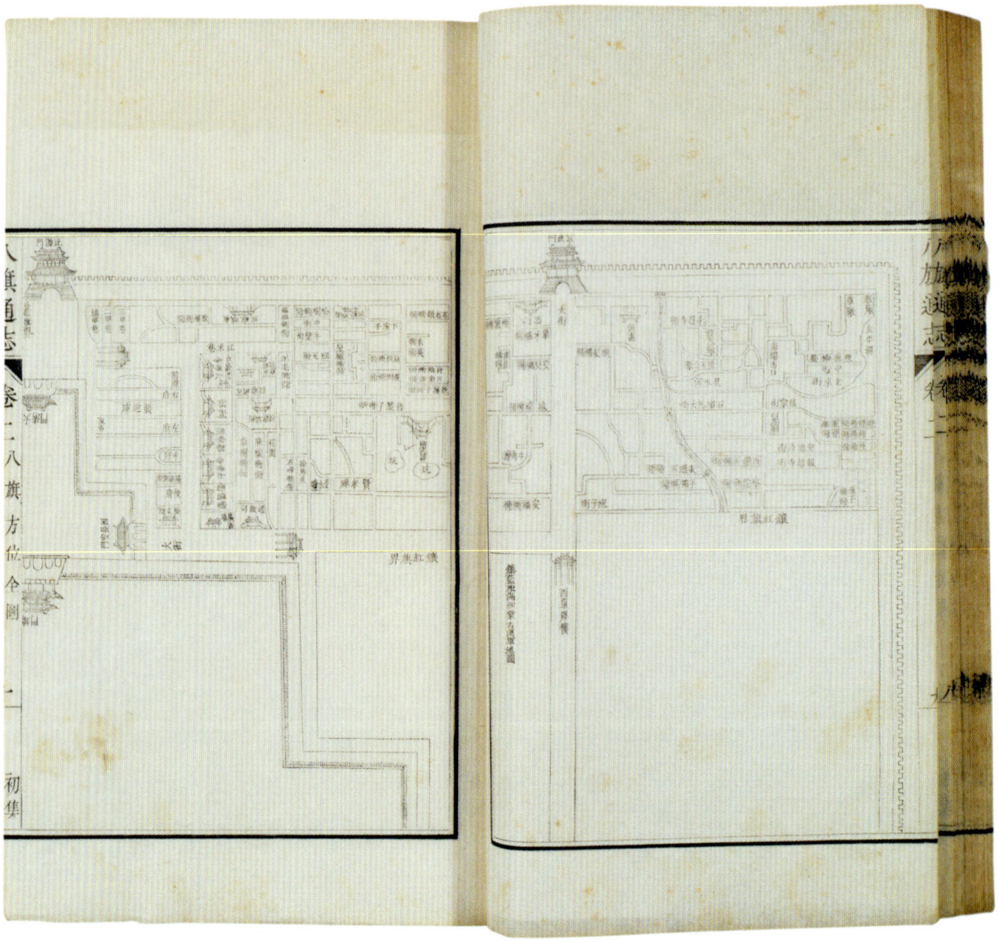

《八旗通志初集·镶蓝旗方位图》

（清）鄂尔泰等奉敕撰，乾隆四年（1739年）武英殿刻本。故宫博物院藏。

镶蓝旗驻守宣武门内。

镶蓝旗护军统领印

银质，虎钮。长10.6厘米，宽10.6厘米，高9.1厘米。故宫博物院藏。

“镶蓝旗护军统领印”印文

印文柳叶篆体，左满文，右汉文。印文为乾隆年间印制改革后所改镌。

镶蓝旗护军统领掌镶蓝旗护军营之政令。

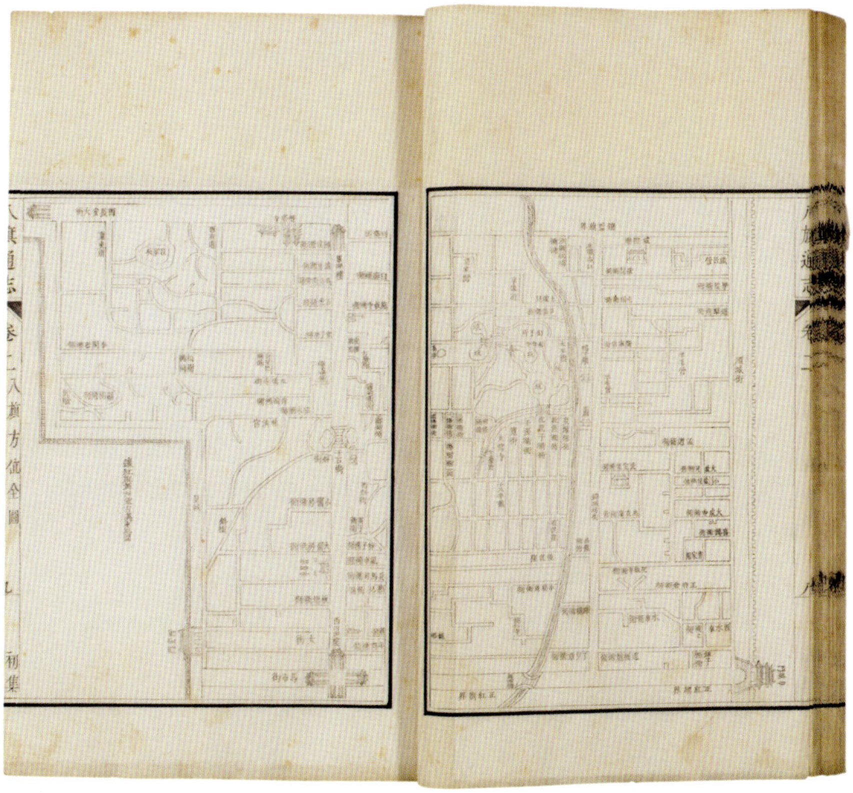

《八旗通志初集 · 镶红旗方位图》

（清）鄂尔泰等奉敕撰。乾隆四年（1739年）武英殿刻本。故宫博物院藏。

镶红旗驻守阜成门内。

镶红旗护军统领印

银质，虎钮。长10.6 厘米，宽10.6 厘米，高9.1 厘米。故宫博物院藏。

镶红旗护军统领掌镶红旗护军营之政令。

“镶红旗护军统领印” 印文

印文柳叶篆体，左满文，右汉文。印文为乾隆年间印制改革后所改镌。

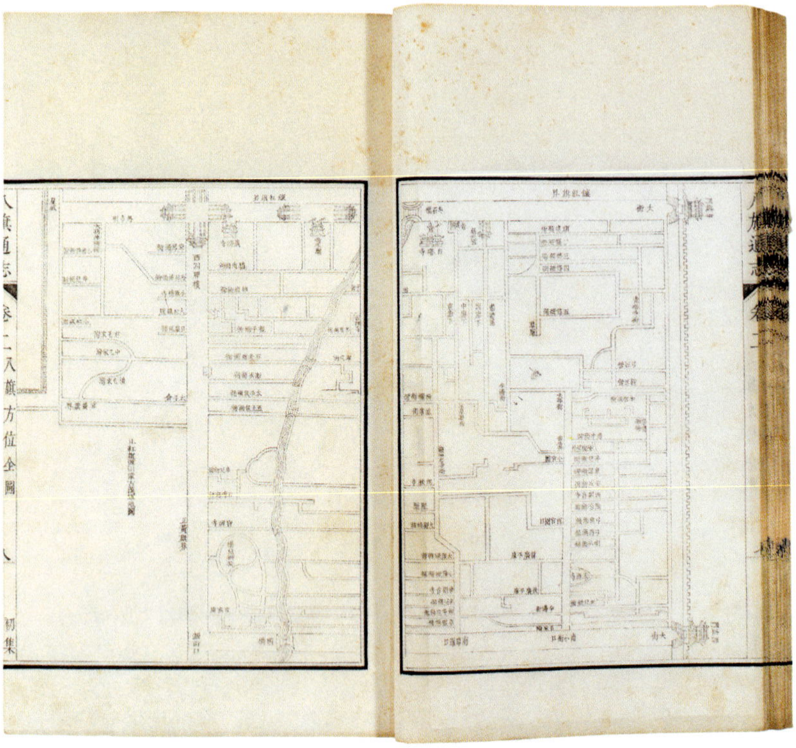

《八旗通志初集·正红旗方位图》

（清）鄂尔泰等奉敕撰，乾隆四年（1739年）武英殿刻本。故宫博物院藏。

正红旗驻守西直门内。

正红旗护军统领印

银质，虎钮。长10.6 厘米，宽10.6 厘米，高9.1 厘米。故宫博物院藏。

正红旗护军统领掌正红旗护军营之政令。

“正红旗护军统领印” 印文

印文柳叶篆体，左满文，右汉文。印文为乾隆年间印制改革后所改镌。

左翼前锋统领印

银质，虎钮。长 10.6 厘米，宽 10.6 厘米，高 9.1 厘米。故宫博物院藏。

前锋营也为清禁卫军之一，负责皇宫内外值班守卫和皇帝出巡、阅兵等活动时的警戒护卫。营兵由满蒙八旗每佐领下选调前锋二人组成，分左右两翼，每翼设前锋统领一人领之。前锋统领官秩正二品，由满族王公大臣兼任。左翼前锋统领掌左翼的镶黄、正白、镶白、正蓝四旗前锋营之政令。

“左翼前锋统领印”印文

印文柳叶篆体，左满文，右汉文。印文为乾隆年间印制改革后所改镌。

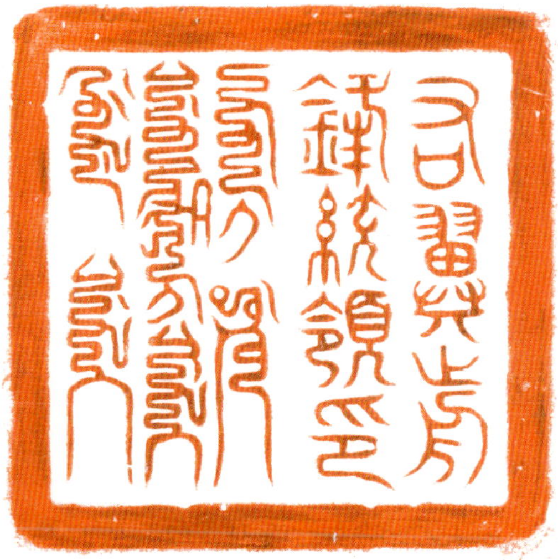

“右翼前锋统领印”印文

印文柳叶篆体，左满文，右汉文。印文为乾隆年间印制改革后所改镌。

右翼前锋统领印

银质，虎钮。长 10.6 厘米，宽 10.6 厘米，高 9.1 厘米。故宫博物院藏。

右翼前锋统领掌右翼的正黄、正红、镶红、镶蓝四旗前锋营之政令。

（二）　礼葬崇祯帝

历代帝王庙

历代帝王庙位于北京阜城门内，为明代所建供奉本朝以前历代帝王神位之所。为安抚民心，缓和民族矛盾，摄政王多尔衮决定礼葬崇祯帝。顺治元年（1644年）五月初二，多尔衮进入北京，初四即宣布为崇祯帝发丧。命礼部议定崇祯帝庙号、谥号为怀宗端皇帝，周皇后为烈皇后，下令从顺治元年五月初六开始，安奉崇祯帝的神位于历代帝王庙，百官军民为其哭灵三日。

思陵

崇祯帝未及修陵而亡，李自成大顺政权将其与周皇后合葬于昌平锦屏山下田贵妃墓中。多尔衮下令以帝礼重新安葬崇祯帝，因田贵妃墓宽大壮观，就决定不再另为崇祯帝造陵，将他与周后和田贵妃一同葬于其中，命名为思陵。

思陵谕祭碑

顺治十六年（1659年）三月，顺治帝为崇祯帝立御制祭文碑。碑文肯定了崇祯帝是孜孜求治之主，只因用人不当而致失国殉身，不能将其列入失德而亡国之君。十一月，顺治帝出猎至昌平，过崇祯帝陵时凄然泪下，酹酒于陵前，遣官致祭，下令工部修葺陵园。并谕礼部："前明崇祯帝励精图治十有七年，不幸寇乱国亡，身殉社稷。考其生平，无甚失德。"下令为崇祯帝加谥号为庄烈愍皇帝，刻碑立于思陵前。

王承恩墓碑

明司礼太监王承恩在崇祯帝最危难的时刻一直伴其左右，直至登煤山与崇祯帝对缢而亡。顺治二年（1645年），顺治帝特命于思陵旁为其建墓，立御制旌忠碑，并亲撰碑文，以表彰他对君主的耿耿忠心，也欲使后世人臣效范。

（三） 顺治帝登极

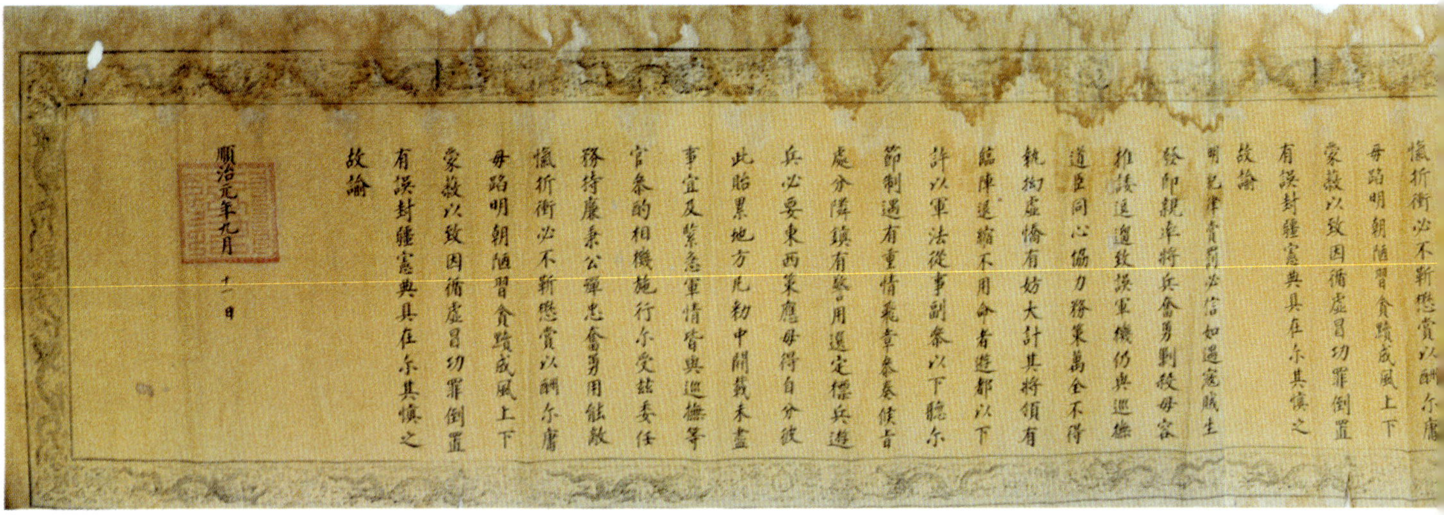
愼折衝必不靳懸賞以酬尔庸
毋蹈明朝陋習貪賄成風上下
蒙蔽以致因循虛冒功罪倒置
有誤封疆憲典具在尔其慎之
故諭
明紀律賞罰必信如遇寇賊生
發即親率將兵奮勇剿殺毋容
推諉延遲致誤軍機仍與巡撫
道臣同心協力務策萬全不得
執拗虛憍有妨大計其將領有
臨陣退縮不用命者遊都以下
許以軍法從事副參以下聽尔
節制遇有重情飛章參奏候旨
處分隣鎮有警酌用選定標兵遊
兵必要東西策應毋得自分彼
此貽累地方凡勅中開載未盡
事宜及緊急軍情皆與巡撫等
官參酌相機施行尔受茲委任
務持廉秉公殫忠奮勇用能敉
愼折衝必不靳懸賞以酬尔庸
毋蹈明朝陋習貪賄成風上下
蒙蔽以致因循虛冒功罪倒置
有誤封疆憲典具在尔其慎之
故諭
順治元年九月 十一 日

《顺治帝敕谕》

北京大学图书馆藏。

顺治元年（1644年）八月底，清廷开始迁都，顺治帝从沈阳启驾赴京。九月十一日，行至京东永平府（府治在今河北卢龙），敕谕授原明总兵孔希贵为蓟州（今河北蓟县）总兵官，令其用心操练兵马，防范故明兵民反叛，镇守畿辅要地，以确保京师安定。

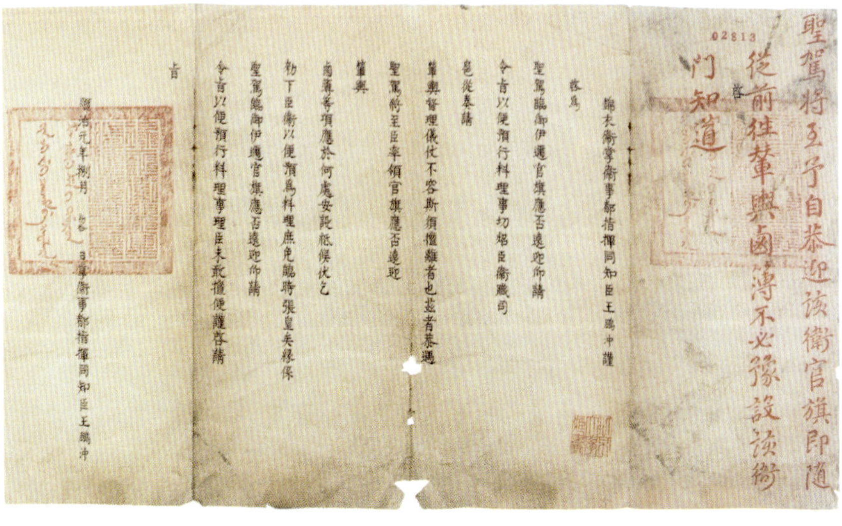
聖駕將至予自恭迎該衛官旗即隨
從前往輦輿鹵簿不必豫設該衛
門知道
02813
錦衣衛掌衛事都指揮同知臣王鵬冲謹
啓為
聖駕臨御伊邇官旗應否遠迎仰請
令旨以便預行料理事切照臣衛職司
扈從奉請
輦輿暨理儀仗不容斯須擅離者也茲者恭遇
聖駕將至臣率領官旗應否遠迎
輦輿
鹵簿等項應於何處安設祗候伏乞
勅下臣衛以便預爲料理庶免臨時張皇失緒係
聖駕臨御伊邇官旗應否遠迎仰請
令旨以便預行料理事理臣未敢擅便謹啓請
旨
順治元年捌月 初十 日錦衣衛掌衛事都指揮同知臣王鵬冲

《王鹏冲启本》

北京大学图书馆藏。

顺治帝尚在迁都赴京的途中，京城已开始紧罗密鼓地为他的登极大典准备一应礼仪：定郊庙及社稷仪式中所用乐章，改定历法等等。此为朝臣都指挥同知王鹏冲于顺治元年（1644年）八月初十日所上启本，奏请设卤簿仪仗，恭迎圣驾。

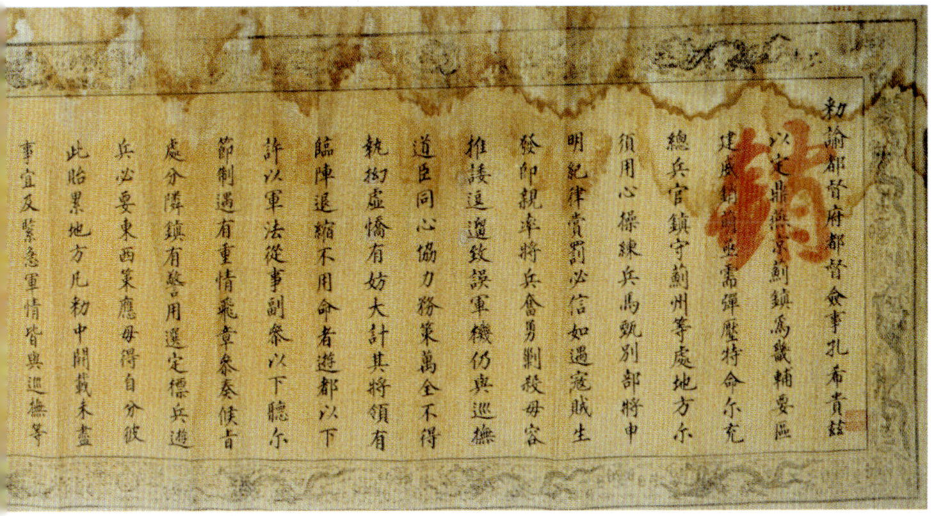
勑諭都督府都督僉事孔希貴兹
以定鼎燕京薊鎮為畿輔要區
建威銷萌亟需彈壓特命爾充
總兵官鎮守薊州等處地方爾
須用心操練兵馬甄別部將申
明紀律賞罰必信如遇寇賊生
發即親率將兵奮勇剿殺毋容
推諉逗遛致誤軍機仍與巡撫
道臣同心協力務策萬全不得
執拗虛憍有妨大計其將領有
臨陣退縮不用命者遊都以下
許以軍法從事副參以下聽爾
節制遇有重情飛章參奏候旨
處分隣鎮有警用選定標兵遊
兵必要東西策應毋得自分彼
此貽累地方凡勑中開載未盡
事宜及緊急軍情皆與巡撫等

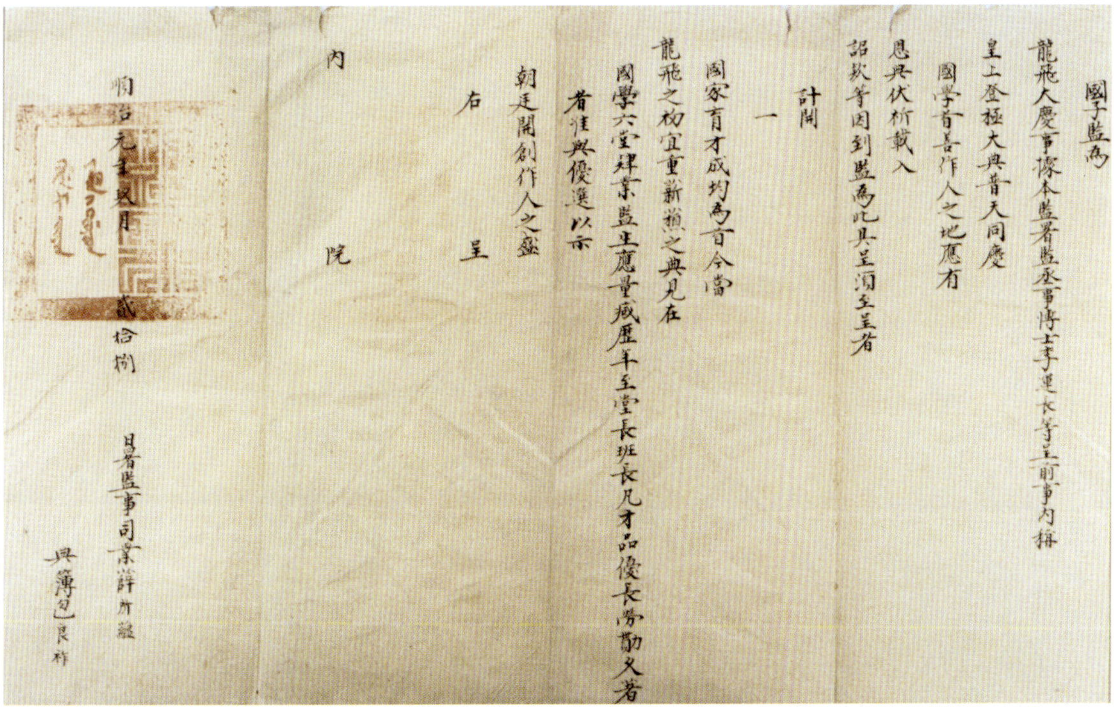
國子監為
龍飛人慶事據本監署監丞事博士李運长等呈前事內稱
皇上登極大典普天同慶
國學首善作人之地應有
恩典伏祈載入
詔款等因到監為此具呈須至呈者
計開
一
國家育才成均為首今當
龍飛之初宜重新猷之典凡在
國學六堂肄業監生應量減歷年至堂長班長凡才品優長學勤久者
者准與優選以示
朝廷開創作人之盛
右
呈
內
院
順治元年　月　貳拾　日
署監事司業薛所蘊
典簿

《国子监为恩诏事启本》

北京大学图书馆藏。

顺治帝登极在即，国子监署监事司业薛所蕴奏请以登极大典，普天同庆而应为国学封典加恩，以示新朝重视人才。

皇极门

平日举行重大典礼的皇极殿（顺治二年改称太和殿）尚在火后重建中，所以清朝入主中原的登极大典就改址在皇极门（顺治二年改称太和门）。顺治元年（1644年）十月初一，顺治帝在这里登上皇帝宝座，举行隆重的定鼎登极典礼，颁即位诏于全国，又亲至南郊，祭告天地，宣布正式代天受命，成为新朝天子。

《顺治帝半身朝服像》轴

清宫廷画家绘。绢本，设色。纵 147 厘米，横 99.2 厘米。故宫博物院藏。

福临，清太宗皇太极第九子。生于崇祯十一年（崇德三年，1638年）正月三十日。崇祯十六年八月二十六日即皇帝位，年号顺治，以济尔哈朗、多尔衮辅理国政。距其即位仅一年，偏处关外一隅的地方之主已一跃而为君临华夏的统治者。一个少不更事的六龄童，成了泱泱大国指点江山的一代少年天子。

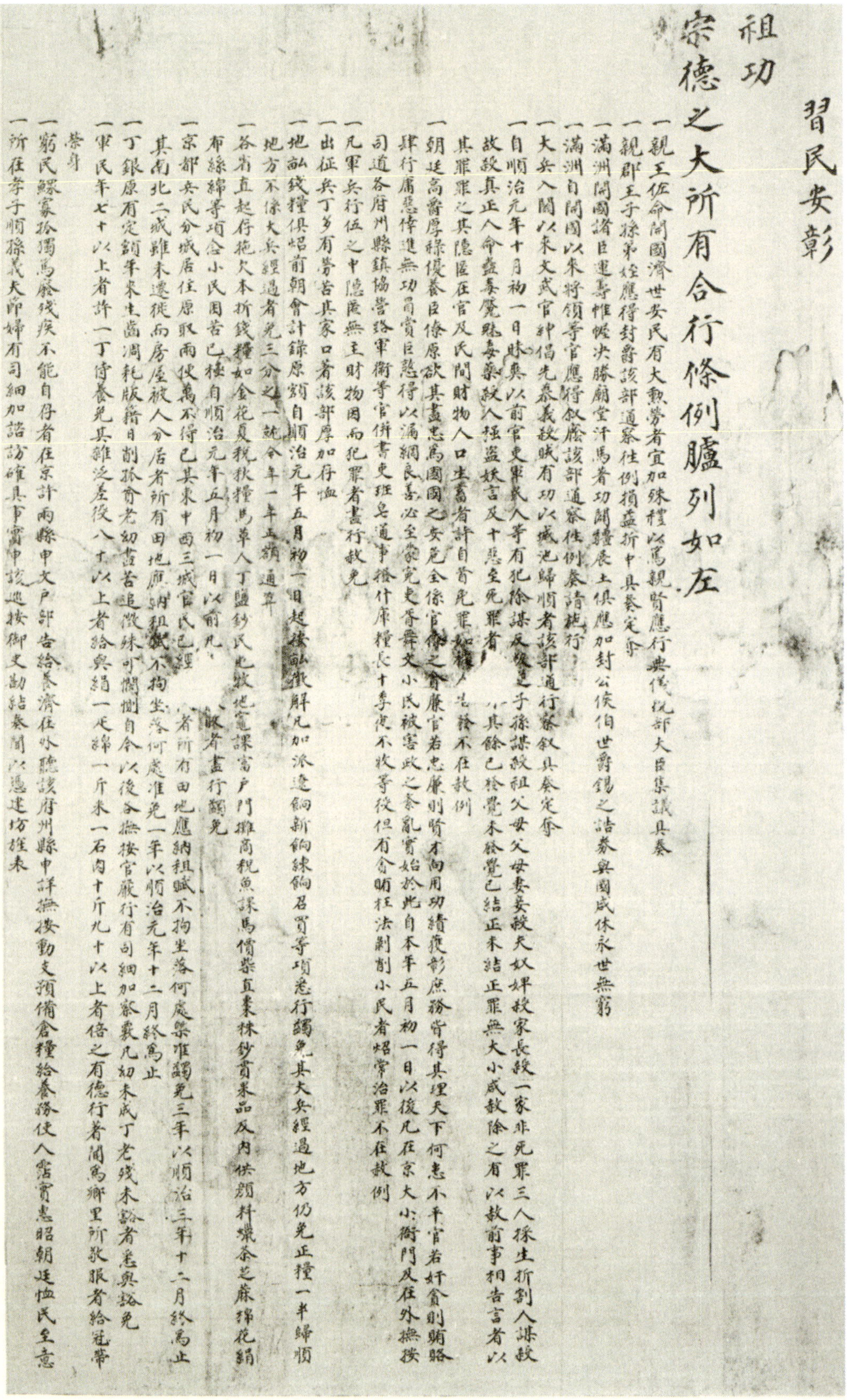
習民安彰
祖功
宗德之大所有合行條例臚列如左
一親王佐命開國濟世安民有大勳勞者宜加殊禮以篤親賢應行典儀該部大臣集議具奏
一親郡王子孫弟姪應得封爵該部通察往例損益折中具奏定奪
一滿洲開國諸臣運籌帷幄決勝廟堂汗馬著功開疆展土俱應加封公侯伯世爵錫之誥券與國咸休永世無窮
一滿洲自開國以來將領等官應得敘廕該部通察往例奏請施行
一大兵入關以來文武官紳倡先叅義殺賊有功以城池歸順者該部通行察敘具奏定奪
一自順治元年十月初一日昧爽以前官吏軍民人等有犯除謀反叛逆子孫謀殺祖父母父母妻妾殺夫奴婢殺家長殺一家非死罪三人採生折割人謀故
故殺真正人命蠱毒魘魅毒藥殺人強盜妖言及十惡至死罪者 其餘已發覺未發覺已結正未結正罪無大小咸赦除之有以赦前事相告言者以
其罪罪之其隱匿在官及民間財物人口生畜者許自首免罪如[illegible]人告發不在赦例
一朝廷高爵厚祿優養臣僚原欲其盡忠爲國國之安危全係官[illegible]之貪廉官若忠廉則賢才向用功績獲彰庶務皆得其理天下何患不平官若奸貪則賄賂
肆行庸惡倖進無功冒賞巨惡得以漏網良善必至含冤吏胥舞文小民被害政之奈亂實始於此自本年五月初一日以後凡在京大小衙門及在外撫按
司道各府州縣鎮協營路軍衛等官併書吏班皂通事撥什庫糧長十季度不收等役但有貪贓枉法剝削小民者照常治罪不在赦例
一凡軍兵行伍之中隱匿無主財物因而犯罪者盡行赦免
一出征兵丁多有勞苦其家口著該部厚加存恤
一地畝錢糧俱照前朝會計錄原額自順治元年五月初一日起按畝徵解凡加派遼餉新餉練餉召買等項悉行蠲免其大兵經過地方仍免正糧一半歸順
地方不係大兵經過者免三分之一就今年一年正額通算
一各省直起存拖欠本折錢糧如金花夏稅秋糧馬草人丁鹽鈔民屯牧地竈課富戶門攤商稅魚課馬價柴直棗株鈔貫果品及內供顏料蠟茶芝麻棉花絹
布絲綿等項念小民困苦已極自順治元年五月初一日以前凡、、欠者盡行蠲免
一京都兵民分城居住原取兩便萬不得已其東中西三城官民已經、、者所有田地應納租賦不拘坐落何處准免三年以順治三年十二月終爲止
其南北二城雖未遷徙而房屋被人分居者所有田地應納租賦不拘坐落何處准免一年以順治元年十二月終爲止
一丁銀原有定額年來生齒凋耗版籍日削孤貧老幼盡苦追徵殊可憫惻自今以後各撫按官嚴行有司細加察覈凡幼未成丁老殘未豁者悉與豁免
一軍民年七十以上者許一丁侍養免其雜泛差役八十以上者給與絹一疋綿一斤米一石肉十斤九十以上者倍之有德行著聞爲鄉里所敬服者給冠帶
榮身
一窮民鰥寡孤獨篤廢殘疾不能自存者在京許兩縣申文戶部告給養濟在外聽該府州縣申詳撫按動支預備倉糧給養務使人霑實惠昭朝廷恤民至意
一所在孝子順孫義夫節婦有司細加諮訪確具事實申該巡按御史勘結奏聞以憑建坊旌表

《顺治帝登极诏书》

台湾省历史语言研究所藏。

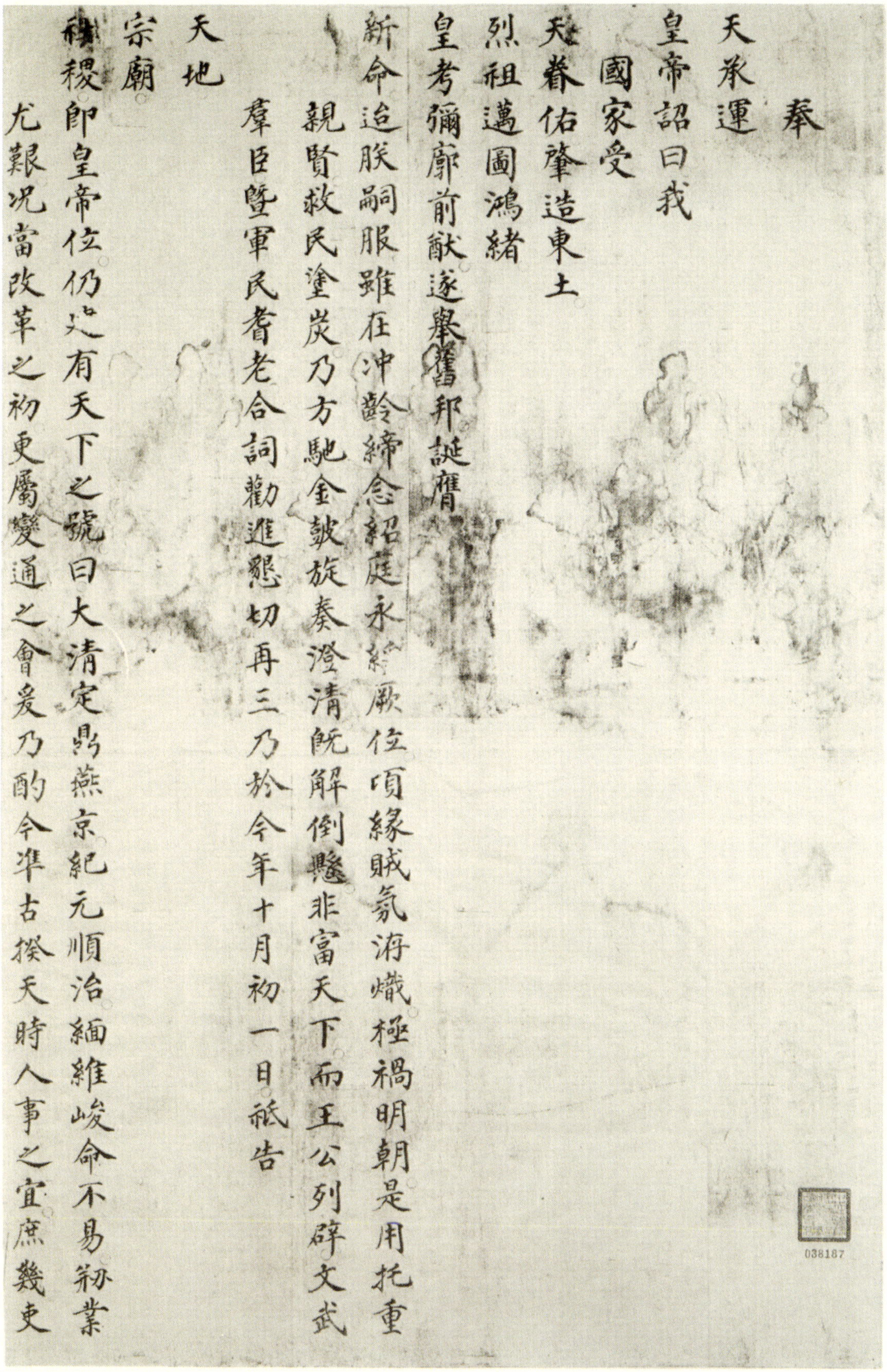

奉
天承運
皇帝詔曰我
國家受
天眷佑肇造東土
烈祖邁圖鴻緒
皇考彌廓前猷遂舉舊邦誕膺
新命迨朕嗣服雖在沖齡締念紹庭永綏厥位頃緣賊氛洊熾極禍明朝是用托重
親賢救民塗炭乃方馳金鼓旋奏澄清既解倒懸非富天下而王公列辟文武
羣臣暨軍民耆老合詞勸進懇切再三乃於今年十月初一日祗告
天地
宗廟
社稷即皇帝位仍定有天下之號曰大清定鼎燕京紀元順治緬維峻命不易刱業
尤艱況當改革之初更屬變通之會爰乃酌今準古揆天時人事之宜庶幾吏

顺治元年（1644年）十月初十，顺治帝在皇极门向全国颁布登极诏书。诏书共55款，宣示了新统治者的治国方针大政：政治上笼络安抚汉族地主阶级，经济上蠲免前明赋税加派，法律上实施大赦。

一各□□□監□向來□年加□□新餉□餉及新□加派等銀□□□□□盡行蠲免止□舊額按引徵收本年仍免三分之一

一關津抽稅原寓譏察非欲困商順治元年准通免一年自二年正月初一日以後方照明朝初額起稅凡末年一切加增盡行豁免其省直州縣零星抽取落

地稅銀名色槩行嚴禁

一各處州縣有曾經兵火寇亂殘破地方其應納錢糧已經前朝全免者戶部察明衆題仍與全免不在免半免一之例

一柴炭錢糧向來派順天保定山西六十八衛所守卯官□軍餉內扣除解兵部給發商人承辦令衛軍額餉久停前項銀兩戶部即於應發軍餉內除出役自

招商辦買以供內廷烟爨各衙官不得朦朧私派

一省直額解工部四司料價匠價銀磚料銀蘇麻銀車價銀葦夫銀葦課銀漁課釘野味銀翎毛銀活鹿銀大鹿銀小鹿銀羊皮銀弓箭撒袋折銀扣剩水脚銀

牛角牛觔銀翎鰾銀天鵞銀民夫銀地租銀匠班銀紅鰾銀燒炭銀麻鐵銀□竹銀白猪鬃銀闊夫銀擡子銀藍靛銀河夫銀椿草子粒銀狀元袍服銀衣糧

銀欸柴夫銀撒運木柴銀糧柴夫銀蘆課等折色銀盔甲腰刀□□□褲鞋狐鹿兎狸皮山羊毛課鐵黃蠟御桑胭脂花梨南棗紫檀杉條等木椴木

桐木板枋水膠物料翎稍蘆席滿筆榜紙磁罈槐花烏梅□□□小席□粗細銅絲鐵線鍍白銅絲鐵條鐵條碳子青色 香□書籍

紙嚴漆阜漆桐油硝筆紫水斑等竹實心竹棕毛白圓藤□□沙葉廣膠焰硝螺殼等本色錢糧自順治元年五月初一日以前□□□□民

者相應盡與蠲免以甦民困自五月初一日以後的 蠲免

一省直解也司助工銀一項原係加派錢糧悉准豁免

一各省直運糧官役有因漂流掛欠并侵沒漕運錢糧見在收糧衙門及原籍追比未完自本年五月初一日以前盡行釋放

一省直解官解戶領解錢糧被賊寇劫失在順治元年五月初一日以前者咸與豁免

一山陝等處軍民人等有昔被流寇要挾今願改紘易轍傾心歸化於所在衙門投有降表及有甘結文按可據者槩從赦宥

一省直各州縣土寇有贓首已經就擒脅從歸農復業及脅從共擒賊首赴所在官司連名自首者前罪并赦勿論

一凡訛言妖術煽惑平民燒香聚衆僞造符契擁集兵仗倡頭會首已經緝獲正法其脅從人等果改邪歸正者前罪免論

一向來勢家土豪舉放私債多取利息折準房地以致小民傾家蕩産深可痛恨 嗣後有司不許聽受賄囑代爲追比犯者以違制重論

一越訴誣告敗俗傷財已經嚴禁而有司奉行怀刃刀風□止自今大赦以後凡戶婚小事俱就有司歸結倘奸棍訟師誘陷愚民入京越訴者定加等反坐如

刑部官不由通狀濫受民詞許科道糾參請旨究處

一贖鍰之設原開罪人自新之路向來有以錢代罰贖反致傷生 □□採引代納其爲民害今後一切禁止有力不能納者速與免追歸結

一向來巡按官以訪拏爲名聽衙蠹開送誣害良民科取贓贖 □□禁革如地方大奸大惡賊窩盜穴及包攬詞訟詐財害衆者許訪察的確一

面密奏一面嚴拏務盡除奸宄以安良善

一人命至重歷朝皆有三覆奏之條□□□□論擬 □員毋執已見毋徇賄囑務在得情仍須勤敏速結毋致人亡案積以干天和

於戲

君師惟鑒臨於有德民歌父母斯說豫於無疆既已喻旨布恩弘敷大賚將使

投誠皈命無阻幽深惟爾萬方與朕一德播告遐邇咸使聞知

順治元年十月初十日

一所在神祇壇廟不係淫祠者有司務竭誠致敬毋致褻慢明朝諸陵仍用內員及陵戶看守撥給香火地土仍春秋致祭各處帝王陵寢及名臣賢士墳墓被人
毀發者即與修理禁止樵牧

一在京文官一品至九品在外方面各官及知府府佐州縣正官俱論俸應得誥敕凡京官署職試職俱准實授仍給應得敕命文官三品以上廕一子入監讀
書京官八品以下准給本身敕命願移封移贈者聽

一滿洲院部及各衙門辦事官員年勞深久該部通行察叙

一山林隱逸之士有懷才抱德堪為時用及武略出衆膂力兼人者撫按確實舉爲該部覆核徵聘來京以便推用

一前朝建言降謫諸臣果係持論公平有裨治理者吏部具奏召用其各衙門官有橫被誣害公論稱冤曾經薦舉不係貪酷犯贓者併與昭雪叙用一應爲民
者准復冠帶閒住者准致仕

一會試定於辰戌丑未年各省直鄉試定於子午卯酉年凡舉人不係行止黜革者仍准會試各處府州縣儒學食廩生員仍准給廩增附生員仍准在學肄業
俱照例優免

一武舉會試定於辰戌丑未年各省直鄉試定於子午卯酉年俱照舊例

一京衛武學官生遇子午卯酉鄉試年仍准開科一體會試

一京府併省直各府州縣學廩生貢額年分不等今正貢准改恩貢次貢准改正貢每處貢二名止行一年後不爲例有才華出衆孝弟著聞者不拘廩增附學
俱許提學官特薦試用

一前朝文武進士文武舉人仍聽該部甄用

一品官有三母三妻照前朝覃恩事例俱准封贈

一品官妻已授封其次室亦准用本品冠帔束帶禮服

一省直各學貧生聽地方官察實申文該提學官於所在學田內動支錢糧酌量賑給

一國子監積分監生已經考定者即與選授撥出歷事監生免歷二箇月其各衙門辦事官吏自大兵入京以來効有勤勞者聽該堂上官分別具奏應上卯者
准與上卯應冠帶者量給冠帶

一前朝宗室首倡投誠先來歸順赴京朝見者仍給祿養以昭朝廷興繼至意

一在京在外武職官員應給封誥者照例給與三品以上仍准撰文

一前朝勳臣及子弟有倡先投順仍立功績者與本朝一體叙錄應給封誥照例頒給其見有官職已經來朝者准仍原職

一在京錦衣等衛所及在外衛所官員已經歸順者俱准照舊其帶領兵丁獻納土地倡先投誠者加一級歸順後立有功績者另行優叙

一在外營路將領等官有乘亂侵擾私帶在官兵丁馬疋自遁回家者准將兵原馬照數交官前事免其追論

一北直河南山東節裁銀及山西太原平陽二府新裁銀應解兵部者前朝已經免解其太原平陽二府舊裁及各府新舊節裁銀兩在本年五月初一日以前
者俱免解以後仍照見行事例分別蠲免

一會同館馬站驢站館夫及遞運所車站夫價等銀除本年[illegible]初一[illegible]免解外以後仍照例分別蠲免

一有司徵收錢糧止取正數凡分外侵漁秤頭火耗重科加[illegible]加禁約違者從重參處

一京師行商車戶等役一遍僉派頻至流離近年已[illegible]以後[illegible]給以蘇民困

（四） 多尔衮摄政

《多尔衮像》

清人绘。

多尔衮（1612−1650 年），清太祖努尔哈赤第十四子。曾率兵降蒙古察哈尔林丹汗子额哲，获元传国玉玺。崇祯九年（崇德元年，1636 年）晋封和硕睿亲王。顺治元年（1644 年）统兵入关，定国开基，功勋煊赫。顺治帝年幼，由其代决军国大事。摄政期间，他倾全力指挥全国统一战争，又通过接受明朝的诸种制度及限制削弱各旗旗主势力，积极推进中央集权。他不断诛除异己，独揽大权，先后将肃亲王豪格幽禁致死，郑亲王济尔哈朗罗罪罢黜，权势地位日盛。他先称摄政王，顺治元年封“叔父摄政王”，顺治二年加封“皇叔父摄政王”，顺治五年尊为“皇父摄政王”，凡一切政事及批票本章，不奉上命，概称诏旨，甚至连皇帝的印玺也贮于其王府随时钤用。

多尔衮府原址

位于今北京市南池子小学院内。多尔衮府乃是扩建明东华门外南池子的明南宫而成，府第“金碧辉煌，雕镂奇异”，规制之高，其他王府无可望其项背。多尔衮死后被追罪，王府改为寺院，康熙时称吗哈噶喇庙，乾隆时称普度寺。

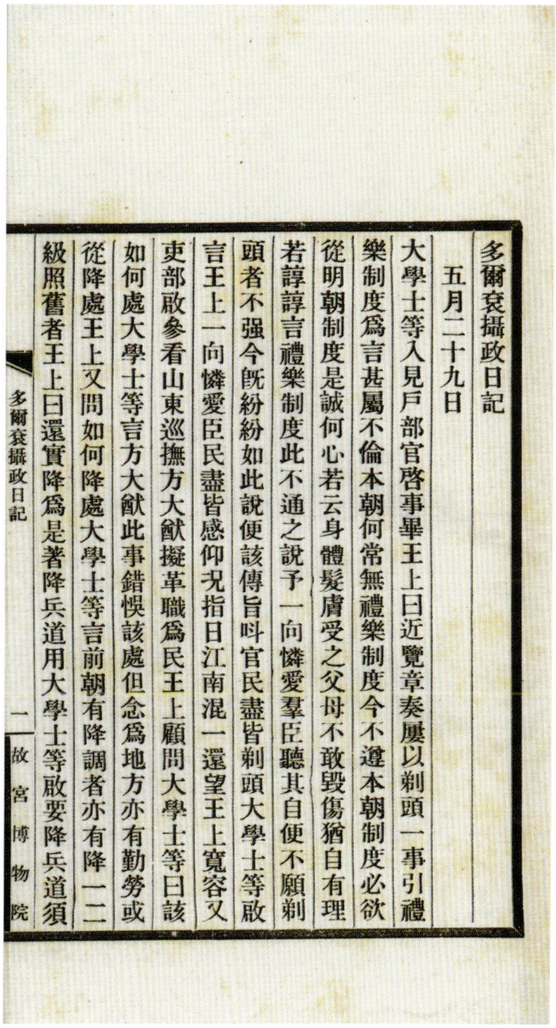

多爾袞攝政日記

五月二十九日

大學士等入見戶部官啓事畢王上曰近覽章奏屢以剃頭一事引禮樂制度爲言甚屬不倫本朝何常無禮樂制度今不遵本朝制度必欲從明朝制度是誠何心若云身體髮膚受之父母不敢毁傷猶自有理若諄諄言禮樂制度此不通之說予一向憐愛羣臣聽其自便不願剃頭者不强今既紛紛如此說便該傳旨叫官民盡皆剃頭大學士等啟言王上一向憐愛臣民盡皆感仰况指日江南混一還望王上寬容又吏部啟參看山東巡撫方大猷擬革職爲民王上顧問大學士等曰該如何處大學士等言方大猷此事錯悞該處但念爲地方亦有勤勞或從降處王上又問如何降處大學士等言前朝有降調者亦有降一二級照舊者王上曰還實降爲是著降兵道用大學士等啟要降兵道須

多爾袞攝政日記 一 故宮博物院

《多尔衮摄政日记》

此册原为清内阁大库档案，于清宣统年间清理库档时流落宫外，大部分轶失。宝应刘氏食旧德斋所得部分经故宫博物院整理后刊行，定名为《多尔衮摄政日记》。

多尔衮处理朝政时的言行由史官逐日记录下来。现在所存留部分记录了顺治二年（1645年）五月二十九日至七月初九日期间，多尔衮与臣工在选官、剃发、钱粮、人口、进谏等方面的对话，多为入关之初多尔衮为巩固统治所实行的笼络汉官士绅之举措。

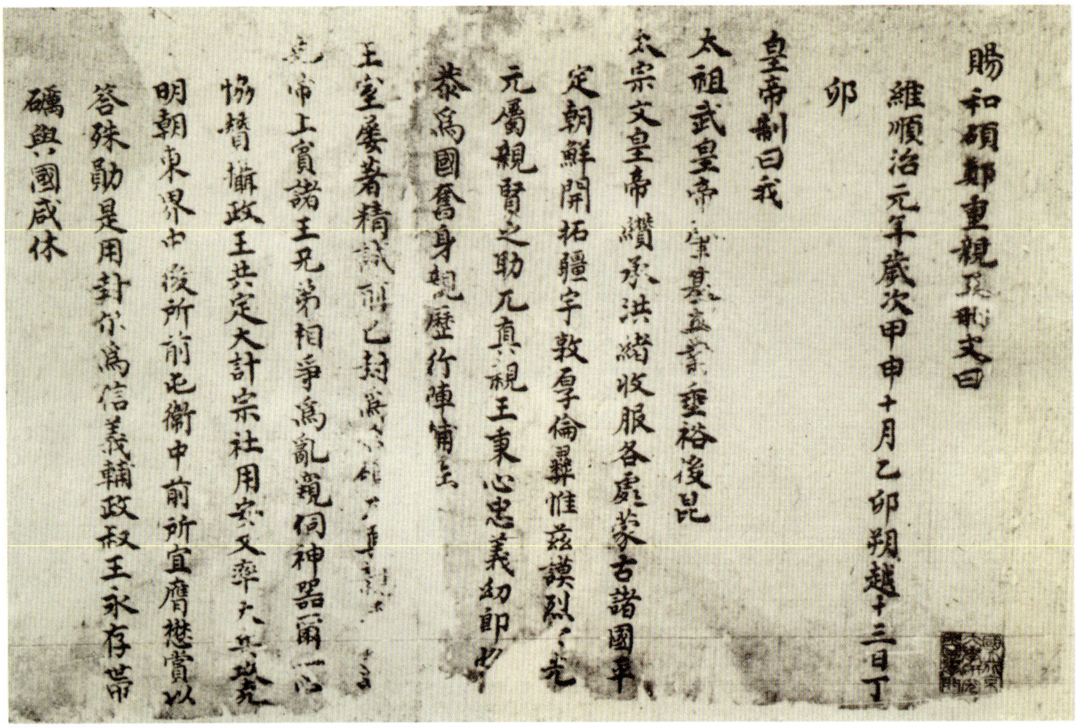
賜和碩鄭重親王冊文曰
維順治元年歲次甲申十月乙卯朔越十三日丁
卯
皇帝制曰我
太祖武皇帝肇基王業垂裕後昆
太宗文皇帝纘承洪緒收服各處蒙古諸國平
定朝鮮開拓疆宇敦厚倫彝惟兹謨烈之光
元勳親賢之助凡真親王秉心忠義幼即以
恭為國奮身屢歷行陣備主
王室屢著精誠朕已封為叔父輔政王
先帝上賓諸王兄弟相爭為亂窺伺神器爾一心
協贊攝政王共定大計宗社用安又率大兵攻克
明朝東界中後所前屯衛中前所宜膺懋賞以
答殊勳是用封爾為信義輔政叔王永存帶
礪與國咸休

《封济尔哈朗为信义辅政叔王册文》

此为顺治元年（1644年）十月封济尔哈朗为信义辅政叔王册文。中国第一历史档案馆藏。

济尔哈朗（1599-1655 年），系努尔哈赤之弟舒尔哈齐之子，镶蓝旗旗主，崇祯九年（崇德元年，1636）封和硕郑亲王。济尔哈朗在顺治帝于盛京（今沈阳）即位之初，受命与多尔衮同为摄政王辅政，并曾一度位列多尔衮之前。但他性格懦弱，不断遭到多尔衮的排挤打击。多尔衮于顺治四年（1647 年）以济尔哈朗“府第逾制”罢其辅政，顺治五年以济尔哈朗“擅谋大事”，欲图拥立肃王豪格为君之罪名，再降为郡王。济尔哈朗从此在多尔衮权势阴云的笼罩下沉寂于政坛，直至多尔衮死去方东山再起。

郑亲王府原址

位于今北京市大木仓胡同。顺治四年（1647 年），多尔衮以郑亲王济尔哈朗建府宅基逾制，擅用铜狮、龟、鹤等品物为由，罚银2000两，取消了其辅政王爵衔，从而打破了二王共同辅政的格局，实现唯我独尊。顺治九年，济尔哈朗被亲政后的顺治帝加封为叔郑亲王，顺治十二年去世。郑亲王济尔哈朗一生南征北战，功勋卓著。死后以亲王爵世袭罔替，是清初著名的“八大铁帽子王”之一。

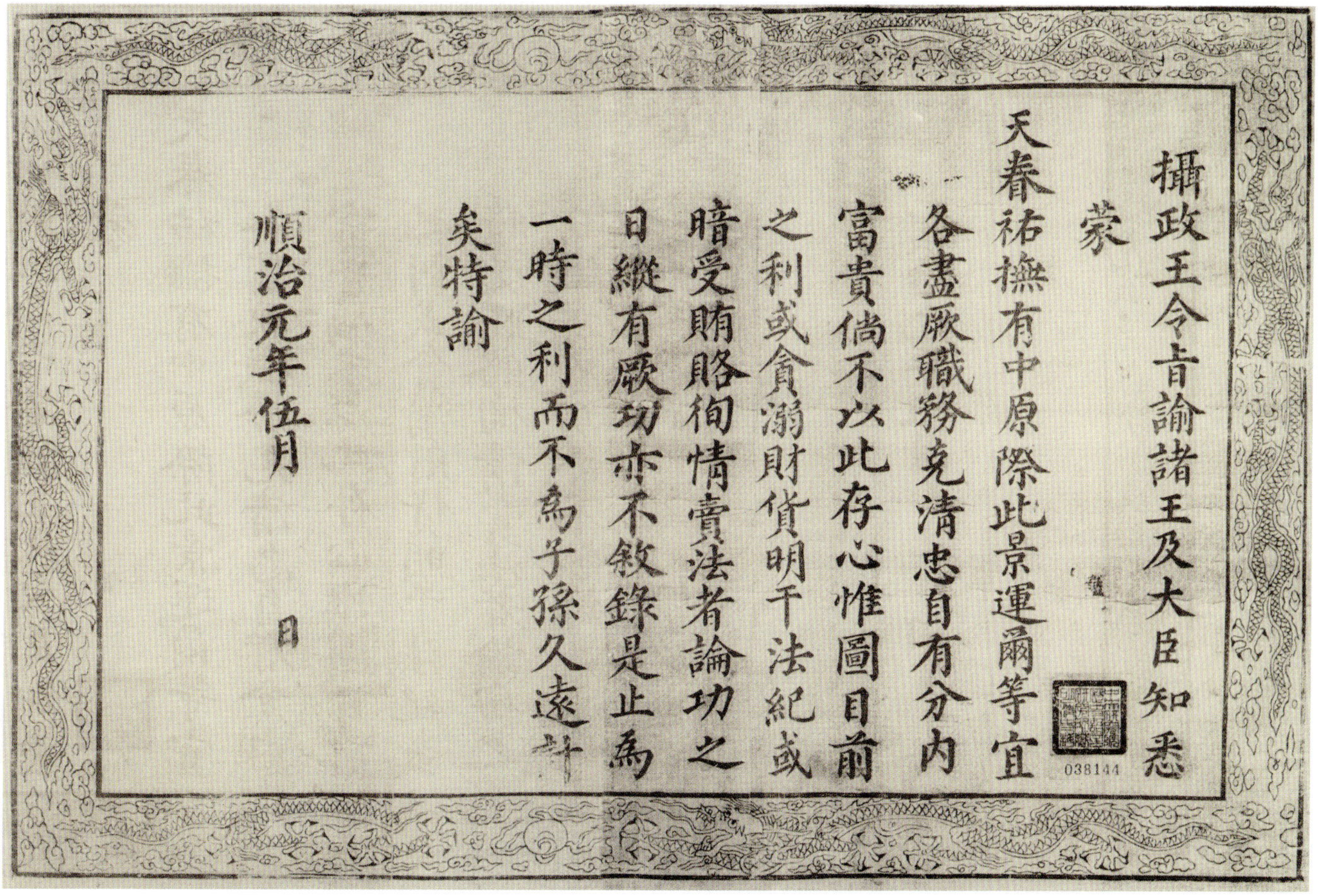

攝政王令旨諭諸王及大臣知悉

蒙

天眷祐撫有中原際此景運爾等宜各盡厥職務克清忠自有分內富貴倘不以此存心惟圖目前之利或貪溺財貨明干法紀或暗受賄賂徇情賣法者論功之日縱有厥功亦不敘錄是止為一時之利而不為子孫久遠計矣特諭

順治元年伍月　　日

038144

《摄政王谕诸王大臣令旨》

台湾历史语言研究所藏。

顺治元年（1644年）五月二十四日，多尔衮下令诸王及大臣不得贪图一时之利，徇私枉法，要为进取中原各尽其职。

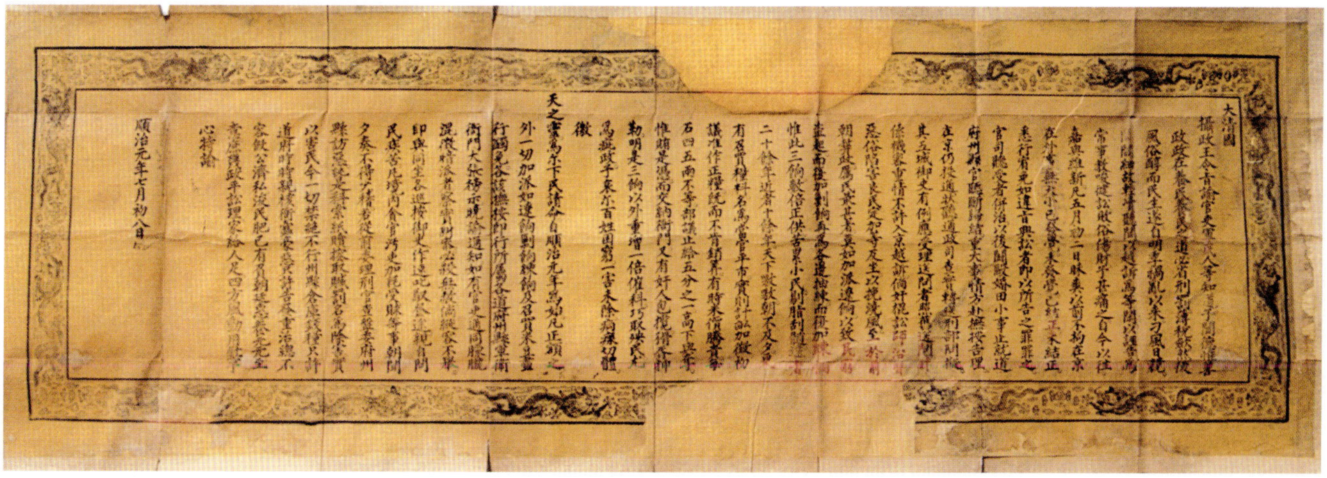

大清國

攝政王令旨諭官吏軍民人等知悉

……

心特諭

順治元年七月初八日

《摄政王谕官吏军民人等令旨》

山西省博物馆藏。

多尔衮认为养民之道，莫大于省刑薄赋，前朝弊政，莫如加派。故于顺治元年（1644年）七月初八颁令全国，宣布取消明末“三饷”加派，此举深得民心。

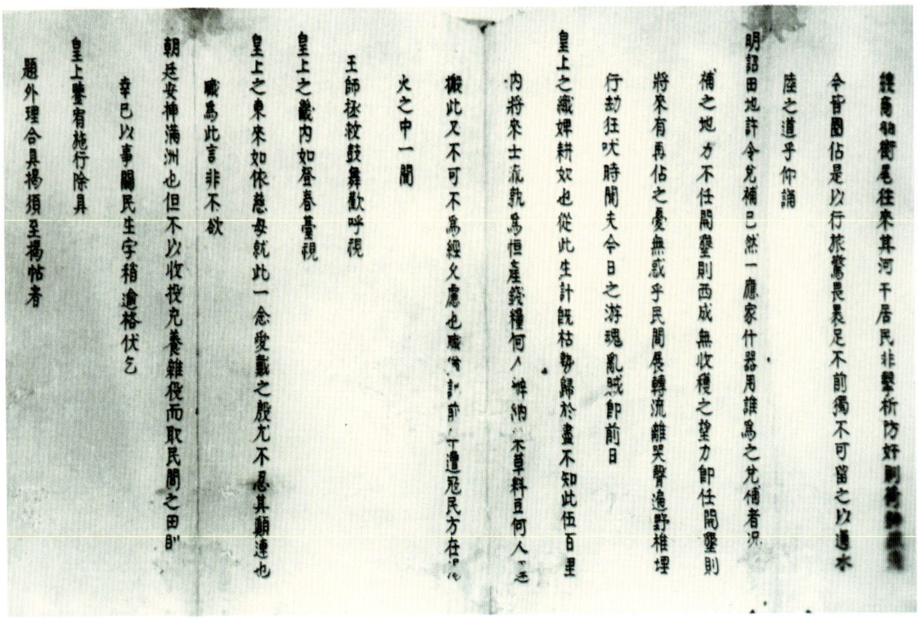
畿甸輔衛尾往來其河干居民非擊柝防奸則[illegible]
令皆圈佔是以行旅驚畏裹足不前獨不可留之以通水
陸之道乎仰誦
明詔田地許令兑補已然一應家什器用誰爲之先備者況
補之地力不任開墾則西成無收穫之望力卽任開墾則
將來有再佔之憂無惑乎民間展轉流離哭聲遍野推埋
行刦狂吠時聞夫今日之游魂亂賊卽前日
皇上之織婢耕奴也從此生計既枯勢歸於盡不知此伍百里
內將來士流孰爲恒産錢糧何人辦納草料豆何人[illegible]
辦此又不可不爲經久慮也[illegible]方遭冠民方在[illegible]
火之中一聞
王師拯救鼓舞歡呼視
皇上之畿內如登春臺視
皇上之東來如依慈母就此一念愛戴之殷尤不忍其顛連也
職爲此言非不欲
朝廷安神滿洲也但不以收投充養雜役而取民間之田畝
幸已以事關民生字稍逾格伏乞
皇上鑒宥施行除具
題外理合具揭須至揭帖者

《顺治三年向玉轩关于圈地的揭贴》

中国第一历史档案馆藏。

清初，清廷为安置进关的旗人及慰赏诸王勋臣、八旗官兵，在京畿地区大规模圈占土地。所占土地名为无主荒地，实际多是前明勋戚皇室、地主和农民的田产房屋，严重侵犯了汉族土地所有者的利益。

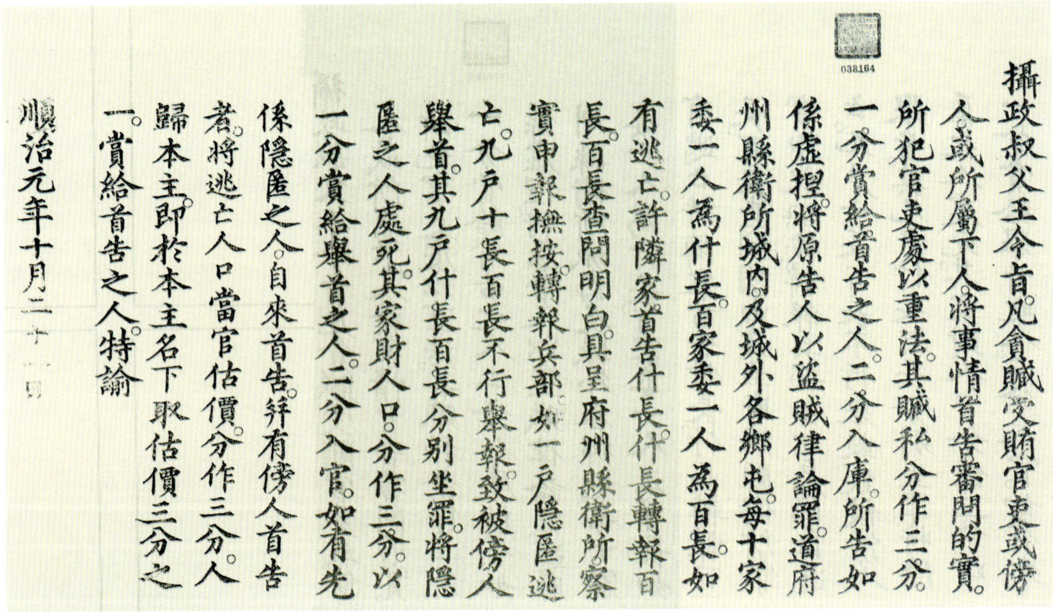
攝政叔父王令旨凡貪贓受賄官吏或傍
人或所屬下人將事情首告審問的實。
所犯官吏處以重法。其贓私分作三分。
一分賞給首告之人。二分入庫。所告如
係虛捏。將原告人以盜賊律論罪。道府
州縣衛所城內及城外各鄉屯。每十家
委一人為什長。百家委一人為百長。如
有逃亡。許鄰家首告什長。什長轉報百
長。百長查問明白。具呈府州縣衛所。察
實申報撫按。轉報兵部。如一戶隱匿逃
亡。九戶十長百長不行舉報。致被傍人
舉首。其九戶什長百長分別坐罪。將隱
匿之人處死。其家財人口。分作三分。以
一分賞給舉首之人。二分入官。如有先
係隱匿之人。自來首告。并有傍人首告
者。將逃亡人口。當官估價。分作三分。人
歸本主。即於本主名下取估價三分之
一。賞給首告之人。特諭
順治元年十月二十一日

《摄政叔父王令旨》

台湾历史语言研究所藏。

顺治元年（1644年）十月二十一日摄政叔父王多尔衮令旨，规定首告官吏贪赃及首告隐匿逃人奖励办法。

土地一经圈占，有些耕地遂被荒废，失去土地的汉人纷纷逃亡。为此，清廷于顺治元年九月正式制定逃人法，对被缉获的逃奴、窝隐逃奴者，都作了惩处的具体规定。并设立专门机构兵部督捕衙门，缉拿逃人，惩治窝主。顺治朝，逃人法几经修改，对窝主之惩处逐次加码，尤重于逃人，即使是误雇逃人为工，误留逃人住宿，误收逃人为兵，甚至知情不报者，窝主的邻里，均按窝逃论处。严酷的律令带来整个社会更加惶恐不宁，动荡不安。

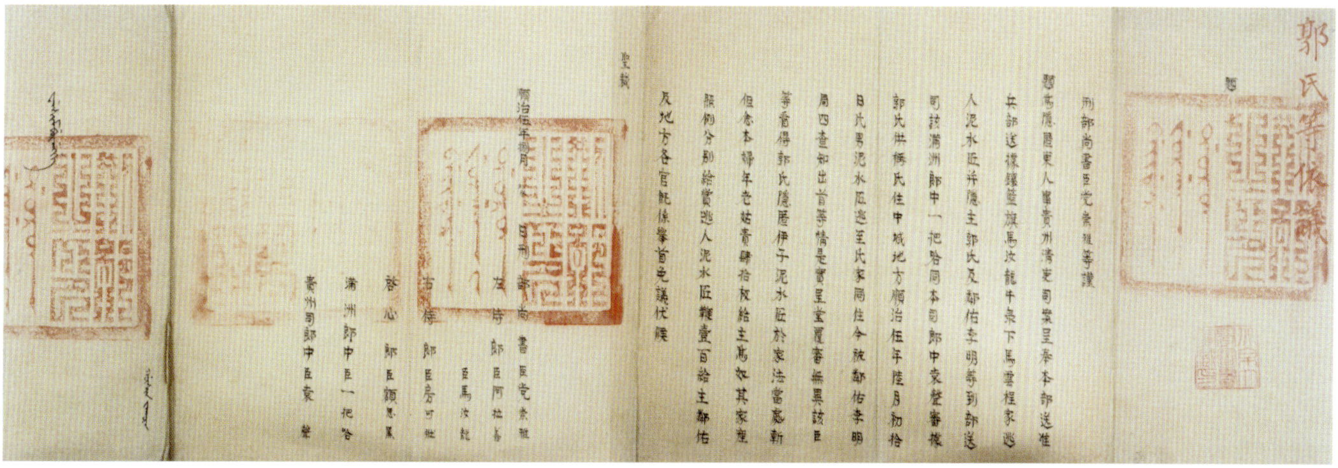

《党崇雅题本》

北京大学图书馆藏。

顺治五年（1648年）八月初三，刑部尚书党崇雅上题本，反映当年六月初十日，郭氏隐匿一名逃亡的男泥水匠，依法当斩，但念其是年老之妇，改罚40大板，并被投充为奴。

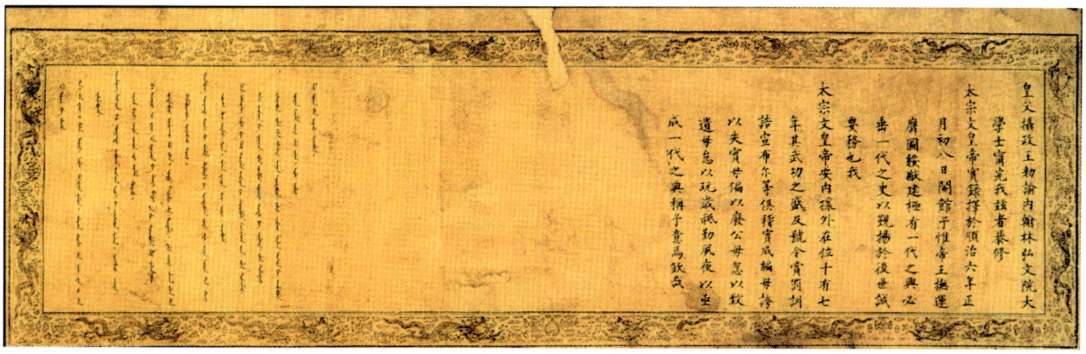

《多尔衮给宁完我的敕谕》

中国第一历史档案馆藏。

多尔衮认为“有一代之兴，必垂一代之史”，因此于顺治六年（1649年），敕谕内翰林弘文院大学士宁完我编纂《太宗文皇帝实录》，要求在当年开实录馆。敕谕下达之后，很快便以大学士范文程、刚林、祁充格、洪承畴等为总裁，开始编纂。九年重开实录馆修纂，以希福、范文程、洪承畴等人为总裁，顺治十二年修成。

二 建构制度

清初以入关前的内三院和八衙门为基础，建构中央政权机构。最高决策机构仍是议政王大臣会议。中央机关分为中枢机构内阁、分掌国政的各部院衙门、掌管皇族宫廷事务的宗人府与内务府三大部分。顺治一朝，内阁制度时设时废，反映了清廷内部维护满族祖制和接受中原传统统治方式的两种势力之间的斗争。各部院设吏、户、礼、兵、刑、工六部及理藩院、都察院、六科和大理寺等衙门。与明制不同，六部首脑设满汉复职，体现清代官制一大特点。专职处理少数民族事务的理藩院，为清所独创。顺治九年(1652年)设宗人府，掌皇族宗室事务。内务府是清代管理宫廷事务的机构，入关前即具雏形，入关定都北京后正式设立。顺治十年，设十三衙门，内务府一度裁撤，顺治十八年恢复。

地方行政机构有省、道、府、县四级，层层统属，达于基层。地方官的设置仍以沿袭明朝的旧制为主，有时也根据军事需要而设定。

清入关后，建立起八旗常备兵制，仍严格实行按民族分别编制的原则，共有满洲八旗、蒙古八旗和汉军八旗，其中以满洲八旗为基干。随着统一全国征战的深入和统治区域的不断扩大，清廷开始收编汉族降兵和招募汉人，建立绿营兵。全国绿营兵制分省建制，分陆路、水师两军种。绿营兵和八旗兵一道，屯戍全国各地，共同执行军事职能。

清初定祭祀制度，同时也保留了堂子祭祀和坤宁宫祭祀的满族关外旧俗。此外，律令、卤簿、服饰、谥宝谥册和驿递等制度也都相应建立起来。

（一） 祭天祀祖

天坛圜丘

中国历代王朝都制定了严格而繁琐的祭天礼仪，清廷几乎全盘接受了历代王朝的祭祀体系。统治者宣扬君权神授，所以祭天礼仪以“礼莫重于事天”而受到高度重视，带有很强的政治色彩。圜丘位于北京天坛南半部，为明嘉靖九年（1530 年）改天地分祀而增建，现存形制为清乾隆十六年（1751 年）改建。圜丘之上不设房屋建筑，昊天凌空，仅作露祭。其形制为圆形以象天，分为三层，每层四面出阶各九级。坛石均以九为基数铺砌，以附会天之阳数（奇数）。清入关当年即定皇帝祭天大祀之制，从此，冬至祭天成为清帝亲行诸礼中的首要大礼。祭前皇帝和随祭人员须斋戒三日，不理刑名，不听音乐，不设宴会，以示对天的虔诚。祭祀时要宰杀牲牛、进俎、献爵、焚烧祭品等，同时有乐工、歌工和舞生演奏不同的歌舞，仪式十分隆重。

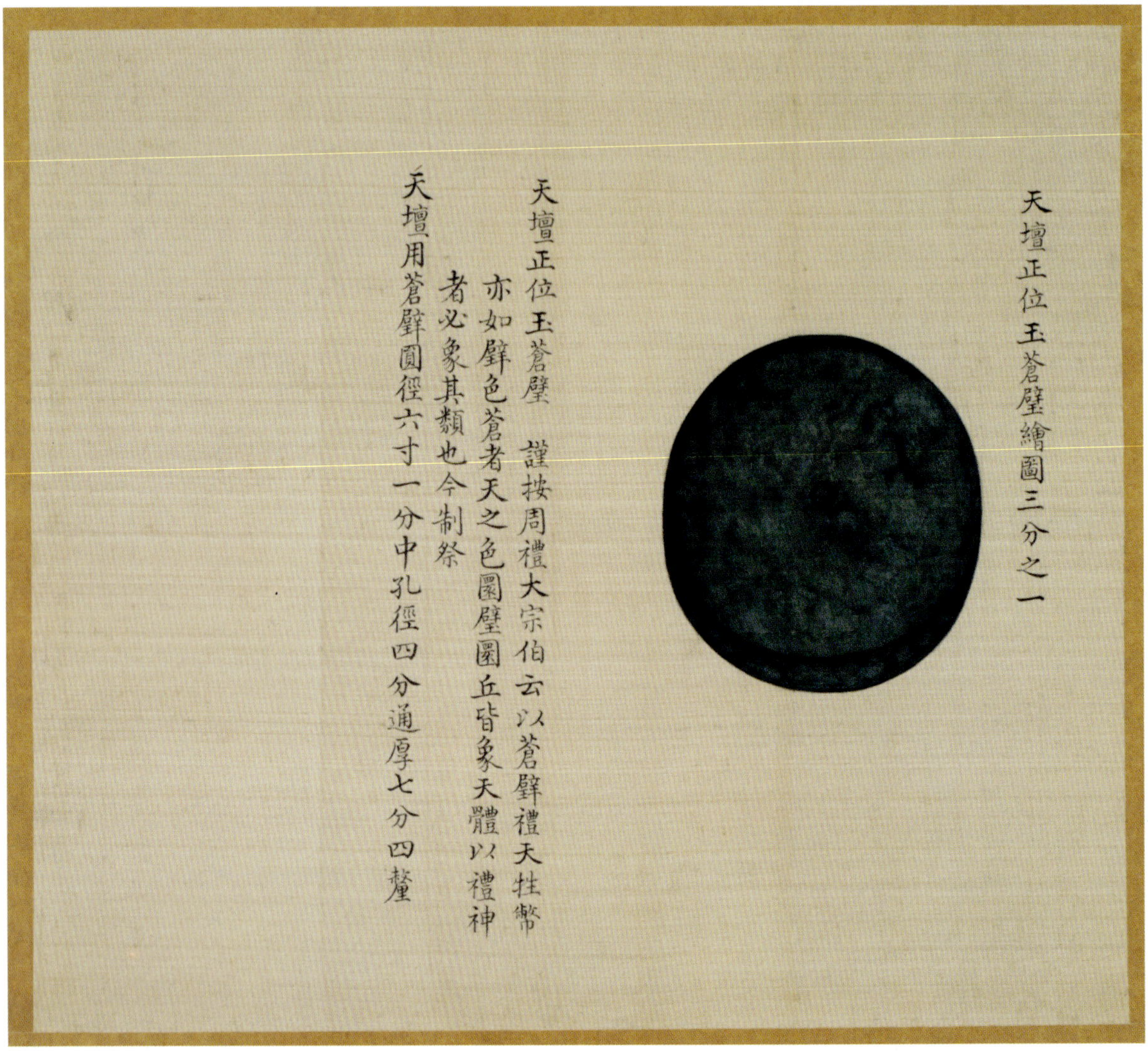

《皇朝礼器图 · 圜丘祭器 · 苍璧》

清宫廷画家绘。故宫博物院藏。

祭祀典礼越隆重，越能表明对天神的虔诚与尊敬，从而使封建王朝长盛不衰，永传万代。因此，祭祀时必须为上天供奉大量精美之物。祭祀时须备爵、登、笾、豆、俎等祭器，盐、饼、枣、栗、榛等祭品，及犊、特、太牢、少牢等牲牢。古人以玉为瑞，玉器为等级最高的祭器。清廷遵循《周礼 · 春官 · 大宗伯》之说而以苍璧置于圜丘正位礼天，璧是有孔的的圆片形玉器，作圆形以象天。此外，还遵循《礼记 · 乐记》“簠簋俎豆，制度文章，礼之器也”之说，在圜丘正位用匏爵、青瓷登、青瓷簠、青瓷簋、青瓷豆、青瓷牺尊、青漆竹笾、青漆竹篚、青漆木俎等祭器，从位用青陶爵、青瓷登、青瓷铏等祭器。

天坛祈年殿

祈年殿位于天坛北半部，建于三层汉白玉叠砌的圆形祈谷坛之上。祈年殿最早为明嘉靖二十四年（1545年）改原矩形平面的大祀殿而成，现今所见祈年殿为光绪二十二年（1896年）于雷火毁后重建。每年正月上旬辛日，皇帝率王公大臣、文武百官来此行祈谷礼，祈祷丰年。遇到天旱，则来此祈雨。

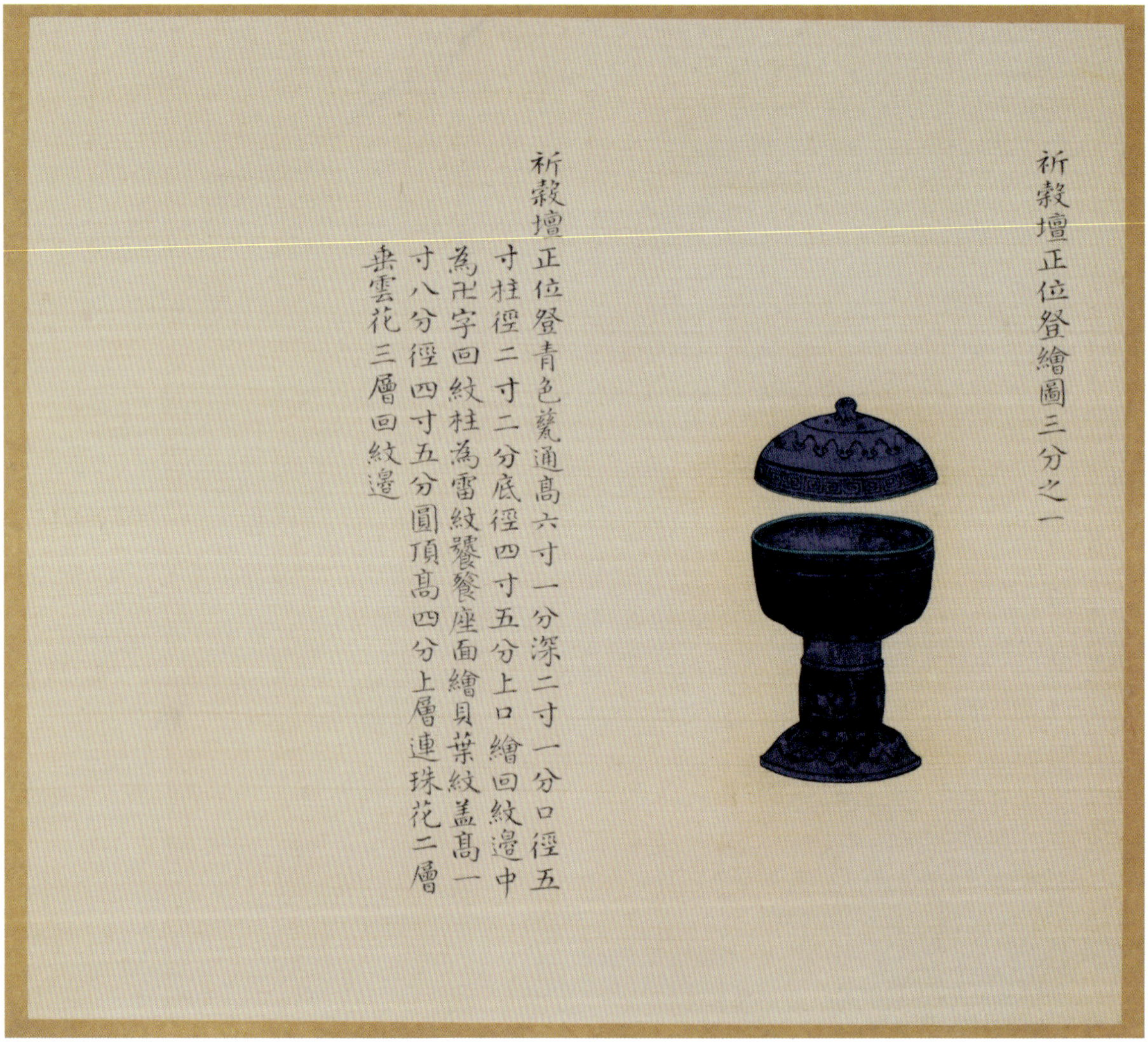

《皇朝礼器图·祈谷坛祭器·登》

清宫廷画家绘。故宫博物院藏。

登为陶制或瓷质盛肉食之祭祀礼器。祈谷坛正位祭器有苍璧、匏爵、玉爵、青瓷登、青瓷簠、青瓷簋、青瓷豆、青瓷牺尊、青漆竹笾、青漆竹篚、青漆木俎。

皇帝祭天朝服

故宫博物院藏。

祭祀时，皇帝和王公百官身着不同的祭服。皇帝除祭天、祭日、祭月外，其他祭祀活动均穿明黄色朝服。皇帝祭天、祈谷、祈雨时，先一日御斋宫，身穿龙袍衮服。到祭祀时穿蓝色朝服，佩挂青金石朝珠。

地坛

又名方泽、方丘。位于北京安定门外，建于明嘉靖九年（1530年）。用双层汉白玉砌成方坛，坛下四周为方泽水池。每年夏至皇帝到此祭祀皇地祇，从祀的有五岳、四海、五镇和四渎等神。祭礼在日出前举行，届时伴随乐曲奏鸣，皇帝身穿祭服在神位前上香，行三跪九拜礼。同时献帛、献爵、进俎。

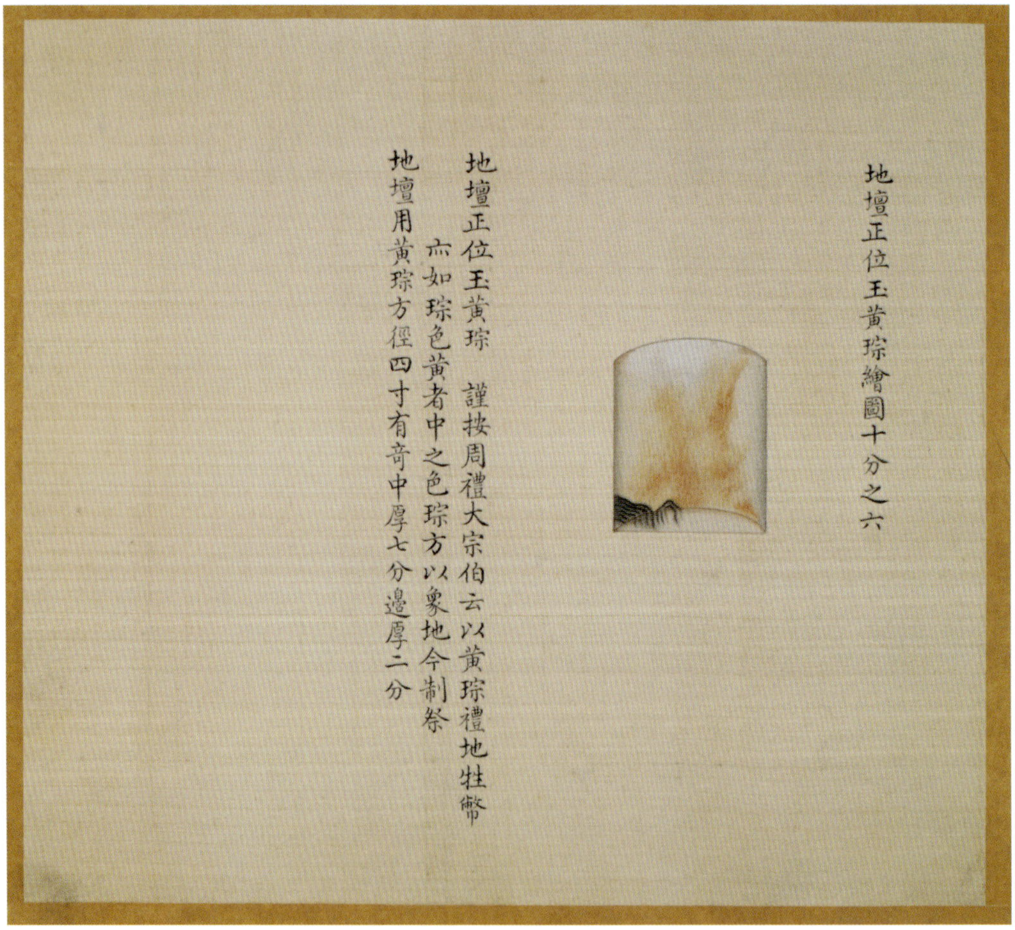

《皇朝礼器图·地坛祭器·黄琮》

清宫廷画家绘。故宫博物院藏。

广袤无垠的大地包孕一切，永载万物，人与大自然中有生命之物都源于大地之母。中国作为以农业为本的民族，生生息息离不开土地，百姓以守土保地为重，天子以拓疆扩土为荣。人们对大地的神化和崇拜逐渐产生，进而形成尊天亲地的祭祀体系。清廷遵循《周礼·春官·大宗伯》之说，以黄琮礼地。琮为外方中圆的玉器，作方形以象地。

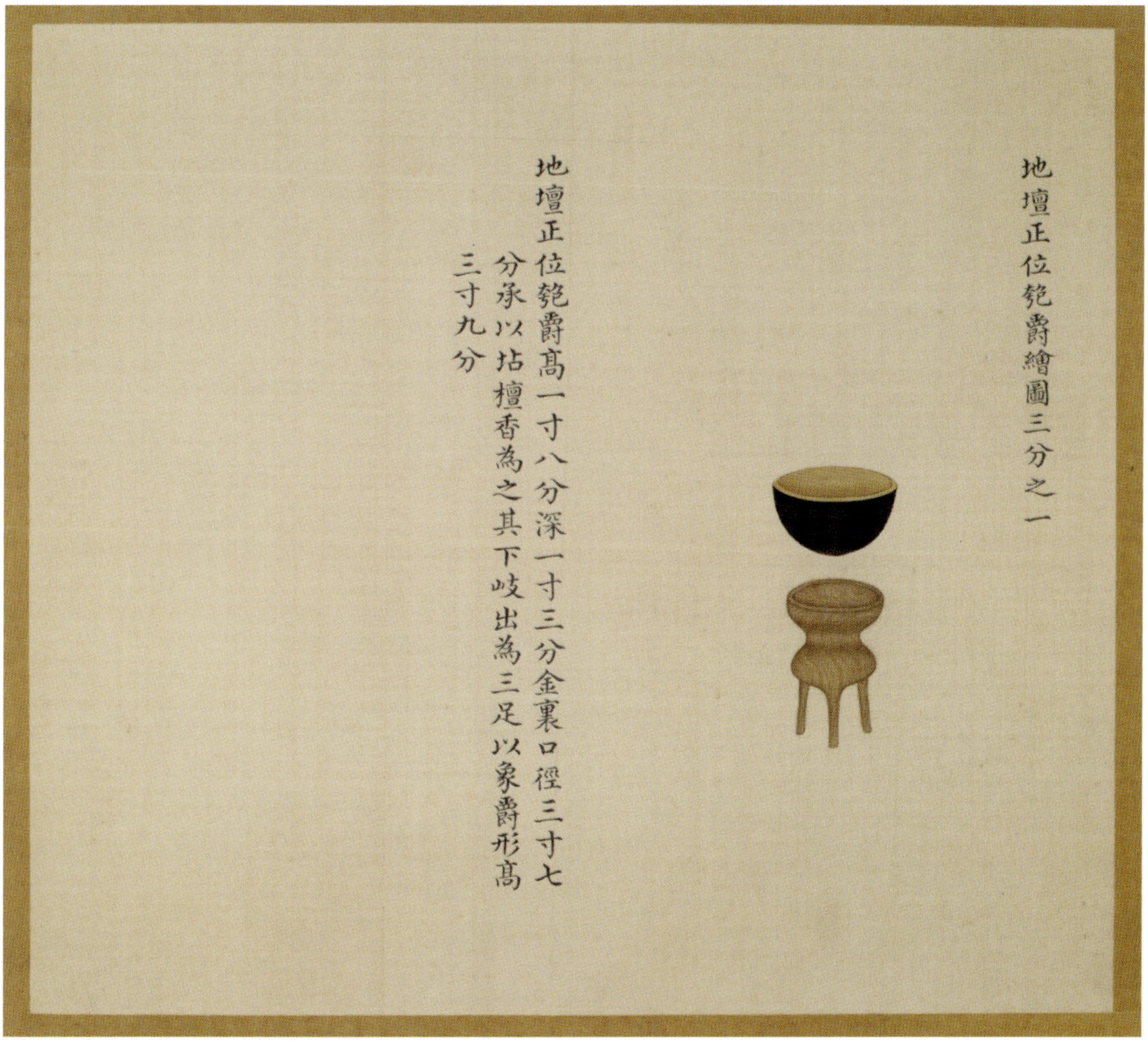

《皇朝礼器图·地坛祭器·匏爵》

清宫廷画家绘。故宫博物院藏。

爵为盛酒之祭祀礼器。地坛正位祭器为匏爵、黄瓷登、黄瓷簠、黄瓷簋、黄瓷豆、黄瓷牺尊、黄漆竹笾、黄漆竹篚、黄漆木俎。

皇帝祭地朝服

故宫博物院藏。

皇帝祭地时穿明黄色朝服，佩挂东珠朝珠。

日坛

又称朝日坛，位于北京朝阳门外。建于明代嘉靖九年（1530年）。坛为圆形，直径十丈。坛面铺红琉璃砖以象征太阳。日为天体万物中太阳之精，祭之以报答日神对人间的恩赐，并祈祷福佑。逢甲、丙、戊、庚、壬年春分日出前之卯时（约为现今5-7时），皇帝到此亲祭大明之神太阳，其余年遣官致祭。

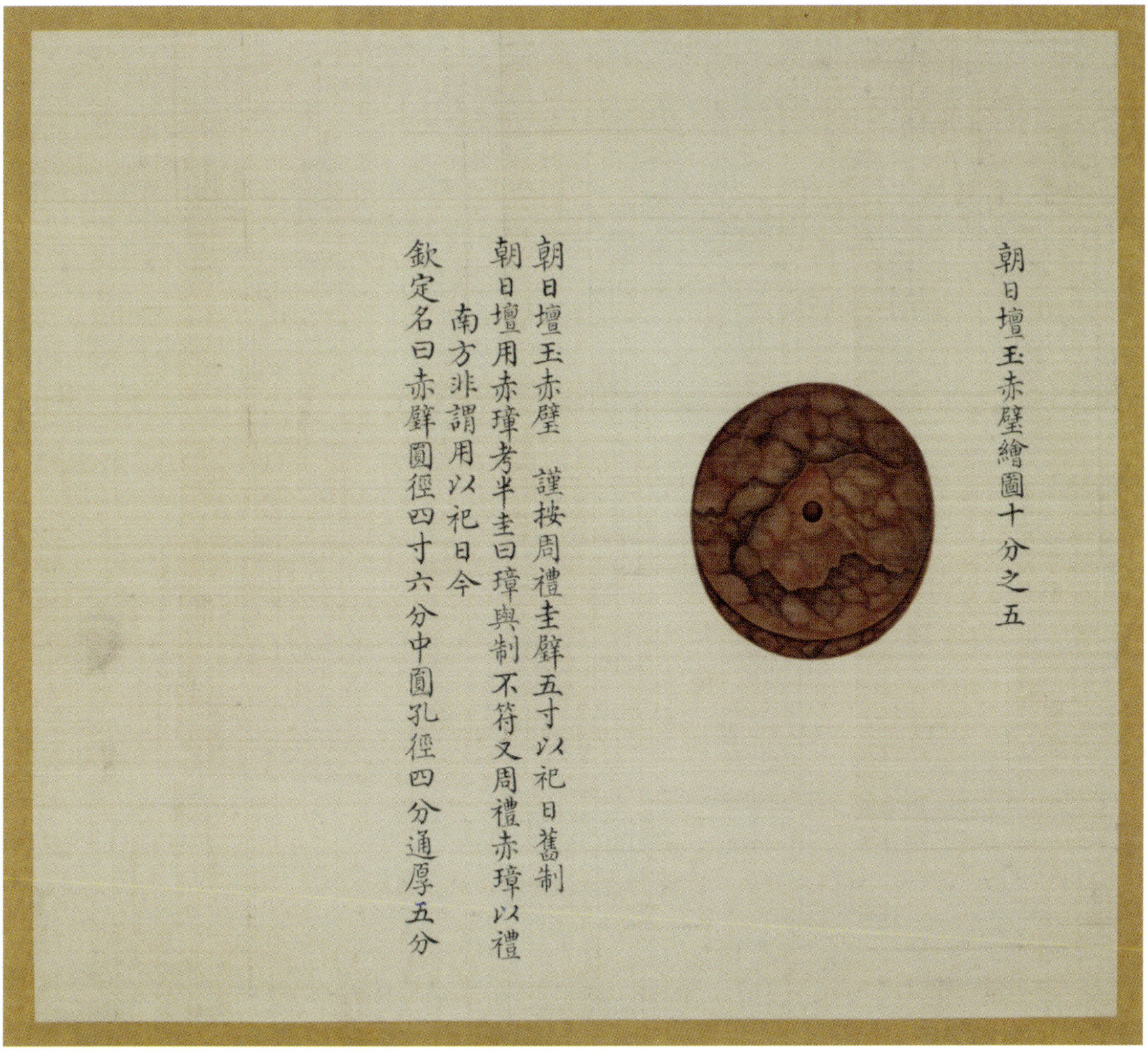

《皇朝礼器图·日坛祭器·赤璧》

清宫廷画家绘。故宫博物院藏

日坛祭祀所用的玉礼器为赤璧。皇帝亲祭时，乐六奏，舞八佾，行三跪九拜礼。

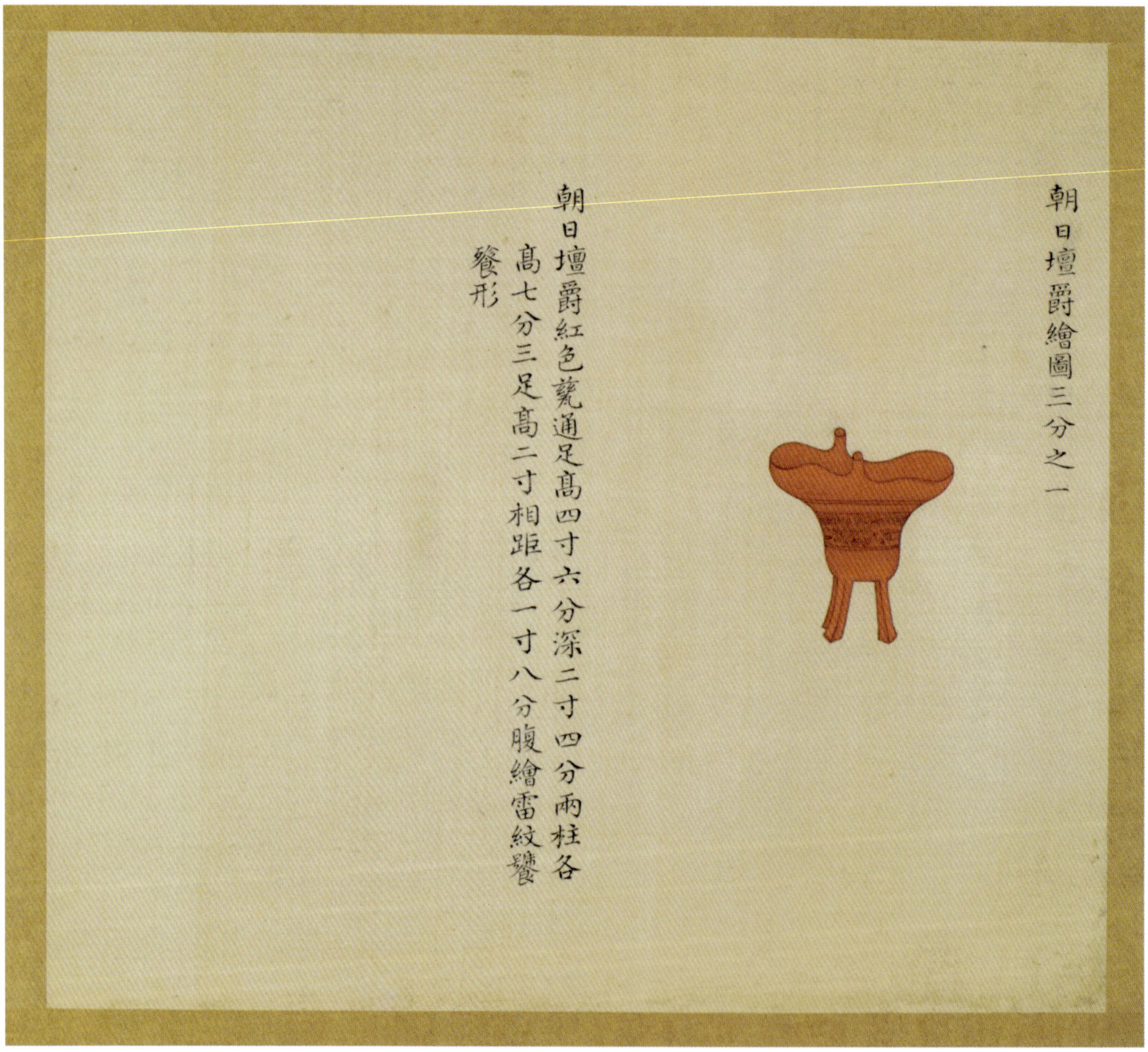

《皇朝礼器图·日坛祭器·爵》

清宫廷画家绘。故宫博物院藏。

日坛正位祭器为红瓷爵、红瓷登、红瓷铏、红瓷簠、红瓷簋、红瓷豆、红瓷牺尊、红漆竹笾、红漆竹篚、红漆木俎。

皇帝祭日朝服

故宫博物院藏。

皇帝祭日时穿红色朝服，佩挂珊瑚朝珠。

月坛

位于北京阜城门外，又称夕月坛，建于明代嘉靖九年（1530年）。坛为一层，高1.5米,14米见方。坛台四周有壝墙（围绕祭坛四周的矮墙）和棂星门。坛面铺白琉璃砖以象征月亮。月为天体万物中太阴之精，祭之以报答月神对人间的恩赐，并祈福佑。逢丑、辰、未、戌年秋分入夜前之酉时（约为现今17-19时），皇帝到此亲祭夜明之神月亮和诸星宿神祇。

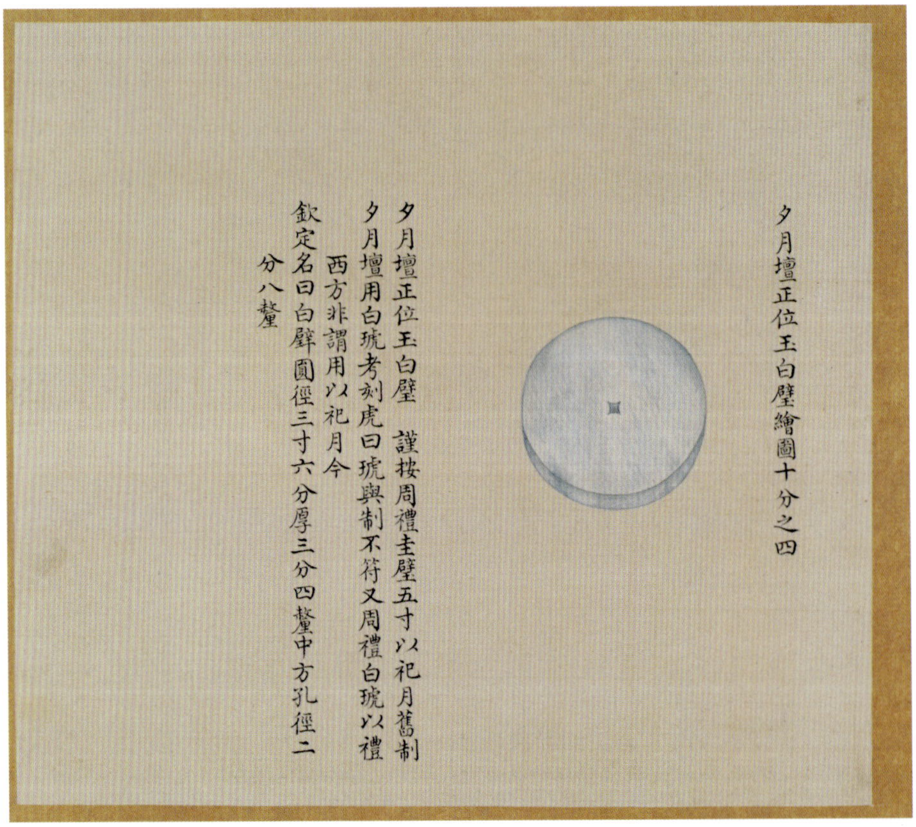

《皇朝礼器图·月坛祭器·白璧》

清宫廷画家绘。故宫博物院藏。

月坛祭祀所用的玉礼器为白璧。皇帝亲祭时，乐六奏，行二跪六拜礼。

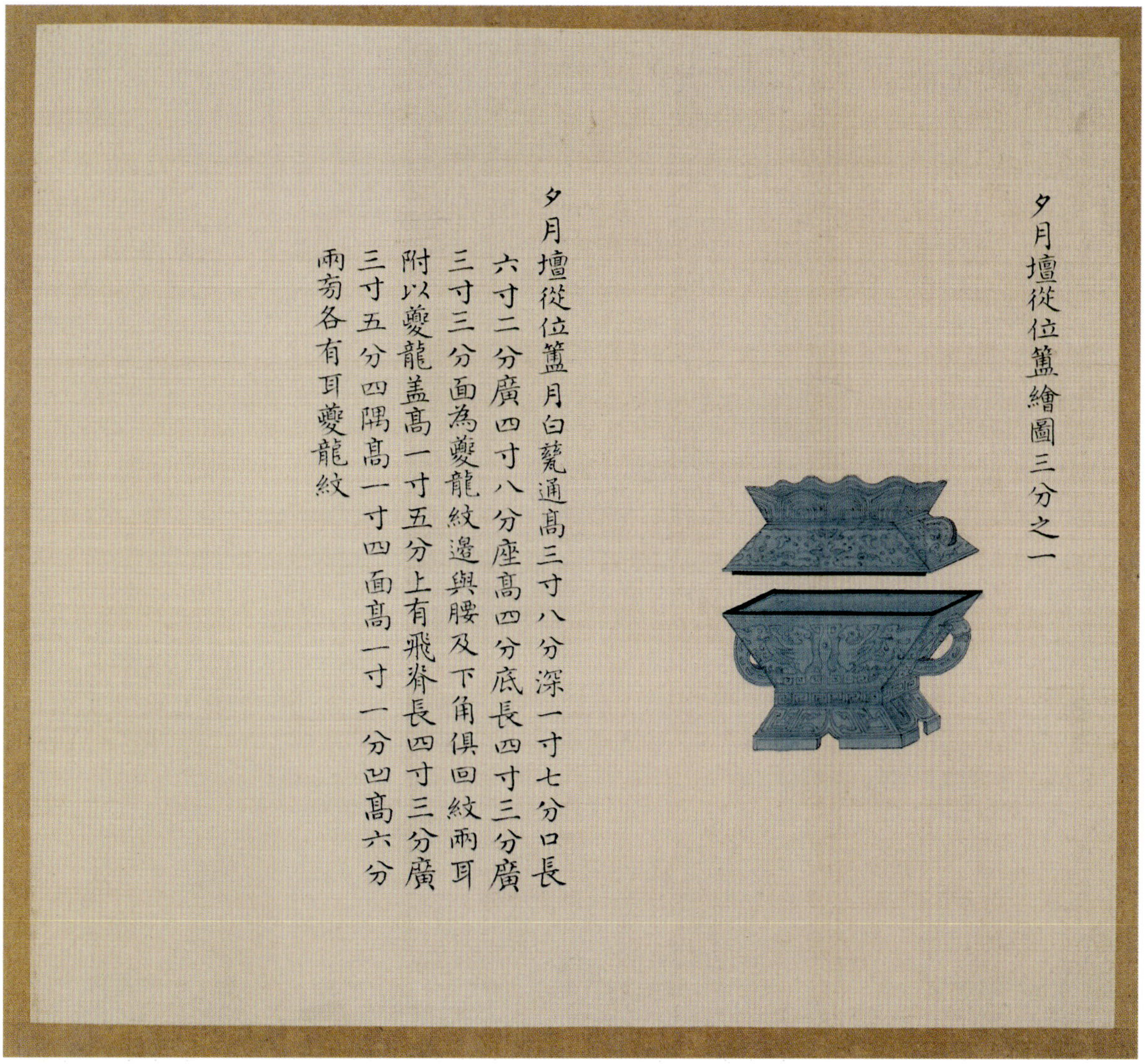

《皇朝礼器图·月坛祭器·簠》

清宫廷画家绘。故宫博物院藏。

簠是盛谷物的祭祀礼器。月坛正位祭器为月白陶爵、月白瓷登、月白瓷铏、月白瓷簠、月白瓷簋、月白豆、月白牺尊、月白漆竹笾、月白漆竹篚、月白漆木俎。

皇帝祭月朝服

故宫博物院藏。

皇帝祭月时穿月白色朝服，佩挂绿松石朝珠。

太庙

位于皇宫前东侧，建于明永乐十八年（1420年），是皇帝祭祀祖先的场所。清入关后全面承袭太庙祭祀制度。太庙共有前后三层大殿，其中前殿为祭祀主殿。中殿又称寝宫，供奉帝后神龛。后殿又称祧庙，供奉清建国前的四代帝后神主牌位。祭祀时将中、后殿所供牌位奉至前殿合祭。前殿东庑以王公配享，西庑以功臣配享。皇帝一般于每年七月十五、十二月末、春夏秋冬四孟（每季的第一个月）时前往太庙祭祀。另举凡登极、亲政、大婚、上尊号、册立、凯旋、献俘等重大事项也均需择吉日祭告太庙，以示"孝莫大于尊亲"。顺治元年（1644年）九月，多尔衮把清太祖努尔哈赤和清太宗皇太极的牌位奉安于太庙，以此表明清廷完成了祖先入主中原的宿愿。

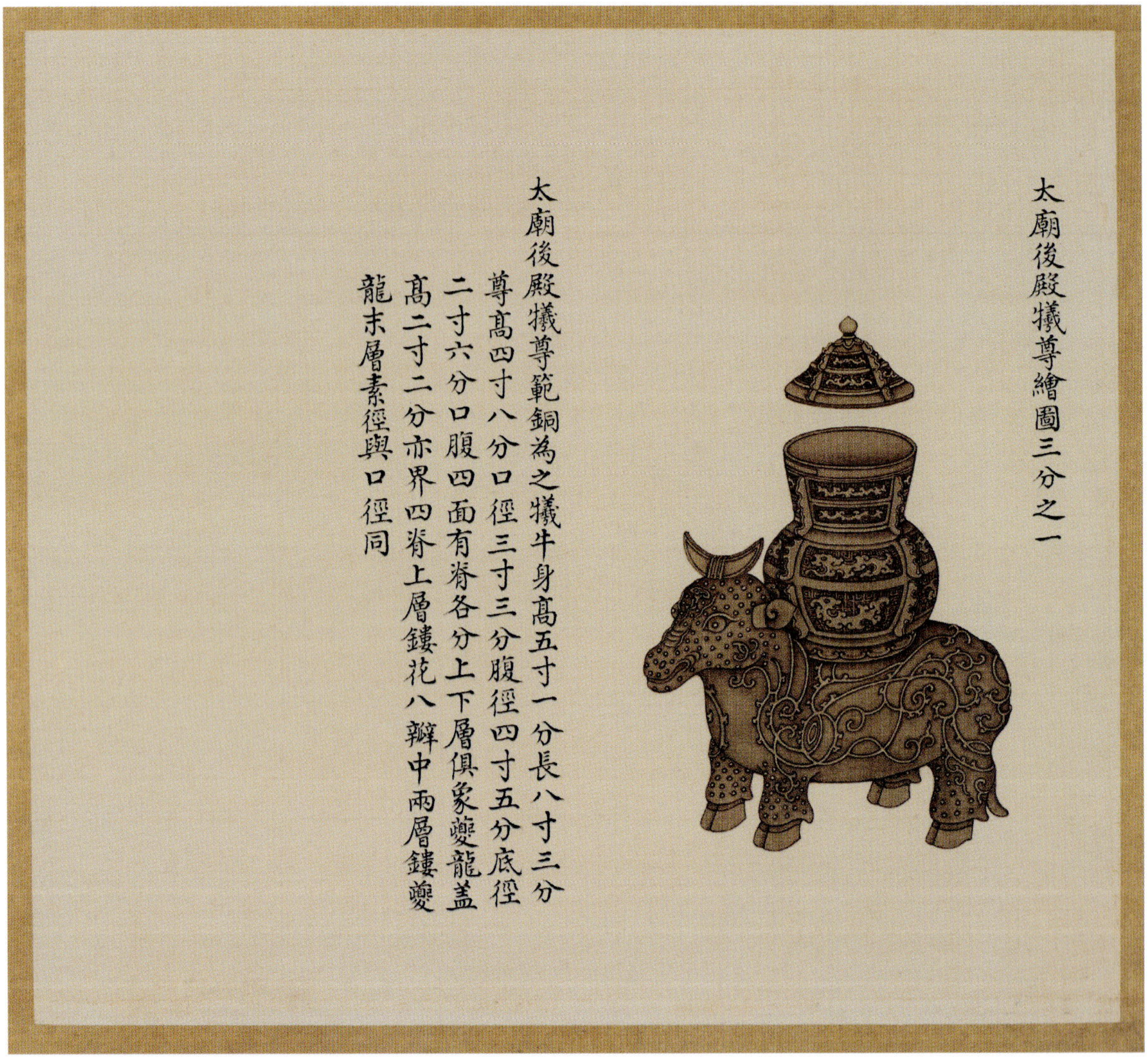

《皇朝礼器图 · 太庙祭器 · 牺尊》

清宫廷画家绘。故宫博物院藏。

牺尊是祭祀所用的酒器。《周礼 · 春官 · 小宗伯》所言“六尊”为献尊（即牺尊）、象尊、著尊、壶尊、山尊和大尊，牺尊作牺牛形。牺牛是祭祀用的纯色牛，根据《礼记 · 曲礼》“天子用牺牛”之制，尊做成牺形代表着至尊的等级。太庙祭祀时牺尊为孟春时享用，象尊为孟夏时享用，著尊为孟秋时享用，壶尊为孟冬时享用，山尊为祫祭时用。

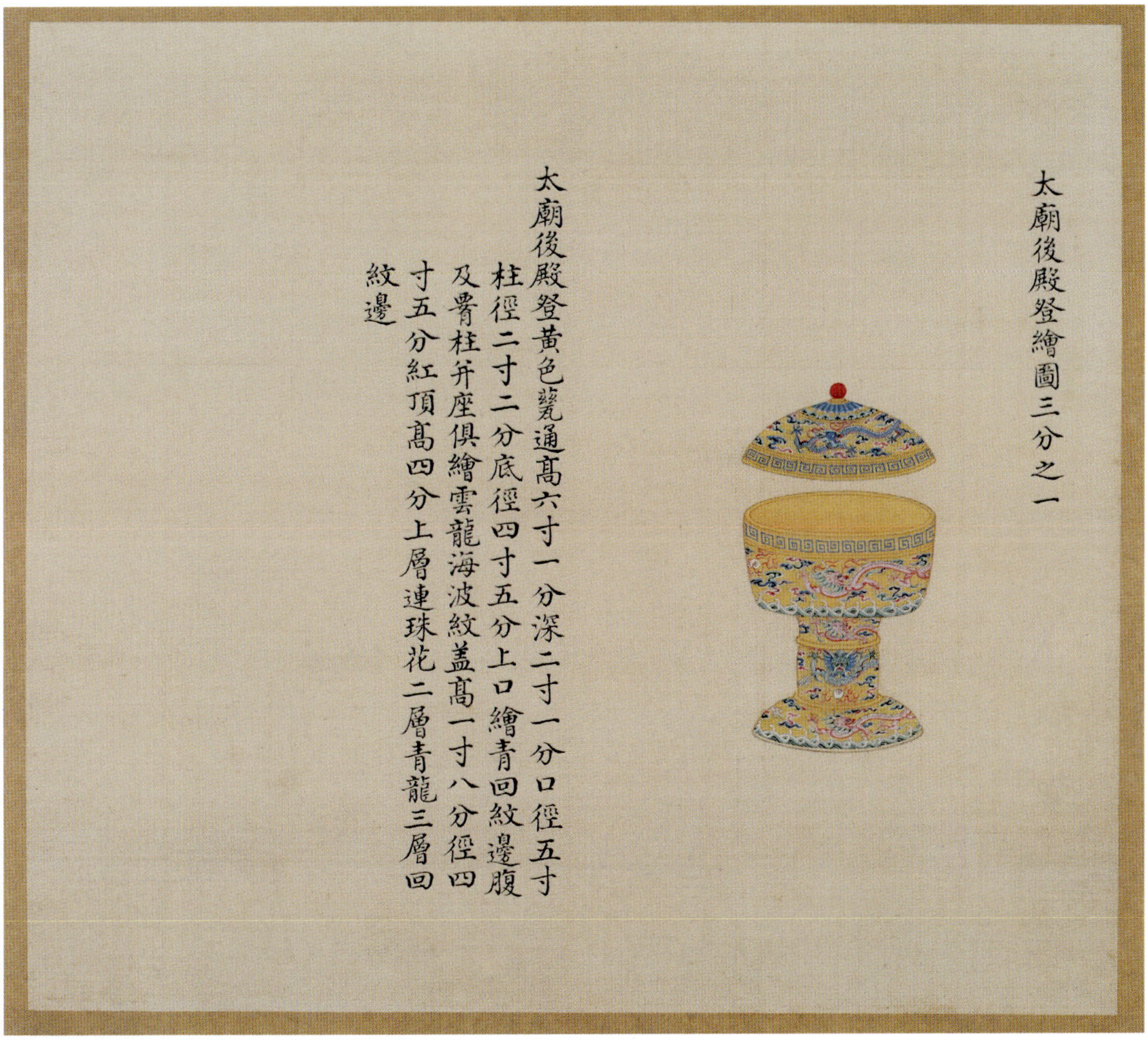

《皇朝礼器图 · 太庙祭器 · 登》

清宫廷画家绘。故宫博物院藏。

太庙正位祭器为玉爵、黄瓷登、铜鉶、木簠、木簋、木豆、黄漆竹笾、黄漆竹篚、红漆木俎、铜牺尊、铜象尊、铜著尊、铜壶尊、铜山尊。

祭器登

瓷质，黄色。
故宫博物院藏。

祭祀太庙时，于所祭帝后的神座前置一张案，案上设玉爵、金箸、黄瓷登、铜铏、木簋、木豆、黄漆竹篚等祭器。黄瓷登可用于太庙、社稷坛、先农坛等祭祀场所。

社稷坛

位于皇宫前西侧。建于明永乐十九年（1421年）。社即土地神，稷即五谷神。清入关后承袭社稷坛祭祀之制，乃是清朝由原有的游牧渔猎文化向农耕文化转变的重要标志。坛为三层平台，高一米余。坛上铺垫由全国各地纳贡而来的五色土：中黄、东青、南赤、西白、北黑，象征着五行和五方土地。坛中央立一方形石柱，名社主石，又称江山石，表示江山永固。顺治元年（1644年）定于每年春秋仲月（春秋季的第二个月）上旬戊日清晨皇帝亲自致祭。遇出征、凯旋、献俘等，也至社稷坛举行仪式。

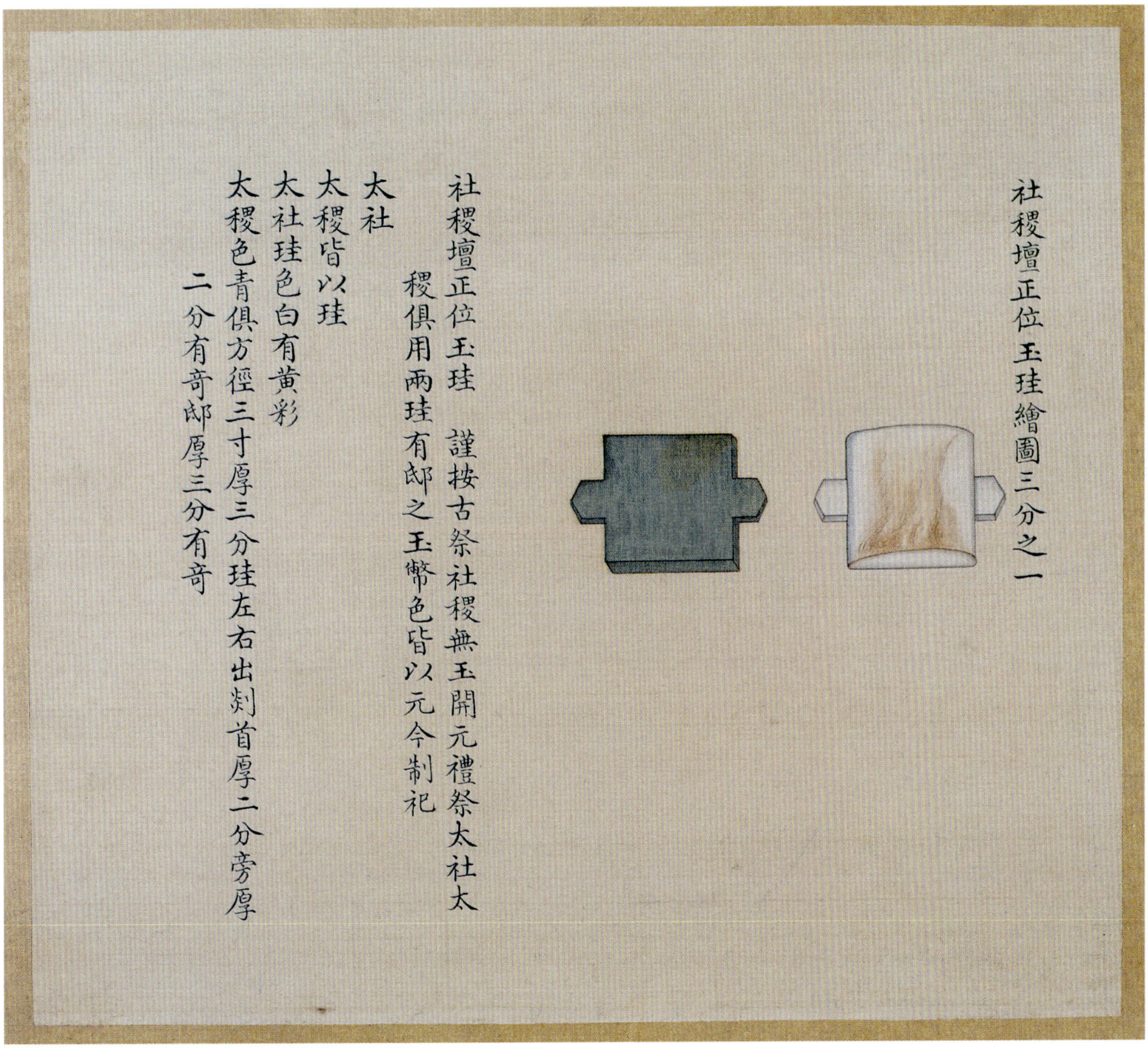

《皇朝礼器图·社稷坛祭器·玉珪》

清宫廷画家绘。故宫博物院藏。

珪为下端平直、上端尖锐的长形玉版。社稷坛祭祀所用的玉礼器为白色珪，上有黄彩以象征土，上端尖锐以象征春物初生。

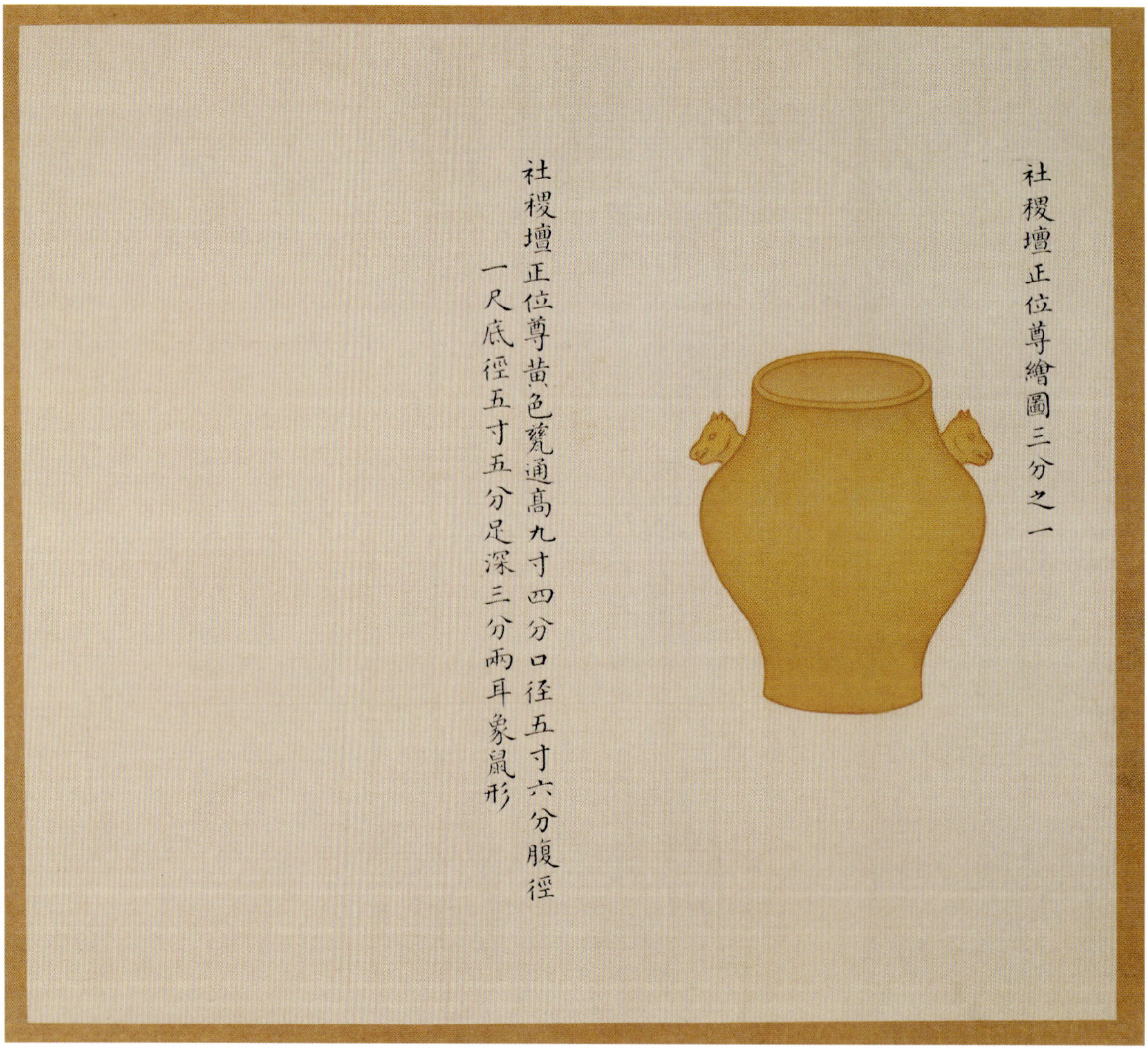

《皇朝礼器图·社稷坛祭器·尊》

清宫廷画家绘。故宫博物院藏。

尊为盛酒的祭祀礼器。社稷坛正位祭器为玉爵、陶爵、黄瓷登、黄瓷铏、黄瓷簠、黄瓷豆、黄瓷牺尊、黄漆竹笾、黄漆竹篚、红漆木俎。

先农坛观耕台

先农坛位于北京永定门内，又称山川坛。始建于明永乐十八年（1420年）。祭祀先农、山川和太岁诸神祇。与历代皇帝一样，清代皇帝也把农业视为国家之本，每年春天祭祀先农。清入关后，于顺治十年（1653年）始祭先农坛，此后成为定制。每年农历三月上亥日，皇帝率百官至先农坛，先祭先农神，然后至具服殿卸下礼服，换上龙袍，下到亲耕田亲自执犁耕地。观耕台为皇帝阅视王公大臣从耕之观礼台。

《皇帝亲耕耤田仪式图》

18世纪赫尔曼刻冷錾铜版画，巴黎吉美博物馆藏。

皇帝亲耕时，左手执鞭，右手扶耒，在亲耕田随驾耕的农夫完成“三推三返之礼”。然后从西阶登观耕台，观王公大臣从耕，完成九推九返，直至播种完五谷。观耕结束，从东阶退下，亲耕礼毕。

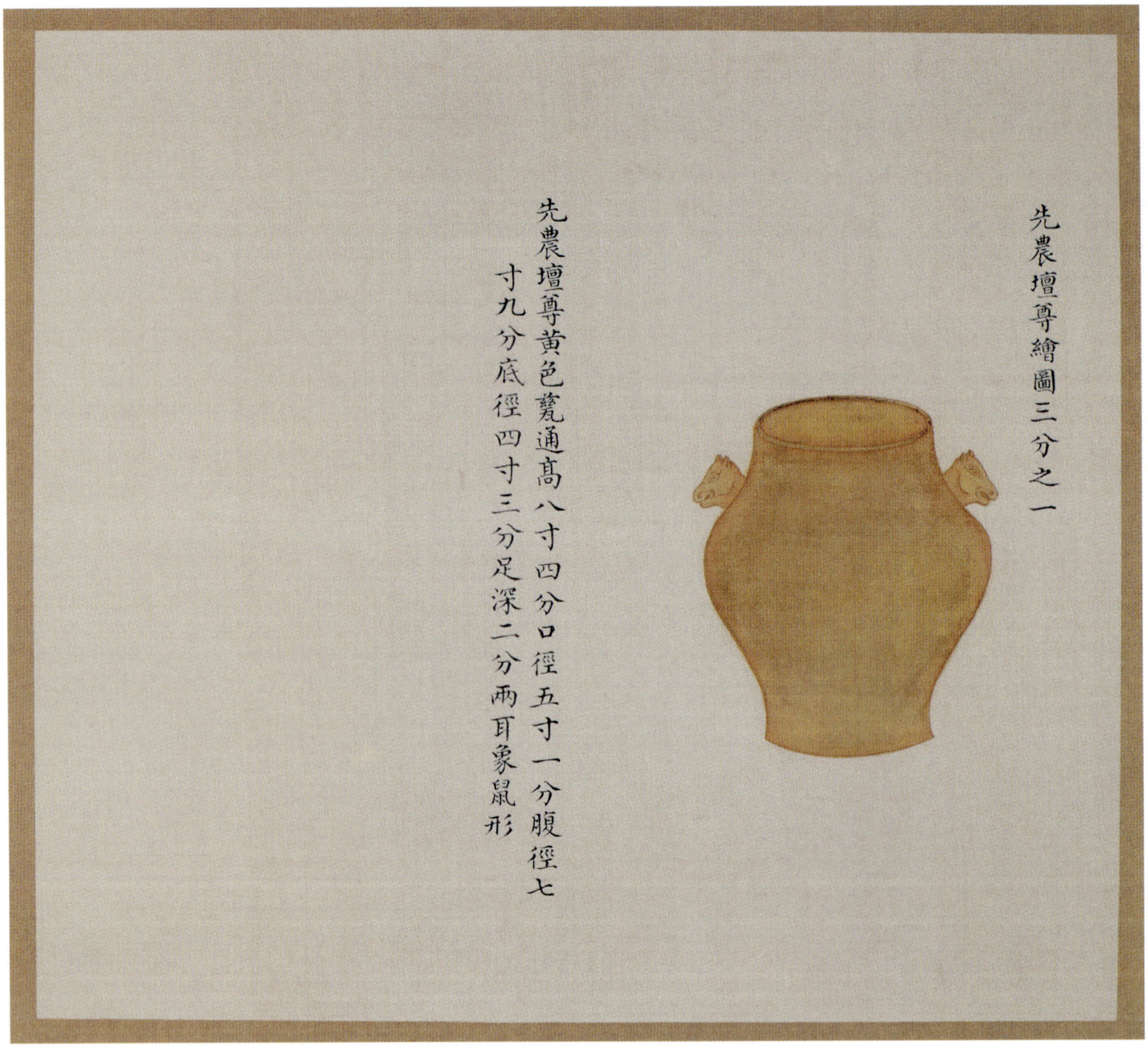

《皇朝礼器图·先农坛祭器·尊》

清宫廷画家绘。故宫博物院藏。

先农坛祭器为黄瓷登、黄瓷铏、黄瓷簠、黄瓷簋、黄瓷豆、黄瓷牺尊、黄漆竹笾、黄漆竹篚、红漆木俎。

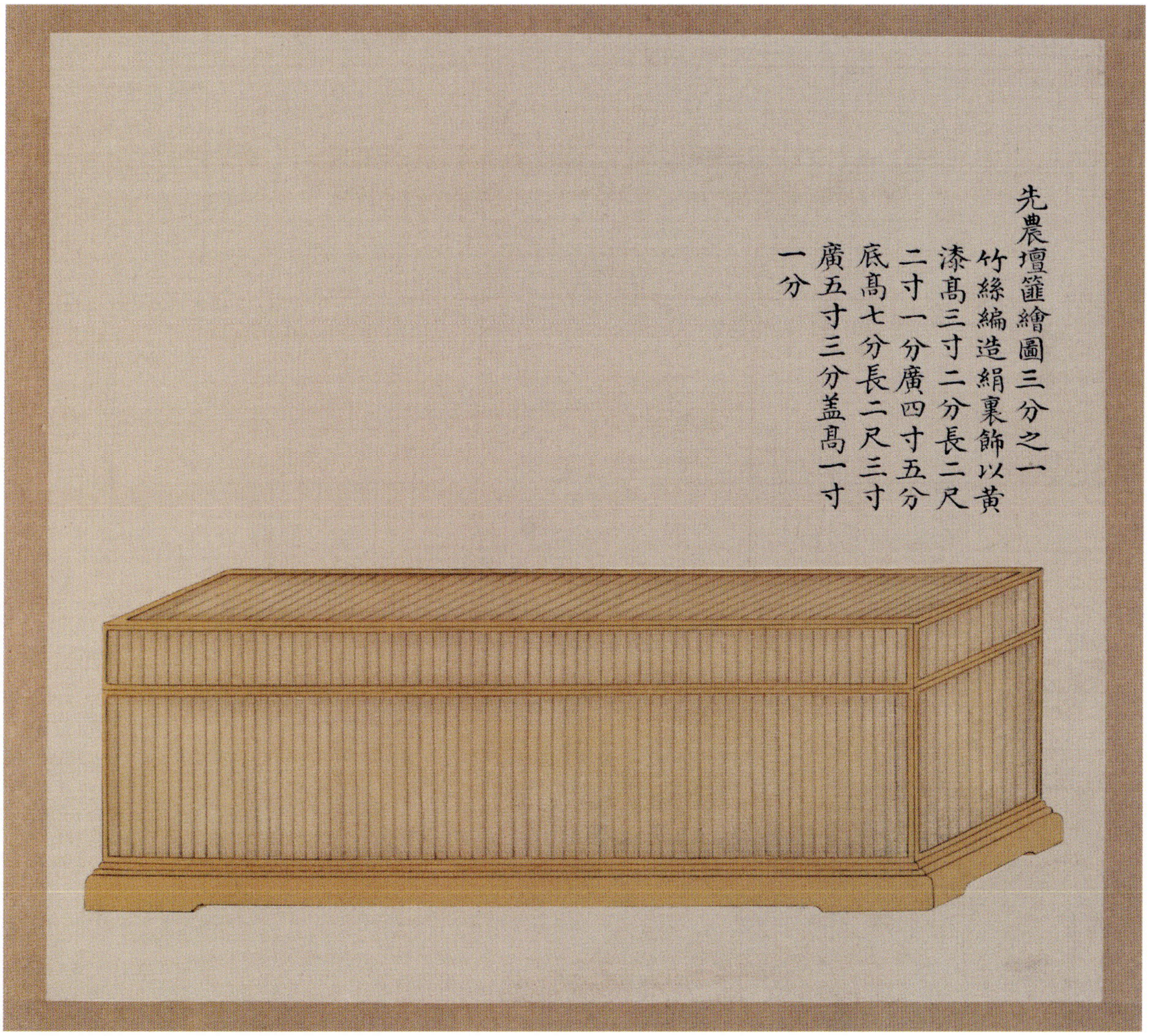

《皇朝礼器图·先农坛祭器·篚》

清宫廷画家绘。故宫博物院藏。

篚为方形有盖的竹编祭器。先农坛所用篚四周髹黄漆，长二尺二寸，宽四寸五分，高三寸二分，足高七分，盖高一寸。尺寸较天坛、地坛、日坛和月坛所用篚为小。

奉先殿

位于皇宫内景运门东，始建于明初，顺治十四年（1657年）重建，是皇宫内祭祖之场所。前殿供奉努尔哈赤和皇太极及其皇后的神牌，后殿供奉肇、兴、景、显四祖及其皇后的神牌。每年万寿、元旦、冬至三大节及册封、御经筵、谒陵、巡狩、回銮、战争凯旋、耕耤等大典礼的前后日，皇帝都要亲自或遣官到此行大祭礼或告祭礼。

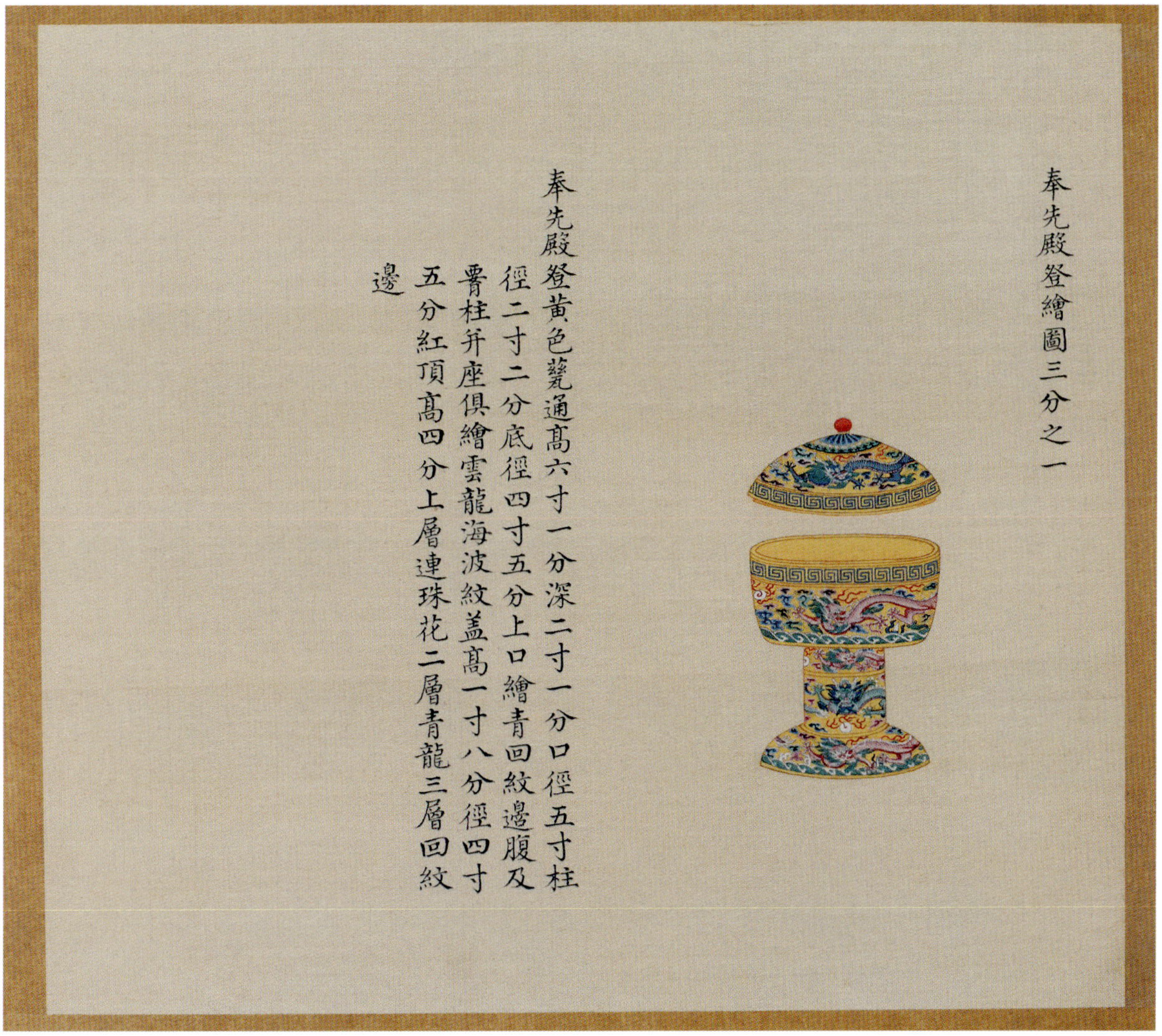

《皇朝礼器图·奉先殿祭器·登》

清宫廷画家绘。故宫博物院藏。

奉先殿正位祭器为金爵、黄瓷登、铜铏、木簠、木簋、木豆、青漆尊、红漆竹笾、黄漆竹篚、红漆木俎。

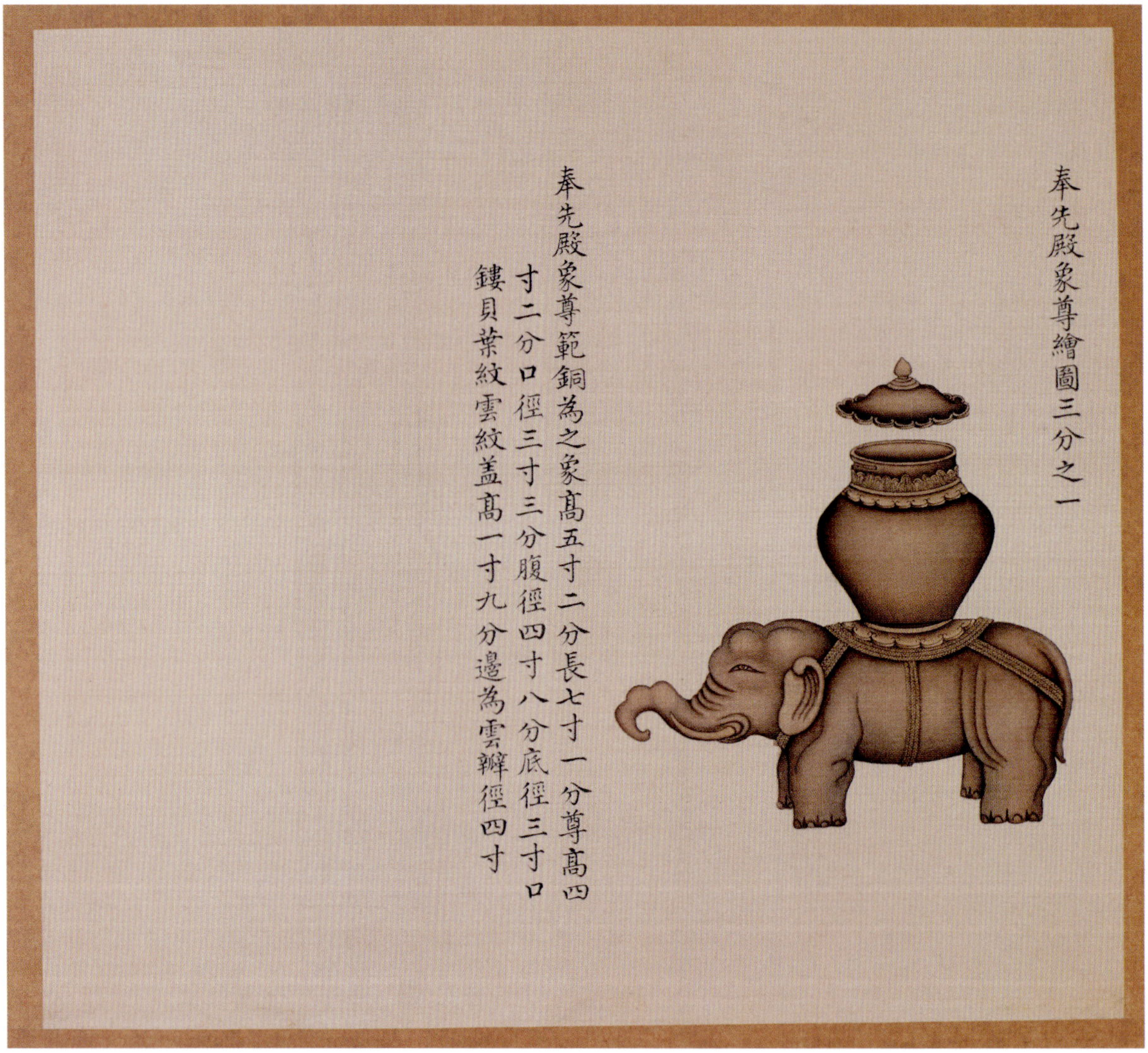

《皇朝礼器图·奉先殿祭器·象尊》

清宫廷画家绘。故宫博物院藏。

奉先殿祭器铜牺尊、铜象尊、铜著尊、铜壶尊的使用与太庙相同。

历代帝王庙

位于北京阜城门内，始建于明嘉靖十年（1531年），祭祀历代创业帝王和守成贤君，并从祀历代开国功臣。顺治元年（1644年）六月二十七日，多尔衮下令从太庙移明太祖神牌入历代帝王庙，以示旧朝国祚已终，新朝取而代之。历代帝王庙内祭伏羲、轩辕到明太祖共21帝，顺治帝每年均遣官致祭，以示清朝的建立是继承了中国历代帝王的正统。尤其是在历代帝王中特别增加了辽、金、元诸帝，旨在表明中国少数民族建立的王朝也属于中国正统王朝之列。

祭器铏

铜质。故宫博物院藏。

铏，又名铏鼎，为鼎的一种，三足、两耳，是盛羹之祭祀礼器。铜铏可用于先农坛、历代帝王庙、先师庙、先医庙等处的祭祀。历代帝王庙正位祭器为铜爵、铜登、铜铏、铜簠、铜簋、木豆、铜尊、红漆竹笾、红漆竹篚、红漆木俎。

孔　庙

北京孔庙，又称“先师庙”，位于今北京国子监街。始建于元大德六年（1302年），为祭祀孔子的场所。中国传统思想认为：“天地者，生之本也；先祖者，类之本也；君师者，治之本也。故礼，上事天，下事地，尊先祖而隆君师，是礼之三本也。”祭孔与祭天地、祭祖一同构成了中国古代三大祭祀系统。清廷也承袭传统之制，入关后的第二年，顺治帝即钦定孔子神位为：“大成至圣文宣王先师孔子，”开始致祭孔子。

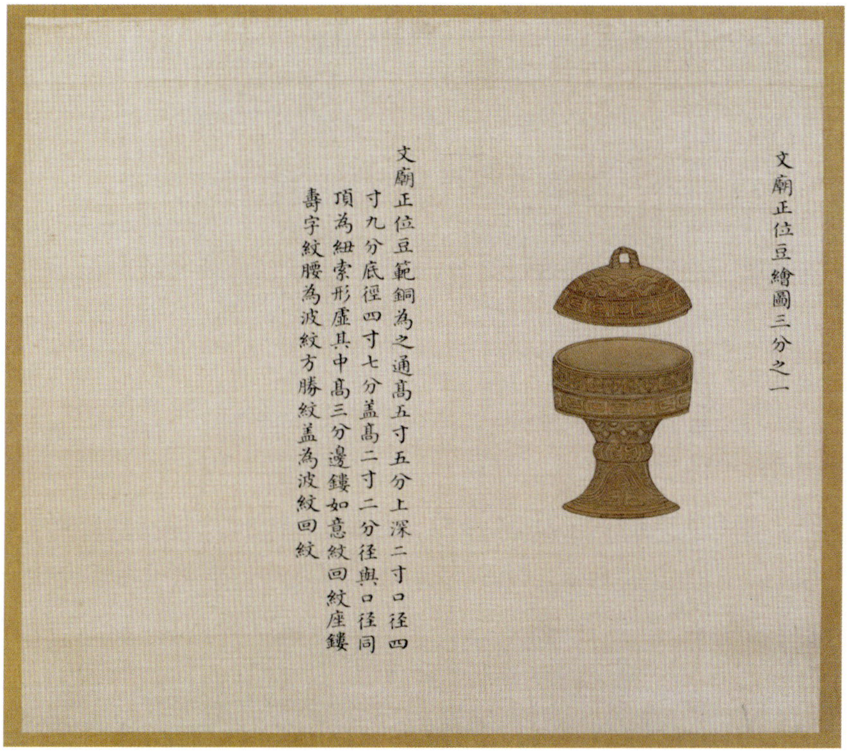

《皇朝礼器图·孔庙祭器·豆》

清宫廷画家绘。故宫博物院藏。

豆为盛酱胙的祭器，形似高足盘，质材可用木、陶、铜等。孔庙正位祭器为铜爵、铜登、铜铏、铜簠、铜簋、铜豆、铜尊、红漆竹笾、红漆竹篚、红漆木俎。

《皇朝礼器图·孔庙祭器·笾》

清宫廷画家绘。故宫博物院藏。

笾为盛果脯等干果的竹编祭器，形制如豆。孔庙祭器笾里饰绢，顶及缘髹红漆。

《堂子图》

堂子是清代皇族的萨满祭祀场所，保留了满族祭天于室外的旧俗。入关前，努尔哈赤和皇太极分别在兴京赫图阿拉、东京辽阳城及盛京沈阳建堂子，皇太极还规定爱新觉罗氏以外的异姓满洲官民不可拥有堂子。入关后，顺治元年（1644年）九月十四日建堂子于长安左门外玉河桥东。祭堂子典礼分为元旦、春秋大祭、出征和凯旋等拜天的国家大典和月祭、杆祭、浴佛祭、马祭等皇帝和宗室的一般祭典。所祭神祇十分繁多，有纽欢台吉、武笃本贝子等满族萨满教固有的神祇，也有佛祖、观音、关圣等其他宗教神灵。与太庙祭祀时王公百官皆得随祭不同，堂子祭祀时皇族中爵位至奉恩将军者，方得与祭。

坤宁宫内祭祀场所之一

坤宁宫内祭祀场所之二

坤宁宫位于皇宫内庭，其祭祀场所保留了满族祭祀诸神和奉祖宗神位于室内的旧俗。顺治十二年（1655年），依照盛京清宁宫满族“口袋房”式建筑风格改建，将明代坤宁宫原一明四暗的五开间建筑（由居中的开间辟门）改为由东次间辟门，将东间作寝宫，西间作为清宫内萨满祭祀的神堂，神堂内南、西、北三面环绕火炕，正门的北面是宰牲煮祭肉的二连大锅台。祭祀的神分朝祭神和夕祭神。朝祭神有佛祖释迦牟尼、观世音菩萨、关圣等，夕祭神名称繁多，总称为穆里罕诸神、画像神和蒙古神等。特殊的祭祀有换索仪、背灯祭、浴佛祭和祀灶神等。祭祀时要进糕酒、杀猪、唱诵神歌，并有三弦、琵琶、祷鼓和拍板等乐器伴奏。杀猪、煮肉也在宫中进行，皇帝与从祭官员就地食祭神肉。

（二） 典律卤簿

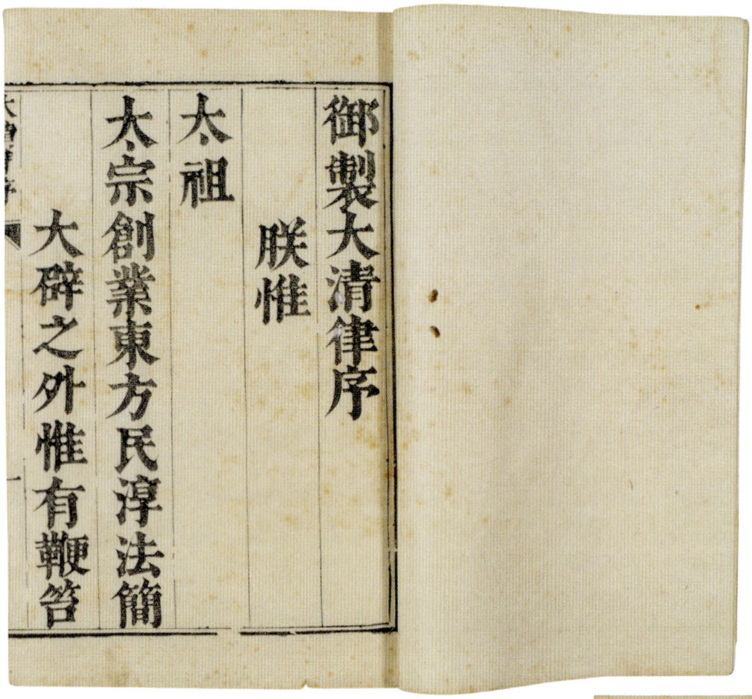

《御制大清律·序》

故宫博物院藏。

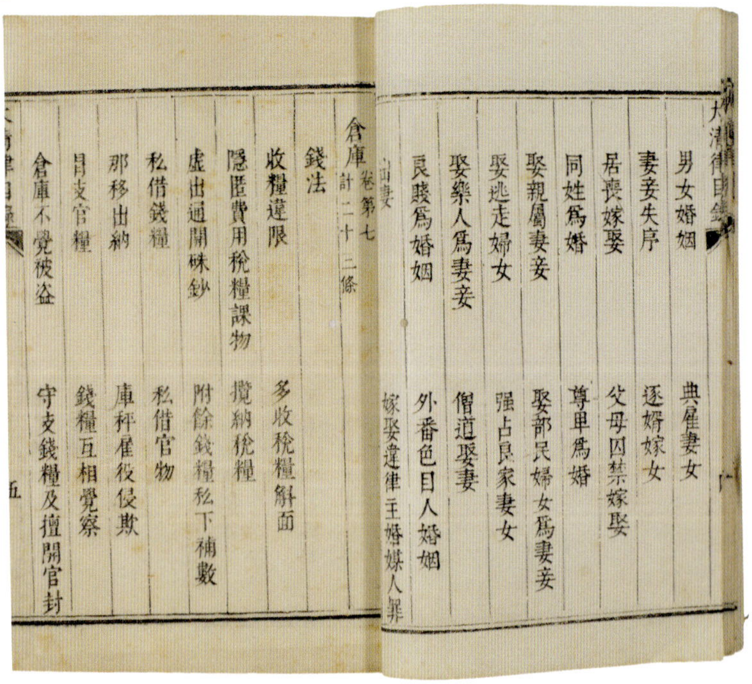

《御制大清律·目录》

顺治元年（1644年）八月，多尔衮即令法司官会同廷臣详译《明律》。顺治二年，设律例馆掌修定法律。顺治三年，大学士刚林等奉命以《明律》为蓝本，稍加增删，并附上清朝“因时酌定”的条例，正式颁行《大清律例集解附例》，有吏律、户律、刑律、礼律等，共31卷。此为清代第一部法典，以后各朝除对所附条例陆续增修外，律文则相沿未改。

《康熙南巡图卷·卤簿图》之一

本图为《康熙南巡图》第十二卷局部，(清)王翚等人绘。绢本，设色。 全图纵67.8 厘米，横2612.5 厘米。故宫博物院藏。

卤簿是皇帝车驾仪仗的通称。顺治三年（1666年），清廷参阅宋明以来之旧制，制定卤簿仪仗制度，规定“凡郊祀大典，万寿、元旦、冬至三大朝会及诸典礼皆用之”。稍后又进一步改定，皇帝仪仗有大驾卤簿、行驾仪仗和行幸仪仗三种。其中，大驾卤簿用于郊祀大典，万寿、元旦、冬至三大朝会；行驾仪仗用于行幸皇城之内；行幸仪仗用于巡幸各省地方。此外还设立卤簿仪仗的管理机构銮仪卫。《康熙南巡图》描绘了玄烨于康熙二十八年（1689年）第二次南巡时的盛况。此局部为康熙帝巡行结束，回京入宫之景。图中所绘斧、钺、瓜、戟、伞、盖、旗、纛等卤簿仪仗尽显天子至尊与威严，其形制与顺治时所定形制基本相同，未有变化。

《康熙南巡图卷 · 卤簿图》之二

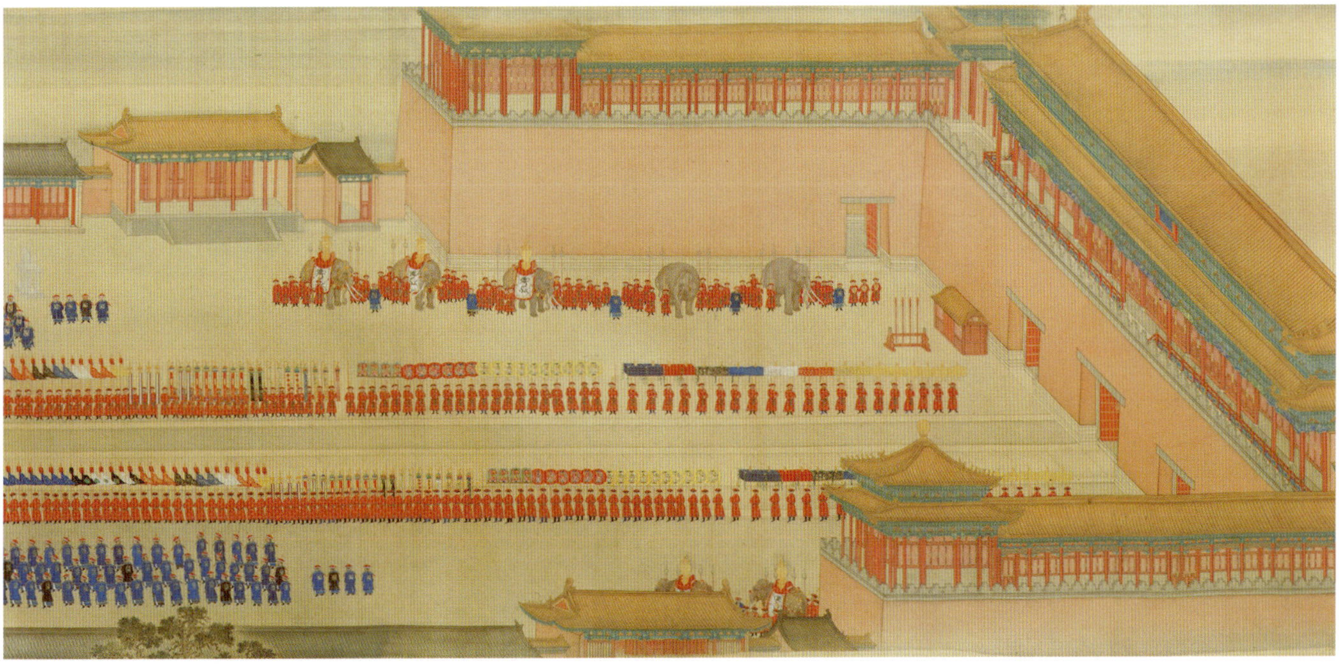

《康熙南巡图卷·卤簿图》之三

（三）　衣冠服饰

《服饰小样 · 皇帝夏朝袍图》

清宫廷画家绘。纸本，设色。故宫博物院藏。

顺治元年（1644年）十月二十四日，定冠服之制，按等级分为皇帝、皇子、亲王、郡王、贝勒、贝子、额驸、公、侯、伯、子、男、将军、一至九品官等，每一等级又各有冠、服、带、朝珠等规定，皇太后以下女眷也是如此。图为服饰小样，是由清宫内务府画师设计的服装式样，发往江南三织造，以备严格按照画样的尺寸、颜色和花纹等要求织造宫廷所需匹料。清代皇帝朝服是皇帝在祭祀、典礼及朝会等重大活动中穿用的重要礼服，其形制摒弃了中国传统的长袍宽袖的礼服形式，而改为满族在关外游牧渔猎生产和生活中形成的袍褂制。皇帝夏朝袍为明黄色，质地有纱、绸、缂丝等，袍身织日、月、星辰、山、龙、华虫、宗彝、藻、火、粉米、黼、黻12种花纹，称十二章，并饰正龙、行龙和团龙40余条。

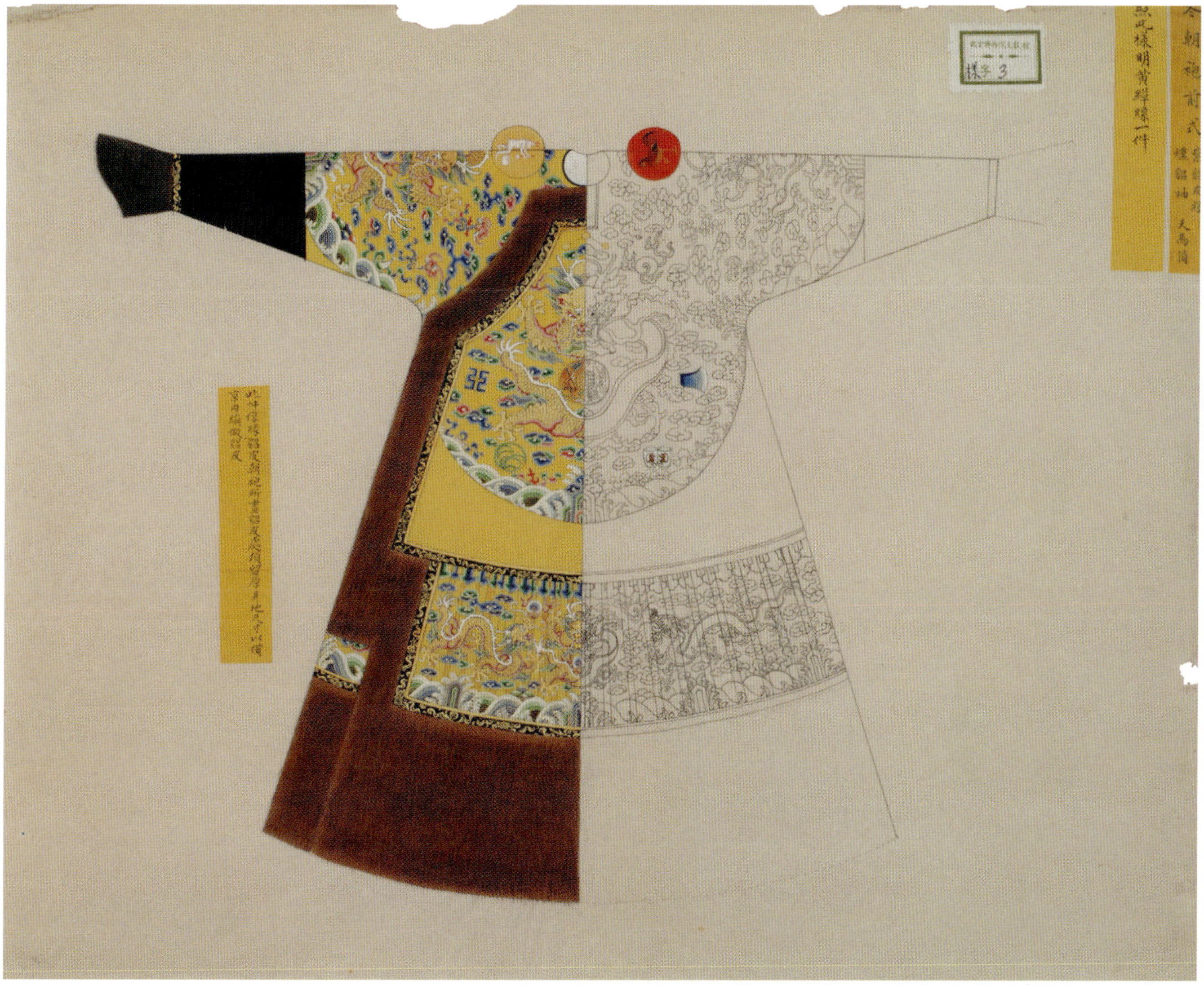

《服饰小样 · 皇帝冬朝袍图》

清宫廷画家绘。纸本，设色。故宫博物院藏。

入关之初，清廷曾就服饰的质地、式样以及颜色花纹作过一系列冗繁的规定。如官民帽、披领、腰带、朝服、便服表里皆不得用黄色，帽缨不得用红缨等，并制定了对逾制者进行严惩的措施。黄色为皇帝服饰的专用色，任何人不得借用，实际上是沿袭汉文化传统的色彩观。在《周易》中，即载"黄裳，元吉"，意为黄色吉利。在五行中，黄色的"土"居于主宰之位的中央。于是黄色倍受帝王们的青睐，并用之于衣饰，以此象征天子贵在有土，有土则有天下的至高无上的权威。清代统治者也趋同于这种观念和做法，相沿未变。皇帝冬朝袍分两式，图示为其中一式，明黄色，上衣列十二章，两肩和前胸后背饰正龙各1条；下裳饰行龙6条。披领、袖端和下摆加镶裘皮边。

《服饰小样·皇后冬朝袍图》

清宫廷画家绘。纸本，设色。故宫博物院藏。

皇后朝袍分冬夏两类，均为明黄色，由披领、护肩和袍身组成，领后垂缀饰珠宝的明黄色绦。穿时朝袍须与朝褂配套。皇后冬朝袍分3式，图中小样为其中一式，袍身饰十二章和9条金龙，间以五色云。披领饰行龙2条，接袖饰行龙各2条，两袖端饰正龙各1条。

《服饰小样·皇后朝褂图》

清宫廷画家绘。纸本，设色。 故宫博物院藏。

皇后朝褂是皇后在重大典礼时罩在朝袍之外的礼服，褂为石青色，圆领、对襟、无袖，长与袍齐，领后垂缀饰珠宝的明黄色绦。朝褂分三式，图示小样为其中一式，褂的胸围线以上前后各饰立龙2条，胸围线以下作襞积（褶裥），分为4层，前后各饰行龙4条，以五彩云蝠、团金寿字纹样相间。

顶子

清朝官员冠帽顶部要装饰顶子，以作为区别等级的重要标识。顶子分朝冠用和吉服冠用两种，其中朝冠顶子共三层：上层为尖形宝石，中为球形宝珠，下为金属底座。吉服冠较简单，只球形宝珠及金属底座两部分。顶子按材质来区分官员品级高低，从一品至七品，分别是：红宝石、红珊瑚、蓝宝石、青金石、水晶、砗磲、素金，八品用阴纹镂花金座，无珠宝饰，九品用阳纹镂花金座，无珠宝饰。此外，进士、状元冠顶金为三枝九叶，举人、贡生、监生冠顶饰金雀，生员冠顶饰银雀。图中顶子都是吉服冠所饰，左为三品官用，右为一品官用。

凉帽

凉帽是清代官吏夏秋季戴用的礼冠。形制呈覆锅形，无檐。一般用藤丝、篾竹、草梗或麦秸为胎，内衬红色纱罗，外裹湖色、白色绫罗。帽顶饰顶珠，垂缀具有满族特色的丝质红缨。图中凉帽冠顶为镂花金座饰水晶顶，为五品官所戴。

暖帽

暖帽是清代官吏冬春季戴用的礼冠。形制多为圆形，周围有一道向上翻卷的檐边，材料多用皮质，也有呢及缎制成者。帽顶饰顶珠，缀有丝质红缨。图中暖帽冠顶饰青金石，为四品官所戴。

《服饰小样·披肩领图》

清宫廷画家绘。纸本，设色。故宫博物院藏。

披肩领也叫“扇肩”、“大领”，是以扣绊系于朝服领口的一种扇形或牛舌形附加衣领，其两肩部分长而尖锐，后部呈弧形，用其围于项间而披于肩上。此是满族富有特色的服饰习俗之一，既有轻便保暖的实用性，又有美观的装饰作用。

文一品官服补子

清朝官服的前胸和后背缝缀有用彩丝或金线绣成动物图案的补子，以此标识官员的品级。文官的补子绣禽类，武官绣兽类，这种图案分类不仅突出了文武官员在职能和气质上的不同要求，而且也使其二者之间的区别显得更为鲜明。此装饰乃沿袭明朝旧制，只是补子的形状及纹样中禽兽的种类和数量略有区别，加工更精巧，装饰效果更为强烈。

武一品官服补子

清廷规定，皇子、亲王、郡王、贝勒、贝子等皇室成员用从四团五爪金龙到两团四爪行蟒不等的圆形补子。镇国公、辅国公、侯、伯等用两团四爪正蟒方补。文武品官用禽兽纹方形补子，一品至九品，文官的图案分别是鹤、锦鸡、孔雀、雁、白鹇、鹭鸶、鸂鶒、鹌鹑、练雀；武官为麒麟、狮、豹、虎、熊、彪、犀牛、犀牛、海马。都御史、副都御史、按察使、给事中和御史等执法官用獬豸。

（四） 谥宝谥册

太祖高皇帝谥宝

玉质，交龙钮。长12.6 厘米，宽12.6 厘米，高11.7 厘米。故宫博物院藏。

太祖高皇帝谥宝文

清太祖高皇帝即努尔哈赤。宝文为“太祖承天广运圣德神功肇纪立极仁孝睿武端毅钦安弘文定业高皇帝之宝”。左满文，右汉文。

皇帝死后，后继皇帝要为其恭上谥号和庙号。谥号是根据死者生平事迹而定的以示褒贬的称号。庙号是为在太庙立神位奉祀而定的名号。谥号和庙号刻于宝册称谥宝谥册。清代帝后谥宝谥册分三种：一是玉质册宝，供放于太庙；二是纸里绢面册宝，称绢册、绢宝，举行上谥礼时宣读，礼毕焚化；三是木质册宝，又称香册、香宝，随葬地宫。清代谥宝谥册制度始于顺治二年（1645）七月，顺治帝上太祖高皇帝、孝慈高皇后和太宗文皇帝的谥宝谥册于太庙。

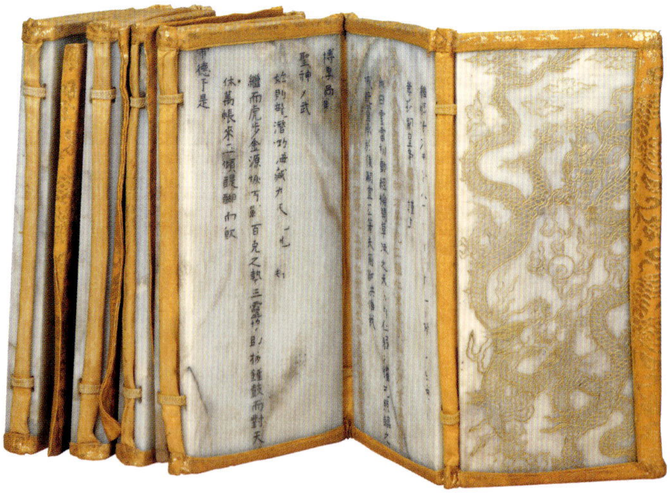

太祖高皇帝谥册

玉质。共10片，每片长28.5 厘米，宽12.8 厘米，厚1 厘米。故宫博物院藏。

孝慈高皇后谥宝

玉质，交龙钮。长12.6 厘米，宽12.6 厘米，高11.5 厘米。故宫博物院藏。

孝慈高皇后，姓纳喇氏。努尔哈赤之皇后，皇太极之母。明万历三十一年（1603年）病逝。

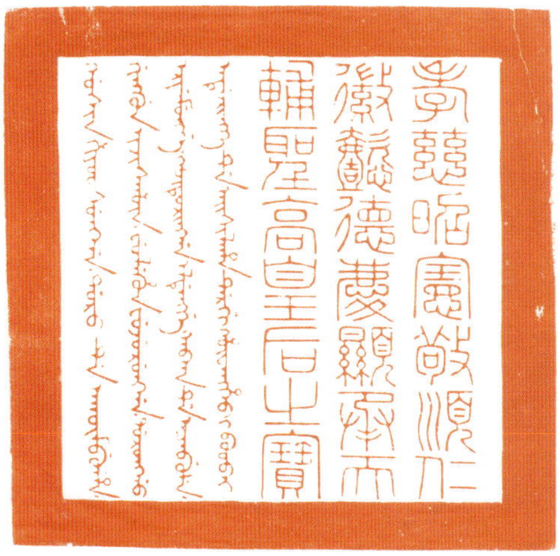

孝慈高皇后谥宝文

宝文为"孝慈昭宪敬顺仁徽懿德庆显承天辅圣高皇后之宝"。左满文，右汉文。

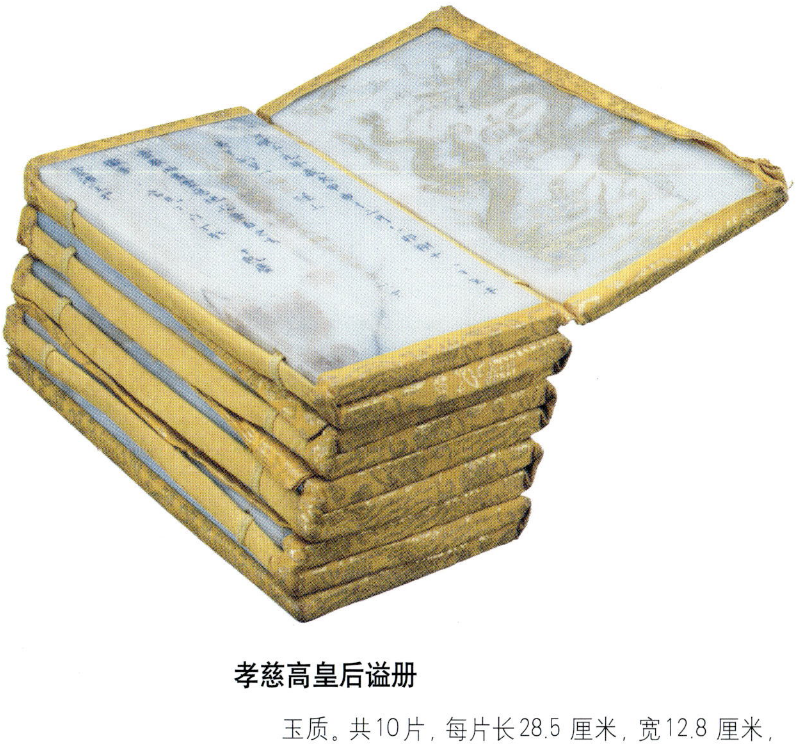

孝慈高皇后谥册

玉质。共10片，每片长28.5 厘米，宽12.8 厘米，厚0.9 厘米。故宫博物院藏。

太宗文皇帝谥宝

玉质，交龙钮。长12.5厘米，宽12.3厘米，高11.3厘米。故宫博物院藏。

清太宗文皇帝即皇太极。

太宗文皇帝谥宝文

宝文为“太宗应天兴国弘德彰武宽温仁圣睿孝敬敏昭定隆道显功文皇帝之宝”。左满文，右汉文。

肇祖原皇帝谥宝

玉质，交龙钮。长12.5厘米，宽12.6厘米，高11.4厘米。故宫博物院藏。

顺治五年（1648年），重修的太庙落成。十一月，追尊清太祖努尔哈赤以上四祖考、祖妣为肇祖原皇帝（猛哥铁木儿）、原皇后；兴祖直皇帝（福满）、直皇后；景祖翼皇帝（觉昌安）、翼皇后；显祖宣皇帝（塔克世）、宣皇后，并上谥宝谥册，将其神主奉安于太庙致祭。

肇祖原皇帝谥宝文

“肇祖原皇帝之宝”左满文，右汉文。

肇祖原皇帝谥册

玉质。共10片，每片长28.3厘米，宽12.7厘米，厚1厘米。故宫博物院藏。

原皇后谥宝

玉质，交龙钮。长12.6 厘米，宽12.7 厘米，高11.5 厘米。故宫博物院藏。

顺治五年(1648年)，猛哥铁木儿之妻被追尊为原皇后。

原皇后谥宝文

“原皇后之宝”左满文，右汉文。

原皇后谥册

玉质。共10片，每片长28.2 厘米，宽12.7 厘米，厚0.9 厘米。故宫博物院藏。

兴祖直皇帝谥宝

玉质，交龙钮。长12.6 厘米，宽12.7 厘米，高11.4 厘米。故宫博物院藏。

猛哥铁木儿之次子为建州左卫首领董山，董山之三子为锡宝齐篇古。福满为锡宝齐篇古之子。顺治五年(1648 年)，福满被追尊为兴祖直皇帝。

兴祖直皇帝谥宝文

“兴祖直皇帝之宝”左满文，右汉文。

兴祖直皇帝谥册

玉质。共10片，每片长28.2、宽12.7、厚0.8 厘米。故宫博物院藏。

直皇后谥宝

玉质，交龙钮。长12.5 厘米，宽12.7 厘米，高11.6 厘米。故宫博物院藏。

顺治五年(1648 年)，福满之妻被追尊为直皇后。

直皇后谥宝文

“直皇后之宝”左满文，右汉文。

直皇后谥册

玉质。共10片，每片长28.4 厘米，宽12.8 厘米，厚0.8 厘米。故宫博物院藏。

景祖翼皇帝谥宝

玉质，交龙钮。长 12.7 厘米，宽 12.7 厘米，高 11.3 厘米。故宫博物院藏。

福满生有六子，第四子为觉昌安，是清太祖努尔哈赤的祖父，他为家族的复兴立下汗马功劳。顺治五年(1648年)被追尊为景祖翼皇帝。

景祖翼皇帝谥宝文

“景祖翼皇帝之宝”左满文，右汉文。

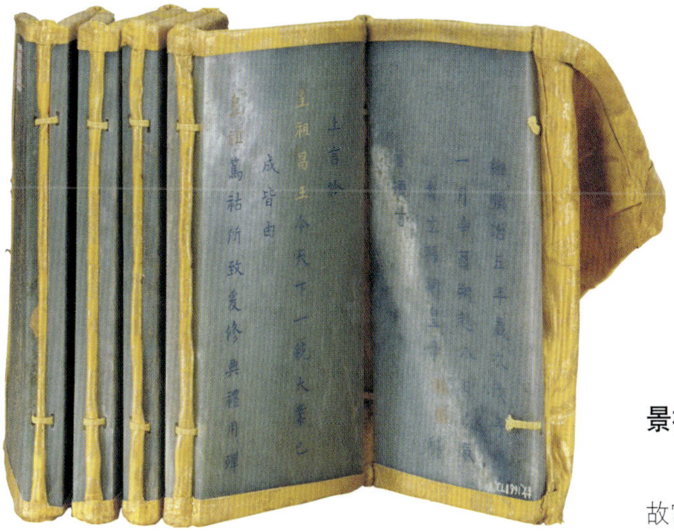

景祖翼皇帝谥册

玉质。共 10 片，每片长 28.3 厘米，宽 12.7 厘米，厚 1 厘米。故宫博物院藏。

翼皇后谥宝

玉质，交龙钮。长12.5 厘米，宽12.6 厘米，高11.3 厘米。故宫博物院藏。

顺治五年(1648年)，觉昌安之妻被追尊为翼皇后。

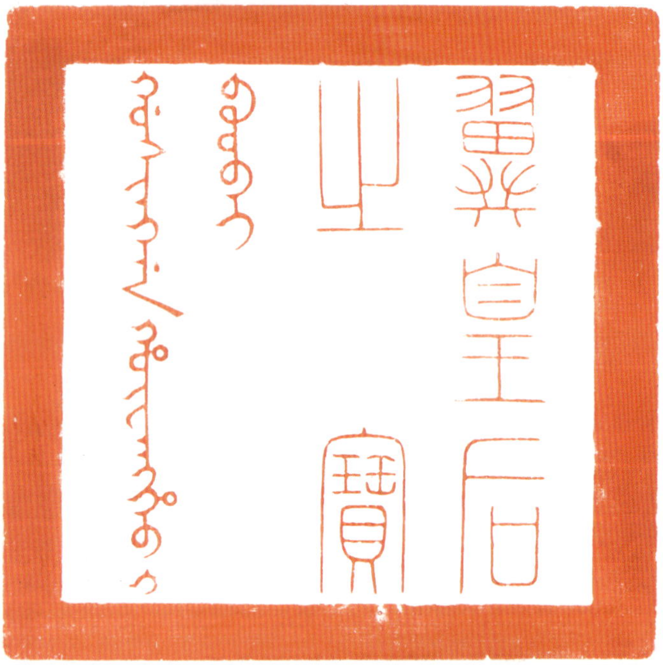

翼皇后谥宝文

“翼皇后之宝”左满文，右汉文。

翼皇后谥册

玉质。共10片，每片长28.3 厘米，宽12.6 厘米，厚0.8 厘米。故宫博物院藏。

显祖宣皇帝谥宝

玉质，交龙钮。长12.6 厘米，宽12.6 厘米，高11.6 厘米。故宫博物院藏。

觉昌安生有五子，第四子为塔克世，是清太祖努尔哈赤之父。顺治五年(1648年)，被追尊为显祖宣皇帝。

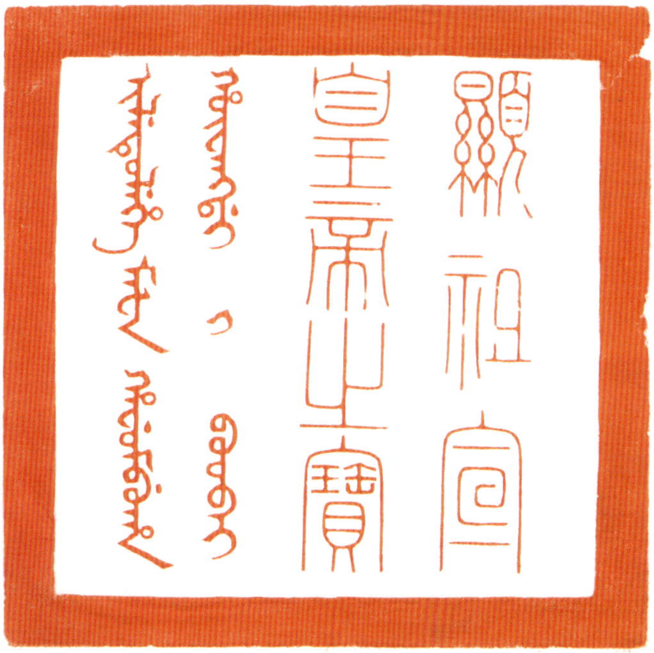

显祖宣皇帝谥宝文

“显祖宣皇帝之宝”左满文，右汉文。

显祖宣皇帝谥册

玉质。共10片，每片长28.3 厘米，宽12.6 厘米，厚0.7 厘米。故宫博物院藏。

宣皇后谥宝

玉质，交龙钮。长12.6 厘米，宽12.6 厘米，高11.5 厘米。故宫博物院藏。

顺治五年(1648 年)，塔克世之妻喜塔腊氏被追尊为宣皇后。

宣皇后谥宝文

“宣皇后之宝”，左满文，右汉文。

宣皇后谥册

玉质。共10片，每片长28.2 厘米，宽12.8 厘米，厚0.8 厘米。故宫博物院藏。

（五）　增置绿营

清入关后收降了几十万明军，并招募汉人，组建绿营兵。绿营兵以绿旗为标志，以营为建制单位，因而得名。绿营兵分陆军和水师两个军种，陆军又分马兵、步兵、守兵等类别。绿营兵的编制方式主要沿用明朝后期镇戍边兵制，也分为标、协、营、汛四级。各省绿营兵均受总督节制，设提督直接统率，同时还要受驻防八旗兵的监督。顺治十六年（1659年）八月，户部左侍郎林起龙上《更定绿旗兵制疏》，提出裁减绿旗冗兵的建议。这是唯一的详细记述顺治年间绿旗兵制的奏疏，奏疏中提到当时全国共有绿营兵60万人。

《清世祖章皇帝实录·更定绿旗兵制疏》之二

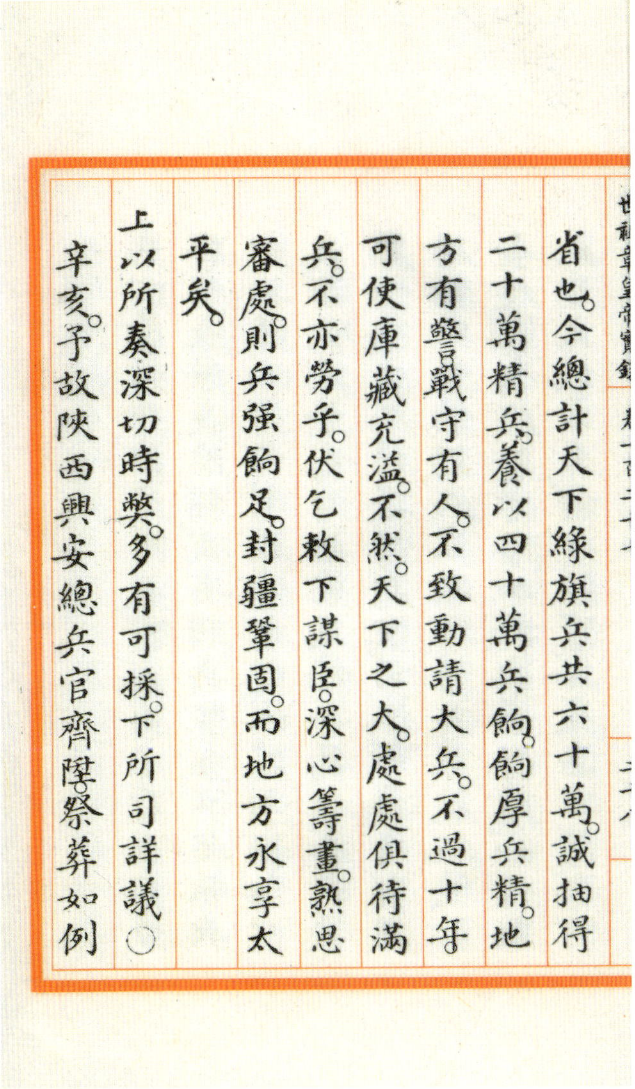
省也今總計天下綠旗兵共六十萬誠抽得二十萬精兵養以四十萬兵餉餉厚兵精地方有警戰守有人不致動請大兵不過十年可使庫藏充溢不然天下之大處處俱待滿兵不亦勞乎伏乞敕下謀臣深心籌畫熟思審處則兵强餉足封疆鞏固而地方永享太平矣

上以所奏深切時弊多有可採下所司詳議

辛亥予故陝西興安總兵官齊陞祭葬如例

《清世祖章皇帝实录·更定绿旗兵制疏》之一

节录自《清世祖实录》卷一二七。

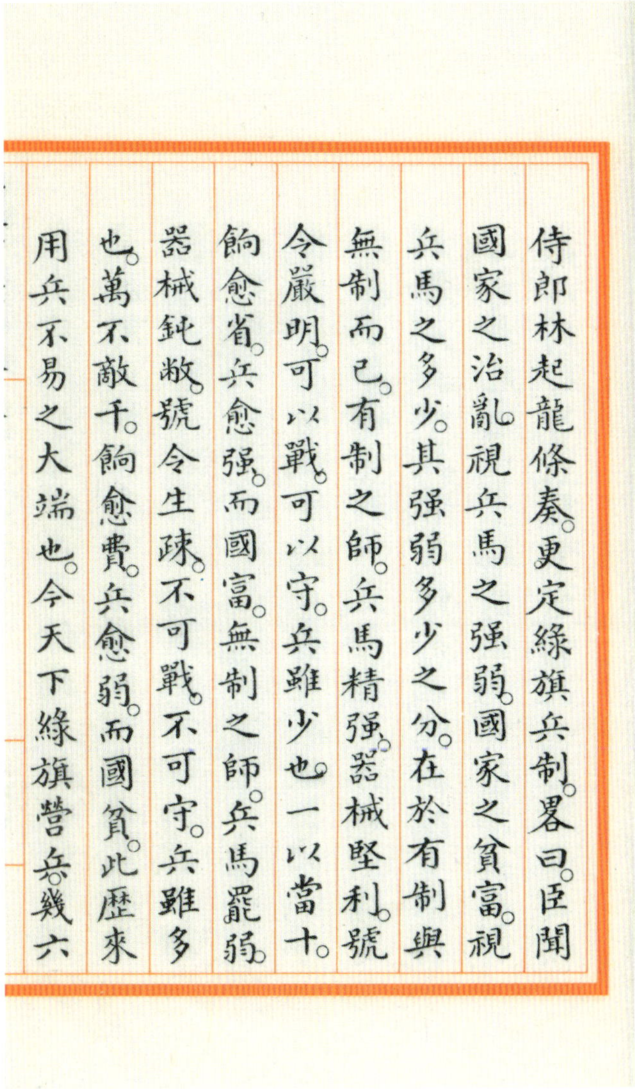
侍郎林起龍條奏更定綠旗兵制畧曰臣聞國家之治亂視兵馬之强弱國家之貧富視兵馬之多少其强弱多少之分在於有制與無制而已有制之師兵馬精强器械堅利號令嚴明可以戰可以守兵雖少也一以當十餉愈省兵愈强而國富無制之師兵馬罷弱器械鈍敝號令生疎不可戰不可守兵雖多也萬不敵千餉愈費兵愈弱而國貧此歷來用兵不易之大端也今天下綠旗營兵幾六

（六） 宫廷机构

宗人府左司印

银质，柱钮。长7.7厘米、宽7.7厘米、高10.3厘米。印文为钟鼎篆体，左满文，右汉文，为乾隆十四年（1749年）印制改革后所改镌。故宫博物院藏。

宗人府设立于顺治九年(1652年)，主掌皇族事务。凡满洲皇族宗支的鉴别，玉牒的纂修，宗室的封爵，王公将军的议叙和议处，紫禁城王公入值，巡幸扈从，陵庙祭祀，户口田产，族务管理等均属其责。设宗令一人总领府事，由亲王或郡王内选充。下设有左司、右司、经历司、黄档房等办事机构。其中左司设正、副理事官和委署主事，均由宗室人员担任，掌管左翼的镶黄、正白、镶白、正蓝四旗宗室觉罗之事。

宗人府右司印

银质，柱钮。长7.7厘米、宽7.7厘米、高10.3厘米。印文为钟鼎篆体，左满文，右汉文，为乾隆十四年（1749年）印制改革后所改镌。故宫博物院藏。

宗人府右司也设正、副理事官和委署主事，掌管右翼的正黄、正红、镶红、镶蓝四旗宗室觉罗之事。

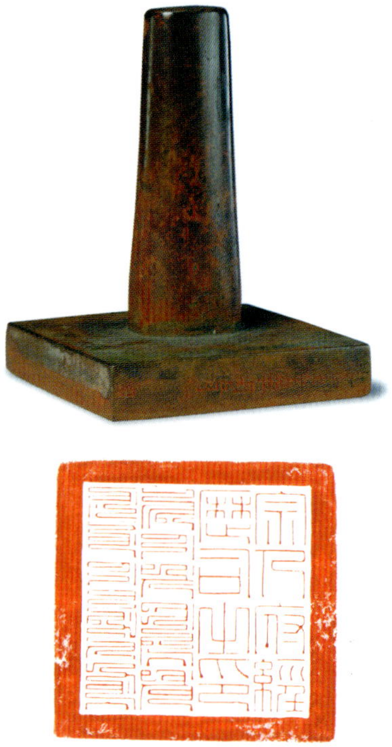

宗人府经历司印

银质，柱钮。长7.7厘米、宽7.7厘米、高10.4厘米。印文为垂露篆体，左满文，右汉文，为乾隆十四年（1749年）印制改革后所改镌。故宫博物院藏。

经历司为宗人府下属机构，有经历二人、供事二人，以宗室充任，掌管收发来往文书事务。

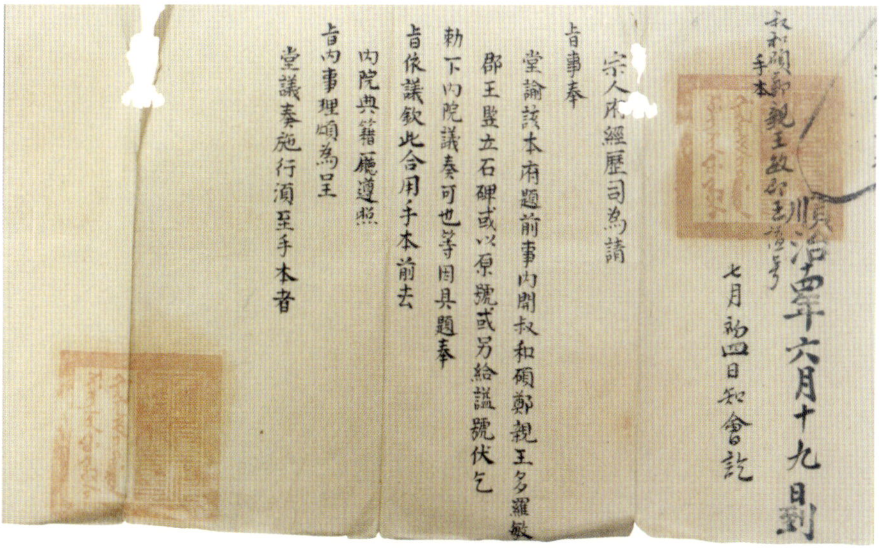

順治十四年六月十九日到

七月初四日知會訖

宗人府經歷司為請
旨事奉
堂諭該本府題前事內開叔和碩鄭親王多羅敏
郡王豎立石碑或以原號或另給謚號伏乞
勅下內院議奏可也等因具題奉
旨依議欽此合用手本前去
內院典籍廳遵照
旨內事理煩為呈
堂議奏施行須至手本者

《宗人府经历司题本》之一

北京大学图书馆藏。

此题本为宗人府经历司顺治十四年（1657年）六月十九日所上，有关为叔和硕郑亲王济尔哈朗及多罗敏郡王树立石碑是以原号或另给谥号而请旨之事。上钤有“宗人府经历司”印，上汉文，下满文。

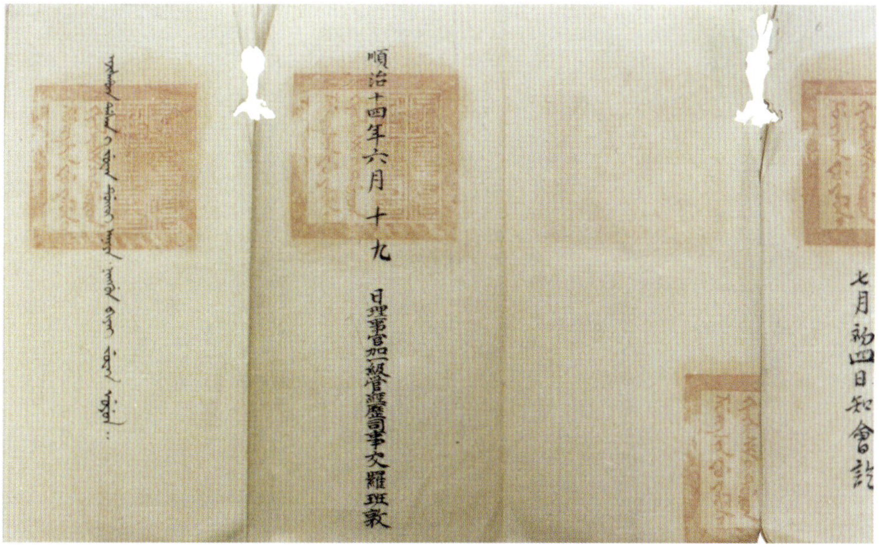

順治十四年六月十九日理事官加一級管經歷司事文羅班敦

七月初四日知會訖

《宗人府经历司题本》之二

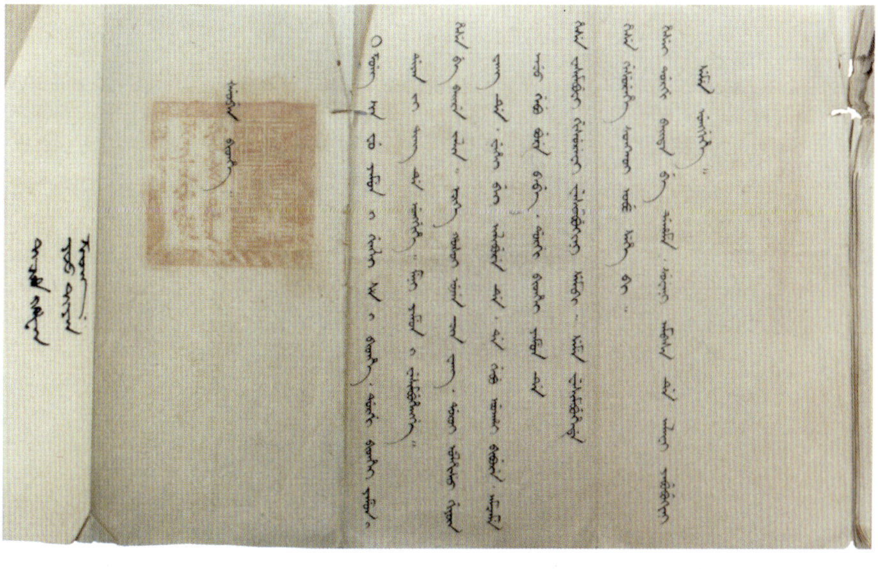

《宗人府经历司题本》之三

玉牒是爱新觉罗皇族的家谱。顺治十三年（1656年），在宗人府下设玉牒馆，掌管玉牒的纂修，并定制以后每十年开馆一次修玉牒。玉牒主旨一本“宗大宗”的宗法思想，始终以帝系为主干，宗室为旁支，记载帝系及其变迁，旁支因革等事项。玉牒所记分三系：第一系是帝系，即肇祖原皇帝以下皇帝直系；第二系是宗室，即太祖努尔哈赤之父显祖塔克世的直系子孙；第三系是觉罗，即显祖塔克世的伯叔兄弟旁系子孙。玉牒所记内容涉及封爵、授职、生卒以及生母、妻妾、岳父的姓名、职衔等。玉牒纂成后，用满汉文字抄三份，分别存入皇史宬、宗人府和礼部。

“玉牒馆记”印

木质。长8厘米，宽5.3 厘米，高3.6 厘米。故宫博物院藏。

大黄绫本《玉牒》

中国第一历史档案馆藏。

玉牒最厚者达140厘米，重数百公斤。

小红绫本《玉牒》

中国第一历史档案馆藏。

小玉牒是大玉牒的稿本，一般厚约10厘米。

皇史宬

皇史宬位于今北京南池子大街南口路东，建成于明代嘉靖十五年（1563年）。主殿为砖石结构，殿墙厚达6米，室内温度较为恒定，在南北两面墙上开石窗，可使空气对流，具有防火、防潮和防蛀三大功能。殿内砌有1米多高的汉白玉石座，上置鎏金铜皮樟木柜，玉牒即存之其内。如此优良的环境和条件，使皇家档册得以长期保存。

十三衙门铁牌

故宫博物院藏。

清入关之初，管理皇宫事务的机构为内务府，由上三旗"包衣"（即家奴）司其事，以总管内务府大臣掌管。顺治十年（1653年）六月，顺治帝借鉴明朝太监制度，下令设立十三衙门，即乾清宫执事官、司礼监、御用监、内官监、司设监、尚膳监、尚衣监、尚宝监、御马监、惜薪司、钟鼓司、直殿司和兵仗司，由满洲近臣和太监充任长官，管理宫廷事务，并于十一年裁撤内务府。但此举极易重蹈明代宦官专权之弊，为此，顺治帝于十二年六月二十八日特发谕旨，严禁太监干预政事，结纳官员和擅奏外事，如有违犯者，立即凌迟处死。并令工部将谕旨铸成铁牌，立于十三衙门内。顺治十八年，新即位的康熙帝裁十三衙门，复置内务府，下设七司三院。

太医院印

铜质，柱钮。长7.6 厘米，宽7.6 厘米，高 10.6 厘米。故宫博物院藏。

“太医院印”印面

“太医院印”印文

印文为钟鼎篆体，左满文，右汉文。

太医院为顺治元年（1644）沿袭明制而设，置院使一人（正五品）、左右院判各一人（正六品），掌管医疗之事。主要为皇帝及后妃诊病，同时也为少数王公大臣出诊。

《医药治症通书》

顺治年满文刻本。故宫博物院藏。

（七）　邮传驿递

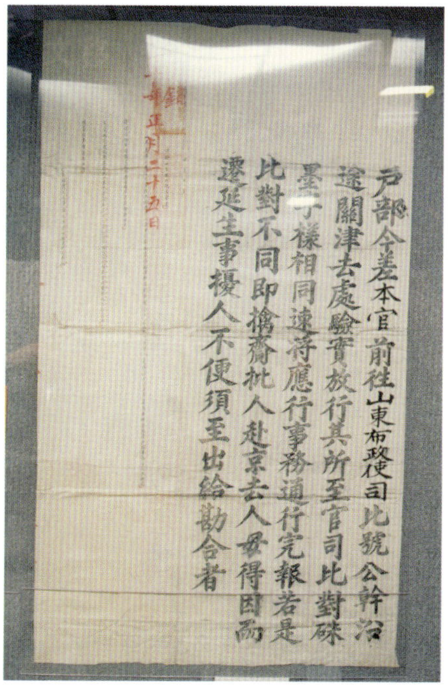
户部今差本官前往山東布政使司比號公幹沿途關津去處驗實放行其所至官司比對硃墨字樣相同速將應行事務通行完報若是比對不同即擒齎批人赴京去人毋得因而遷延主事擾人不便須至出給勘合者

《户部差官勘合》

中国第一历史档案馆藏。

勘合是驿递凭信的一种。官员奉差出京，升官赴任，奔丧，致仕等皆给以勘合，根据不同官阶提供数量不等的夫马车船。沿途驿站在查验勘合后负责接待，照数供应所需。顺治八年(1651 年)十月制定了奉差官员驿递供应则例，规定了各级官员奉差出行所享有的不同待遇。

图为顺治十年正月二十五日户部官员奉差前往山东布政使司的勘合。

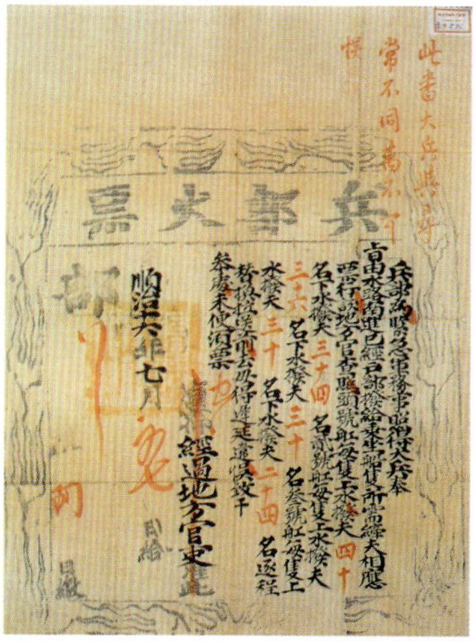
兵部火票

《兵部火票》

中国第一历史档案馆藏。

火票也是一种驿递凭信，凡递奏本章、紧急公务和军务，方用火票。火票上规定每日的递送速度，并根据所送地点的路程，计以到达所需日期时间。沿途各驿站查验火票，负责接送。

图为顺治十六年（1659 年）七月兵部为紧急军务而签发的火票，要求沿途各驿站提供船只和纤夫，不得迟延。

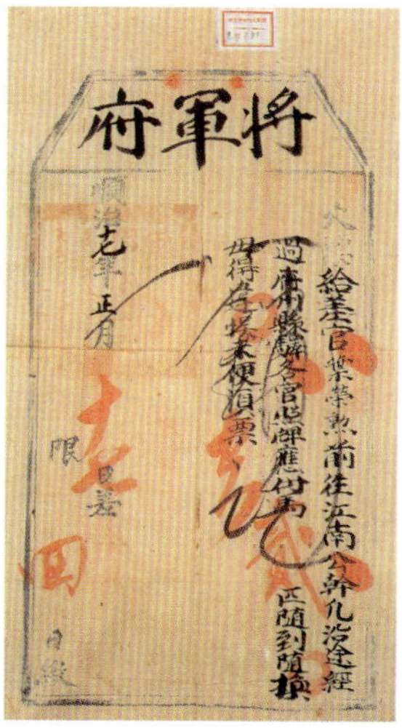
将軍府

《将军府火票》

中国第一历史档案馆藏。

此为顺治十七年（1660 年 ）正月，将军府发给官员奉差前往江南的火票，令沿途各驿站照票牌提供马匹，随到随换，不得延误。

三 顺治帝亲政

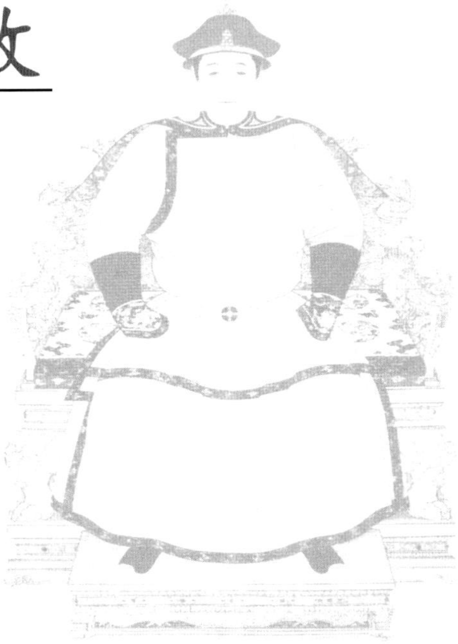

由于摄政王多尔衮猝死，顺治帝于顺治八年（1651年）亲政，下诏追罪多尔衮及其党羽，大力削弱多尔衮生前控制的两白和正蓝三旗的权势，将正白旗与两黄旗合起来称上三旗，直属皇帝，余为下五旗，由五位王贝勒分掌，使其实力无法与皇帝抗衡。随后，顺治帝又连续惩处了原属多尔衮派系的五位亲王；改革朝政制度，取消诸王、贝勒管理六部、理藩院和都察院旧制；对济尔哈朗，不再让他主掌朝政。这些措施削弱了八旗贵族势力，解除了王权对皇权的威胁，顺治帝得以大权独揽，乾纲独断。

顺治帝亲政后采取了一系列有利于稳定全国政治，促进经济发展的措施。重视整顿吏治，派出大量监察御史巡视各地，对地方官员进行普遍考核，并规定此后每三年进行一次。重视使用汉官，提拔贤能汉臣担任要职，参预机要，突破了各衙门有关汉官不得掌印的旧规，较大程度地提高了汉官的职权和地位。经济上，下令停止多尔衮于边外修建新城的工程，免除修城加派银250万两。免除各省加派银两和供纳土特产品，并对灾区蠲免钱粮。实行各种奖励垦荒的政策，随着垦田数目的增加，田赋收入陆续增多，社会生产逐渐恢复。军事上，任命洪承畴经略湖广等五省，稳住了前线局势，继而发兵覆灭南明永历政权。到顺治朝末，除福建厦门一带和川东小块地区外，基本上统一了全国。

顺治帝亲政后励精图治，文治武功皆有成就，但在个人情感方面则陷入不断的纠葛之中。他曾欲两度废后，但同时却宠爱痴情于董鄂妃。董鄂妃去世，顺治帝更是陷于极度哀痛之中而不能自拔，不仅无法理政，而且不久即身患痘症，撒手人寰。

（一） 顺治帝亲政

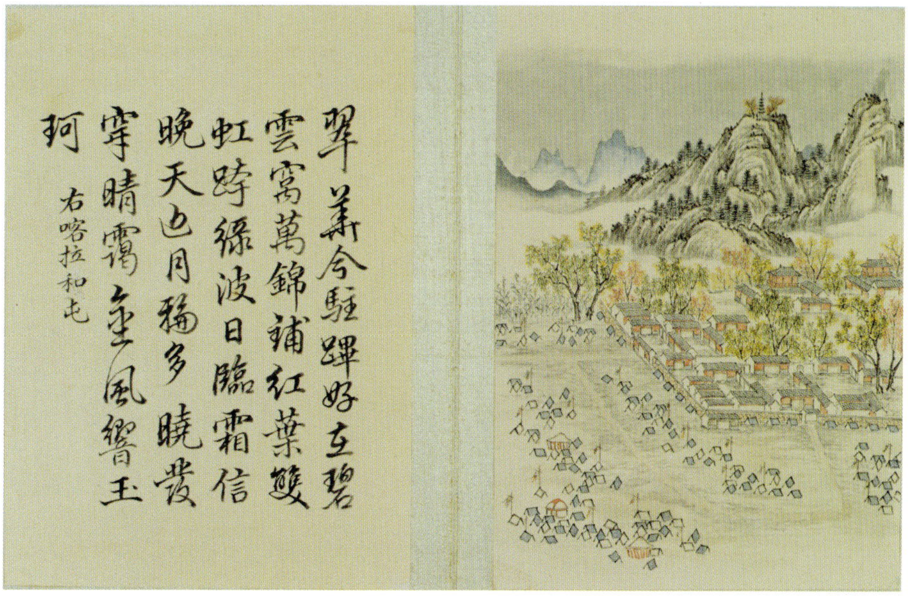

《巡行纪程诗画册·喀拉和屯》

（清）蒋溥绘。纸本，设色。纵15.7厘米，横10.5厘米。故宫博物院藏。

喀拉和屯，又名喀喇城、黑城，位于今河北省承德市滦平县滦河乡，林木葱郁，云烟濯翠，一派塞外的旖旎景色。顺治七年（1650年）冬天，多尔衮率诸王官兵到这里行猎。在一次围猎中旧病复发，摔落马下。十二月初九日，不治身亡，终年39岁。

多尔衮猝死的消息传至北京，朝廷震惊。数日后多尔衮的柩车还京，顺治帝亲率文武百官至东直门外缟素出迎，哀痛不已。十二月十七日，顺治帝发布哀诏，规定自戊辰之日开始为期27天的国丧日，官民人等一律服孝，按照帝礼为多尔衮举行隆重丧仪。

《皇父摄政王以疾上宾哀诏》

中国第一历史档案馆藏。

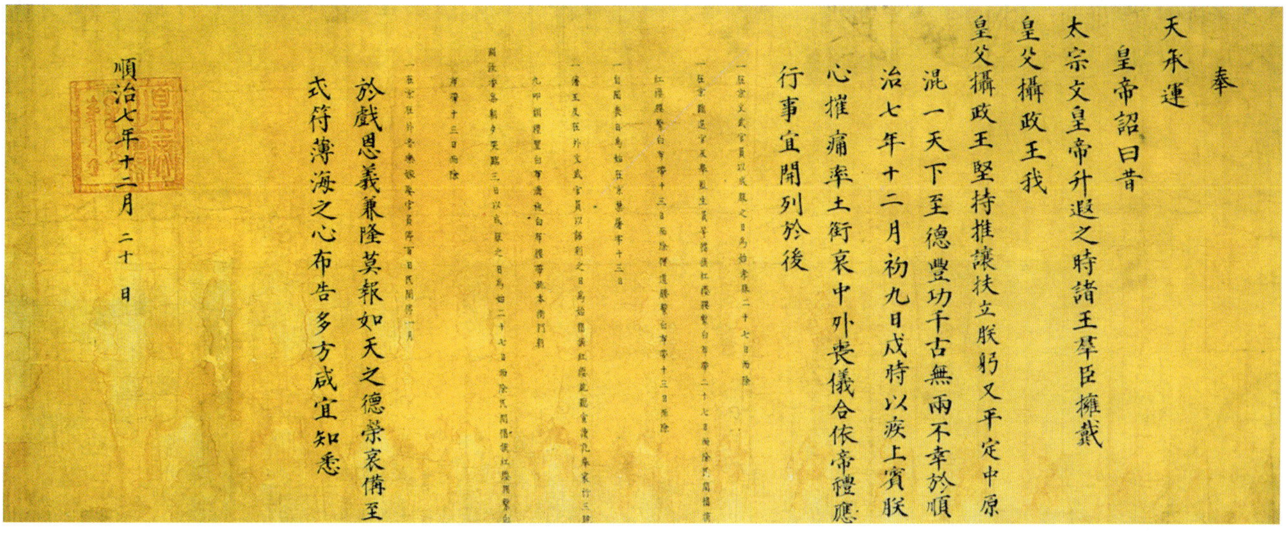

奉
天承運
皇帝詔曰昔
太宗文皇帝升遐之時諸王羣臣擁戴
皇父攝政王我
皇父攝政王堅持推讓扶立朕躬又平定中原
混一天下至德豐功千古無兩不幸於順
治七年十二月初九日戌時以疾上賓朕
心摧痛率土銜哀中外喪儀合依帝禮應
行事宜開列於後

於戲恩義兼隆莫報如天之德崇哀備至
式符薄海之心布告多方咸宜知悉
順治七年十二月二十日

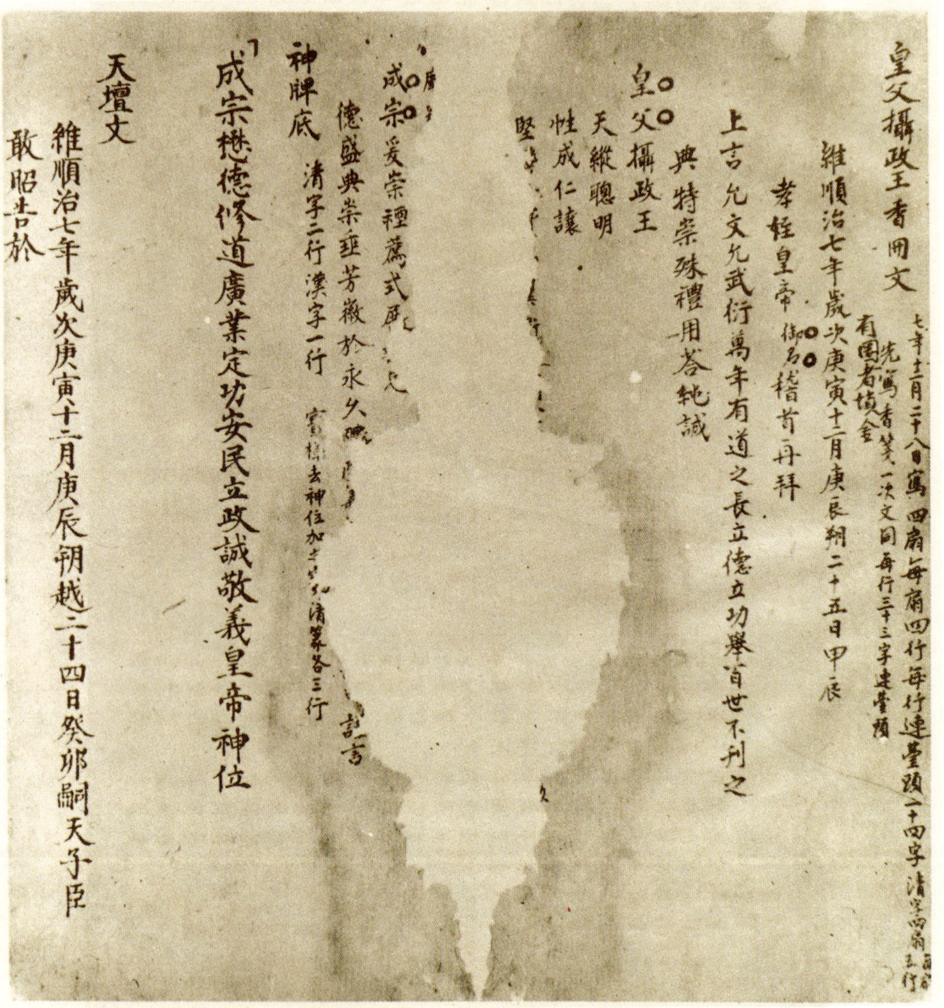

皇父攝政王香冊文

維順治七年歲次庚寅十二月庚辰朔二十五日甲辰

孝姪皇帝御名○○稽首再拜

上言允文允武衍萬年有道之長立德立功舉百世不刊之

典特崇殊禮用答純誠

皇○父○攝政王

天縱聰明

性成仁讓

成○宗○爰崇禋薦式

德盛典崇垂芳徽於永久

神牌底 清字二行漢字一行

「成宗懋德修道廣業定功安民立政誠敬義皇帝神位

天壇文

維順治七年歲次庚寅十二月庚辰朔越二十四日癸卯嗣天子臣

敢昭告於

《皇父摄政王香册文》

台湾历史语言研究所藏。

香册是帝后享用的木质谥册，须随葬地宫。多尔衮依帝礼享用了香册，其香册文稿尚存，记录了顺治七年（1650年）十二月二十五日，清廷为其上谥号“成宗懋德修道广业定功安民立政诚敬义皇帝”。

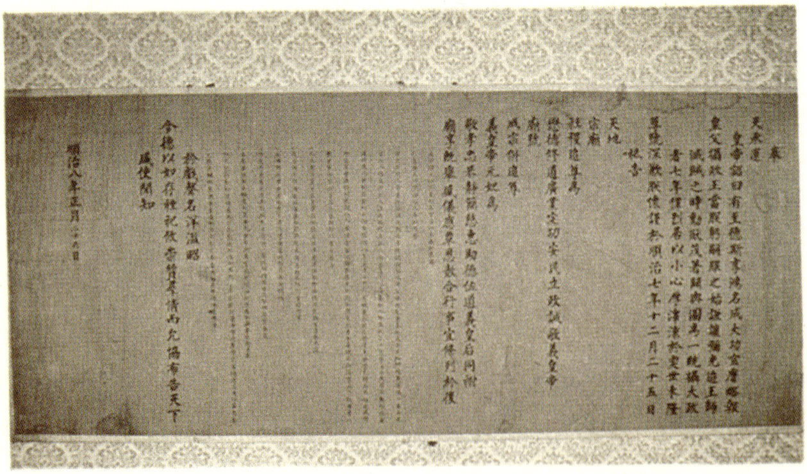

《追尊皇父摄政王为义皇帝诏书》

顺治八年（1651年）正月二十六日，多尔衮一生的荣誉达到了最高峰。顺治帝正式颁发诏书，追尊多尔衮为“懋德修道广业定功安民立政诚敬义皇帝”，庙号“成宗”，追尊多尔衮元妃博尔济吉特氏为义皇后，二人同祔太庙。

太和殿

顺治帝自6岁即位，由于尚处幼龄，朝政大事由叔父摄政王多尔衮裁决。直至多尔衮摄政7年病逝，福临才于顺治八年（1651年）亲政后，真正开始行使皇权。太和殿建成于明朝，初名奉天殿，后改皇极殿，清顺治二年改称太和殿。凡大朝典礼，元旦、冬至、万寿三大节及皇帝登基、亲政、大朝会筵宴和命将出师等重大活动，均在此举行。

太和殿内景及宝座

顺治八年（1651年）正月十二日，还差18天才满13周岁的幼君福临，登上太和殿宝座，举行隆重的亲政大典，接受王公大臣和文武百官的叩拜。然而在隆盛庆典礼乐的背后，御座并非稳如泰山，却潜伏着飘摇动荡的危机。

《顺治帝朝服像》轴

清代宫廷画家绘。绢本，设色。纵 270.5 厘米，横 143 厘米。故宫博物院藏。

顺治帝亲政之时，国内外形势依然十分严峻。多尔衮虽死，但其党羽人多势众，他们所控制的正白、镶白和正蓝三旗拥权自重，成为顺治帝伸展君权的心腹大患。纵观各地，抗清的烽火正燃遍华夏大地，战争的硝烟四处弥漫，经济上田地荒芜，百业凋敝，物价腾贵，财政捉襟见肘，入不敷出。放眼北部边界，漠北、漠西蒙古心怀异志，与清廷貌合神离；越过乌拉尔山向东迅速扩张的沙皇俄国野心勃勃，对中国黑龙江流域虎视眈眈，不断派兵骚扰。这些忧患，对新兴的清王朝构成巨大威胁。面对重重困难，年轻的天子励精图治，勇敢地知难而进。

《顺治帝半身朝服像》轴

清宫廷画家绘。纸本，设色。纵66.5 厘米，横49厘米。故宫博物院藏。

由于受到多尔衮的压制，顺治帝童年的文化学习几致荒废，到亲政时，对汉文化仍十分陌生，竟连阅读汉臣的奏章都茫然不解。但他以极大的毅力发愤苦读汉文经史，朝乾夕惕，学识不断长进，很快就由一个嬉戏玩乐的懵懂少年成长为熟谙经史子集，通晓治乱兴衰，博古通今的饱学君王。这为他整治临政之初满目疮痍、危机四伏的大清王朝，准备了充分的学术、思想和文化基础。

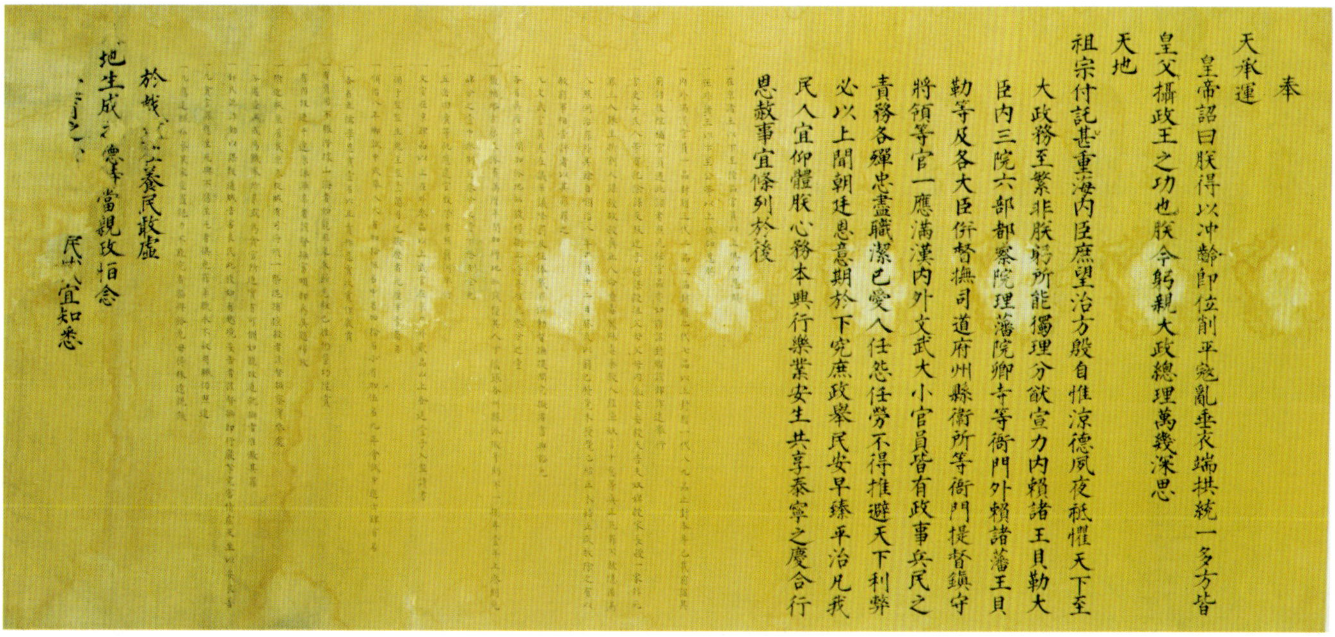

奉
天承運
皇帝詔曰朕得以冲齡即位削平寇亂垂衣端拱統一多方皆
皇父攝政王之功也朕今躬親大政總理萬幾深思
天地
祖宗付託甚重海內臣庶望治方殷自惟涼德夙夜祇懼天下至
大政務至繁非朕躬所能獨理分猷宣力內賴諸王貝勒大
臣內三院六部都察院理藩院卿寺等衙門外賴諸藩王貝
勒等及各大臣併督撫司道府州縣衛所等衙門提督鎮守
將領等官一應滿漢內外文武大小官員皆有政事兵民之
責務各殫忠盡職潔己愛人任怨任勞不得推避天下利弊
必以上聞朝廷恩意期於下究庶政舉民安早臻平治凡我
民人宜仰體朕心務本興行樂業安生共享泰寧之慶合行
恩赦事宜條列於後

於戲　養民救虛
地生成之德業當親致恪念
民　宜知悉

《顺治帝亲政诏书》

中国第一历史档案馆藏。

顺治八年（1651年）正月十二日，顺治帝颁布亲政恩诏，大赦天下，减免积欠钱粮和部分州县赋额。亲政诏书的颁布，宣告多尔衮摄政时期正式结束，顺治帝亲政时期开始。

（二） 追罪多尔衮

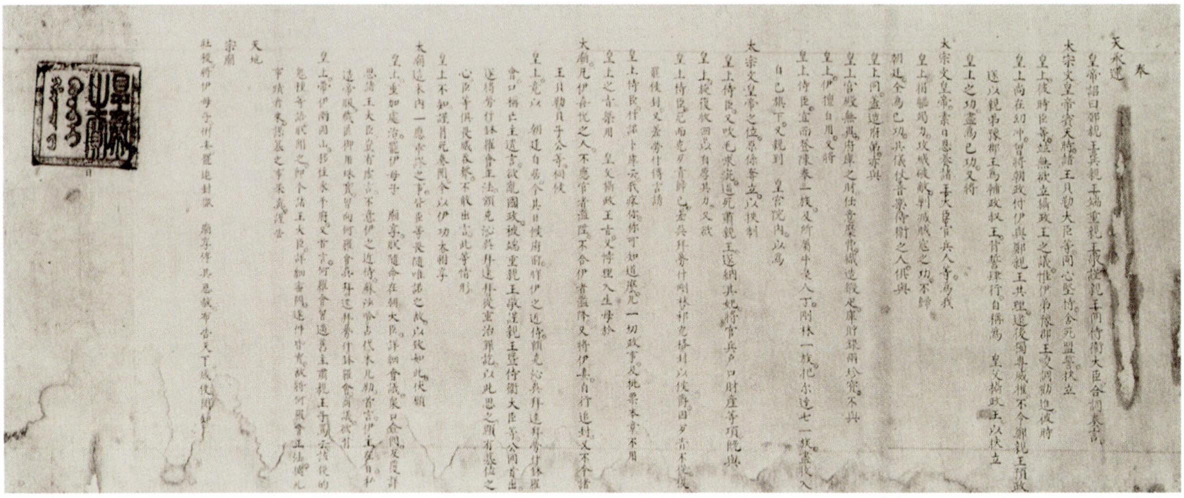

《多尔衮母妻撤出庙享诏》

已成长为血气方刚少年的顺治帝无法默视多尔衮生前的跋扈与压制，顺治八年（1651年）二月二十二日，在多尔衮被尊为成宗义皇帝奉入太庙后，不过短短二个月，风云突变，遭到撤出庙享的惩罚。顺治帝下诏，令撤出多尔衮及其母、妻庙享，开始追罪多尔衮：废多尔衮尊号，黜其宗室，毁其坟墓，财产入官。生前一手遮天、不可一世的多尔衮遂成一代罪人。顺治帝同时大力削弱多尔衮生前控制的两白和正蓝三旗的权势，将正白旗与两黄旗合起来称上三旗，直属皇帝。少年天子向高度集权的目标迅速迈进。

郑亲王府原址

位于今北京市大木仓胡同。

多尔衮死后，郑亲王济尔哈朗成为诸王之首，多年忍受多尔衮压制的郁抑情绪终于爆发。他统领镶蓝旗并联合两黄旗，对多尔衮展开一系列反击，追罪多尔衮及其党羽，奏其种种过恶。于顺治九年（1652年）联同巽亲王满达海、端重亲王博洛和敬谨亲王尼堪等人上疏，以谋逆大罪追议多尔衮罪。

多尔衮昭雪感恩碑

生前炙手可热、权倾一时的多尔衮，死后声名狼藉，百余年无人论及此事，直到乾隆三十八年（1773年），乾隆帝才下令内务府修葺位于东直门外的睿亲王墓，准其近支祭扫。乾隆四十三年正月颁诏，充分肯定多尔衮在清朝开国时“成一统之业，厥功最著”的重大功绩和对皇帝的忠心，为多尔衮平反昭雪，复还其睿亲王封号，追谥“忠”，配享太庙，其爵位由多尔衮的养子多尔博的曾孙淳颖承继，世袭罔替。至此多尔衮家族得以重见天日。

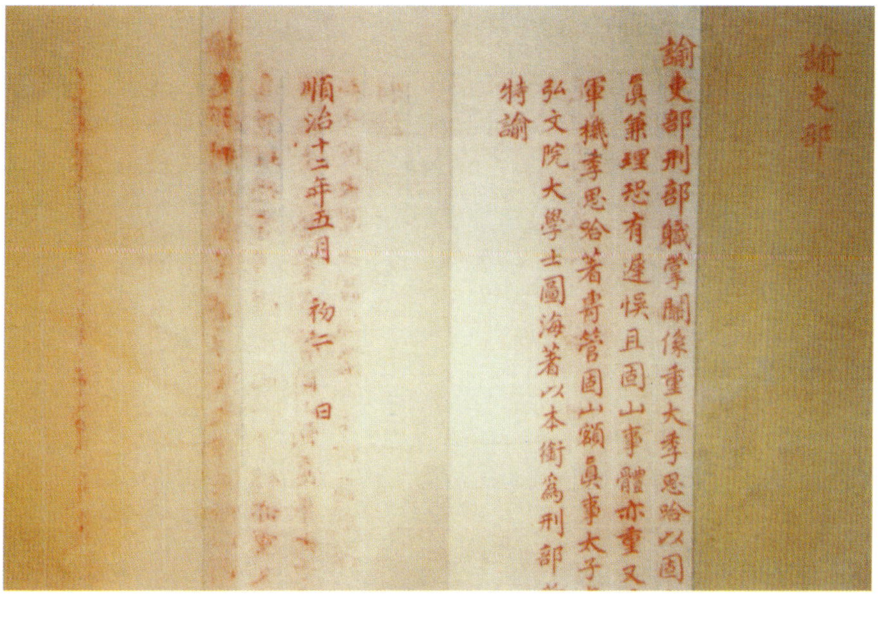

諭吏部

諭吏部刑部職掌關係重大李思哈以固
真兼理恐有遲悞且固山事體亦重又
軍機李思哈著專管固山額真事太子
弘文院大學士圖海著以本衙爲刑部
特諭

順治十二年五月初二日

《顺治帝谕旨》

追罪了多尔衮及其党羽，那仰人鼻息、任人摆布的傀儡幼帝时代已一去不复返，顺治帝终于可以真正地发号施令，行使君权，乾纲独断。

御用甲胄

故宫博物院藏。

受满族尚武习俗的熏陶，顺治帝自幼酷爱骑射。亲政后，经常去南苑或张家口、独石口外行围打猎，以示不忘骑射，居安思危，开有清一代皇帝秋狝围猎之先河。顺治七年（1650年），顺治帝下谕指出："我朝原以武功开国，历年征讨不臣，所至克捷，皆资骑射。今幸荷天庥，得成大业，虽天下一统，勿以太平而忘武备，尚其益习弓马，务造精良。"因此尤其着意加强皇族宗室和八旗贵族的骑射训练，继续执行皇太极时期确立的大阅行围制度，并进一步明确规定为每三年一次，行围出猎也要每年二至三次。当年身着这套御用甲胄，乘骑大阅，驰骋围猎，少年天子何等英姿勃发！

御用嵌米珠珊瑚秋辔马鞍

故宫博物院藏。

顺治帝视骑射为满洲根本，规定10岁以上的亲王至闲散宗室必须娴习骑射，每隔10天要到校场进行一次骑射练习。对20岁以上有品秩的宗室要求更严，指定他们每年春秋要戴盔披甲，参加宗人府举行的弓马考试。此为顺治帝用过的马鞍，它曾承载年轻的皇帝策马扬鞭，纵横驰骋，展现出少年天子的激情四溢和新兴王朝的蓬勃朝气！

御用镶金嵌珠石珊瑚秋辔马鞍

故宫博物院藏。

满族以马上得天下，其八旗铁骑功不可没，及至马具的制作也重视有加。顺治帝曾多次亲至马厂视阅马匹甲胄，皇宫内还建有鞍鞯库，专用于藏存皇帝御用马鞍。这件顺治御用马鞍以珍珠、绿松石、红珊瑚镶嵌，制作精美，鞍上系有木牌，墨书“世祖鞍陆”字样。

御用桦皮小弓

沈阳故宫博物院藏。

顺治帝曾经在一次巡猎时，亲手持弓对群臣说：“我朝勘定天下，皆弓矢之力。”并经常出猎练习骑射，亲自弯弓射箭。此桦皮小弓即为顺治帝当年挽弓控矢，射杀飞禽走兽时所用。

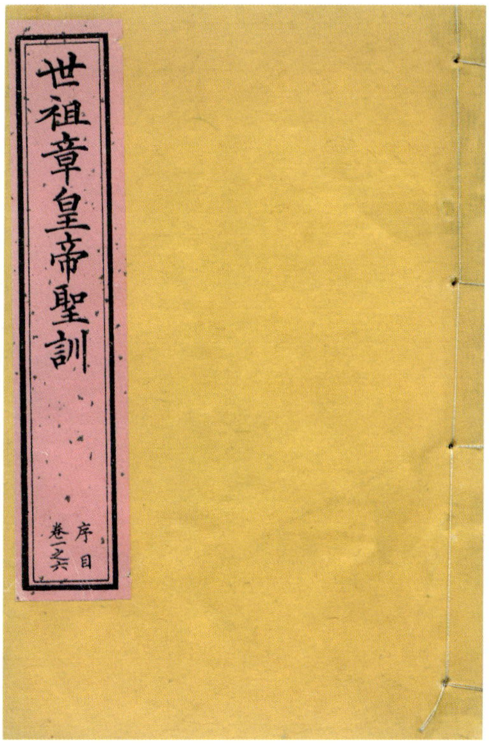

《清世祖章皇帝圣训》

故宫博物院藏。

顺治帝生前无暇整理的治国思想，死后由其子康熙帝于康熙二十六年（1687年）辑录成书，六卷，分类辑录顺治帝的诏谕言论，遍涉敬天、论治道、圣孝、节俭、论群臣、求言、兴文教、安民等33门，是顺治帝为政治国思想的总结。

（三） 废立皇后

《顺治帝吉服像》轴

清宫廷画家绘。故宫博物院藏。

顺治八年（1651年）八月十三日，顺治帝册立孝庄文皇太后的侄女、科尔沁蒙古卓礼克图亲王吴克善女博尔济吉特氏为皇后，举行大婚礼，诏告天下。皇后嗜奢侈而好妒忌，与尚简朴的顺治帝相忤。顺治十年八月，顺治帝欲意废后，众臣以“夫妇乃王化之首，自古帝王必慎始敬终”为由强烈反对。但顺治帝执意不改，两年后，以“今后乃睿王于朕幼冲时因亲定婚，未经选择。自册立始，即与朕意志不协”为由，强行废除，降为静妃。

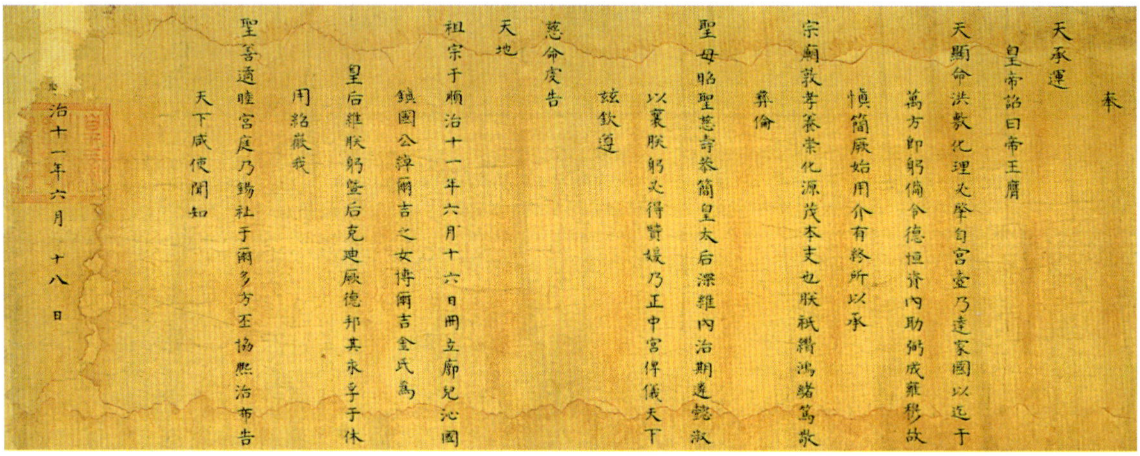
奉
天承運
皇帝詔曰帝王膺
天顯命洪敷化理必舉自宮壺乃達家國以迄于
萬方即躬儉令德恒資內助胥成雍穆故
宗廟教孝蒸嘗化源茂本支也朕祗紹鴻緒篤敬
慎簡厥始用介有終所以承
彝倫
聖母昭聖慈壽恭簡皇太后深維內治期遴懿淑
以襄朕躬必得賢媛乃正中宮俾儀天下
兹欽遵
慈命虔告
天地
祖宗于順治十一年六月十六日冊立廓兒沁國
鎮國公綽爾吉之女博爾吉金氏為
皇后維朕躬暨后克建厥德邦其永孚于休
用貽厥我
聖善適睦宮庭乃錫祉于爾多方丕協熙治布告
天下咸使聞知
治十一年六月十八日

《册立皇后博尔济吉特氏之诏》

中国第一历史档案馆藏。

顺治十一年（1654年）六月十六日，顺治帝在经历了清代第一次选秀女后，选中了废皇后（静妃）的侄女、孝庄文皇太后的侄孙女、科尔沁蒙古镇国公卓尔济之女博尔济吉特氏为皇后，布告天下，并举行册立皇后之礼和第二次大婚礼。这也是有清一代皇帝唯一举行两次大婚的特例。博尔济吉特氏为顺治帝的第二位皇后，因死后上谥号为“孝惠”，称为孝惠章皇后。

《孝惠章皇后朝服像》轴之一

清宫廷画家绘。绢本，设色。纵 55 厘米，横 40 厘米。故宫博物院藏。

《孝惠章皇后朝服像》轴之二

清宫廷画家绘。绢本，设色。纵 254.7 厘米，横 116.5 厘米。故宫博物院藏。

顺治十四年（1657年）十月，顺治帝将董鄂妃之子作为未来的皇太子，举行隆重庆典，诏告天下。孝惠皇后心有不满，以至皇太后患病也不拜望。顺治十五年，顺治帝藉口其侍奉孝庄文皇太后不殷勤有违孝道为由，下令停止她的中宫笺表，欲再次废后。只是受到皇太后劝阻，才未成行。

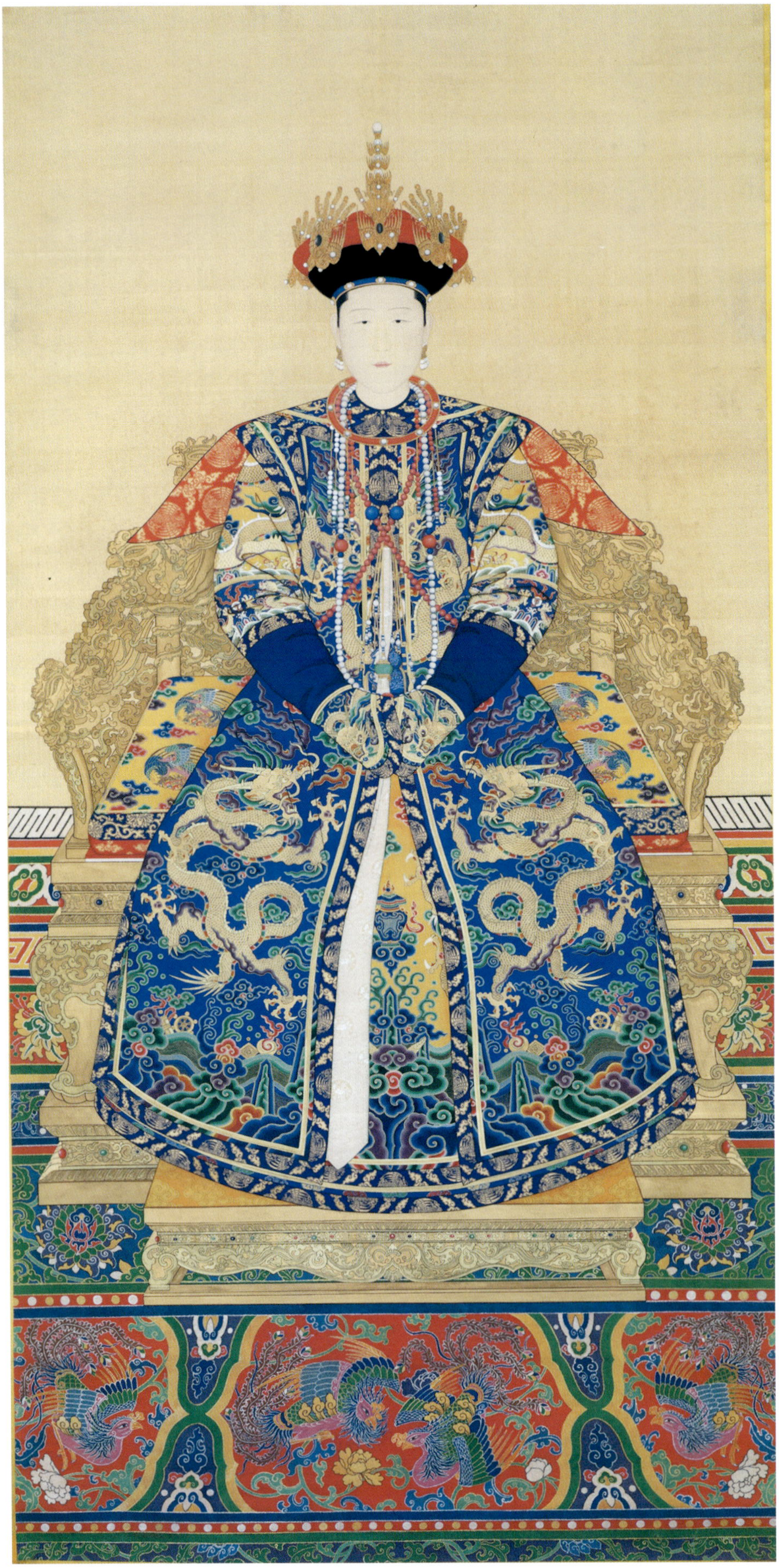

《孝康章皇后朝服像》轴

清宫廷画家绘。绢本，设色。纵 245.8 厘米，横 116.8 厘米。故宫博物院藏。

孝康章皇后(1640-1663年)，佟佳氏，福临之妃，汉军旗人、少保固山额真佟图赖之女。康熙二年（1663年）去世，追封为皇后，谥为“孝康”，称孝康章皇后。

皇后之宝

金质，交龙钮。长14厘米，宽14厘米，高10厘米。故宫博物院藏。

清制规定，凡册立皇后，尊封皇太后、太皇太后，均进金册、金宝。册立皇后时颁金宝、金册各一，是皇后身份的象征。

“皇后之宝”宝文

左满文，右汉文。

景仁宫

景仁宫为紫禁城内廷东六宫之一，是孝康皇后所居宫殿。顺治十一年（1654）三月，孝康章皇后佟佳氏在此宫生皇三子玄烨，即康熙帝。

《孝庄皇太后朝服像》轴

清宫廷画家绘。绢本，设色。纵255.5 厘米，横 116.8 厘米。故宫博物院藏。

孝庄皇太后(1613-1687)，姓博尔济吉特氏，科尔沁蒙古贝勒寨桑之女，是清太宗皇太极册封的永福宫庄妃，死后谥号为孝庄文皇后，今人一般称她为孝庄皇太后。其子福临即位，尊为皇太后。顺治帝子玄烨即位，尊为太皇太后。她辅佐顺治和康熙两朝少年皇帝治理朝政，对皇太极、顺治和康熙三朝政治产生过重大影响，为清朝初期的稳定和发展发挥了重要作用。

《孝庄皇太后便服像》轴

清宫廷画家绘。纸本，设色。纵 262 厘米，横 181.6 厘米。故宫博物院藏。

顺治八年（1651 年）正月，顺治帝下谕："朕闻君德莫先于克孝，礼制莫重于尊亲"，为皇太后上徽号"昭圣慈寿皇太后"，举行隆重典礼，以显其孝心。二月，顺治帝下令行上尊号和上徽号之礼，并规定新君继位，奉母后为皇太后，皇太后为太皇太后，则上尊号；国家大庆之典，则上徽号。八月，为孝庄皇太后上徽号"昭圣慈寿恭简皇太后"。顺治十一年，又上徽号"昭圣慈寿恭简安懿皇太后"，使之尽享国母之荣。

昭西陵

孝庄皇太后死于康熙二十六年（1687年），享年75岁。康熙帝将孝庄皇太后的灵柩停放于清东陵暂安奉殿30余年，到雍正三年（1725年），距孝庄皇太后辞世已38年，雍正帝在暂安奉殿就地构建地宫将其入葬。康熙、雍正二帝遵太皇太后死后不与太宗合葬，愿守其子孙的遗嘱，将孝庄太后葬于河北遵化马兰峪孝陵之南，名为昭西陵。此举打破了旧例，未按祖制将孝庄皇太后与皇太极合葬于盛京的昭陵，也未按满洲旧俗实行火化，而是建陵于孝陵以南5公里的风水墙外，表明虽与孝陵近在咫尺，却与清东陵体系有所区分。命名为昭西陵，又表明与盛京的昭陵虽远去千里，却仍为一体，可谓两全其美。

孝庄文皇后谥册

玉质。共10片，每片长29厘米，宽12.9厘米，厚1厘米。故宫博物院藏。

雍正元年（1723年），雍正帝为孝庄文皇后加谥号为“孝庄仁宣诚宪恭懿至德翼天启圣文皇后”，并制玉册。终雍正一朝，为孝庄文皇后三上尊册，称誉她“统两朝之养孝，极三世之尊亲”。至乾隆朝，又为孝庄文皇后加谥“纯徽”二字。

孝庄文皇后谥宝

玉质，交龙钮。故宫博物院藏。

孝庄文皇后谥宝印面

孝庄文皇后谥宝文

宝文为“孝庄仁宣诚宪恭懿至德纯徽翼天启圣文皇后之宝”。左满文，右汉文。

承乾宫

承乾宫是紫禁城内廷东六宫之一，为顺治帝宠妃董鄂妃生前居住之所。董鄂妃（1639-1660），满洲正白旗人，内大臣鄂硕之女。18岁入宫，顺治十三年（1656年）八月立为贤妃，十二月晋皇贵妃。其聪颖敏慧，天资过人，于经书禅学、文史书法，皆有造诣。又性情温善，婉静循礼，颇具母仪之范，盛誉内宫，深受顺治帝宠爱。顺治帝在为其举行册立皇贵妃典礼时，极为隆重，甚至特颁大赦恩诏。因册立皇贵妃而颁恩诏大赦天下，这在有清一代是仅有的一次，可见顺治帝对董鄂妃恩宠之极。

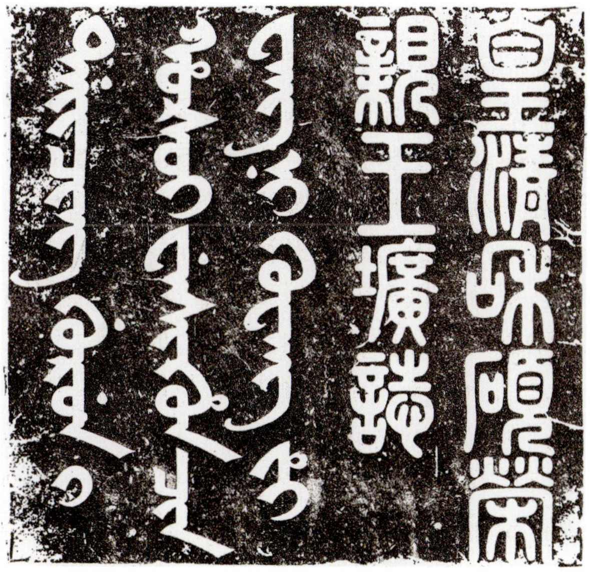

《荣亲王圹志盖》拓片

天津蓟县文物保管所藏。

顺治十四年（1657年）十月，董鄂妃生下一子，为顺治帝第四子，尚未及起名，即于次年正月夭亡。但子以母贵，被父皇顺治帝谕令追封为和硕荣亲王（和硕亲王属清初宗室12等封爵中头等爵位），并于京东蓟县黄花山建园寝安葬。其墓圹志分盖和底两块，志盖上刻“皇清和硕荣亲王圹志”，左为满文本字，右为汉文篆书，志底刻有顺治帝所颁诏旨：“和硕荣亲王，朕之第一子也……”，似有立其为皇太子之意。

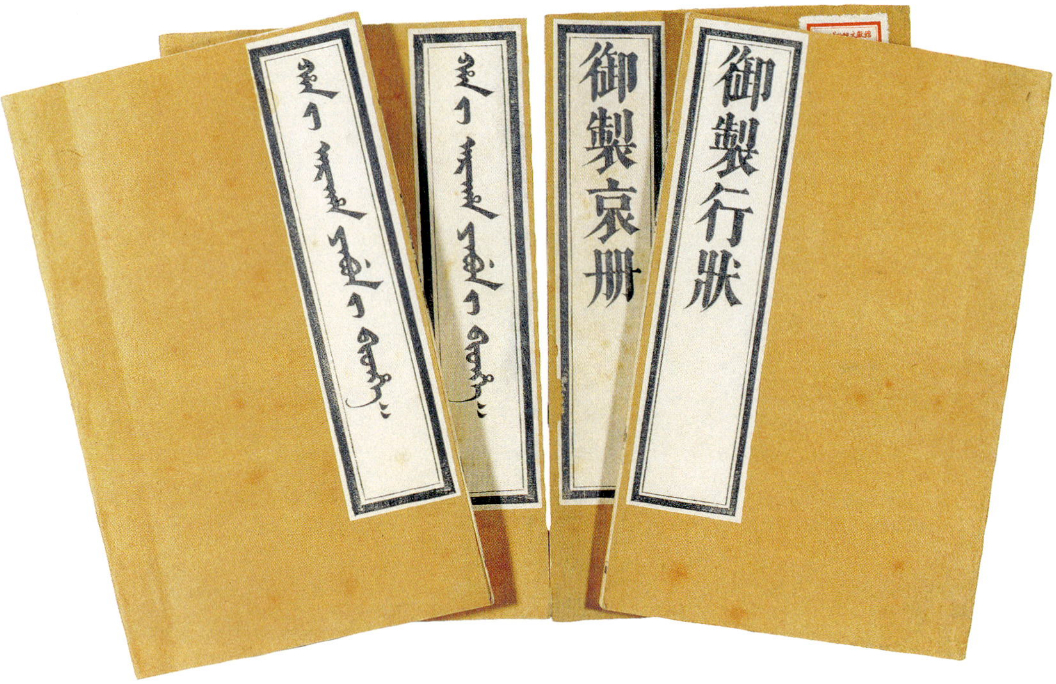

御制行状及哀册之一

顺治十七年（1660年）内府满汉文合璧刻本。故宫博物院藏。

董鄂妃红颜薄命，于顺治十七年(1660年)八月十九日病死，年仅22岁。顺治帝悲恸至极，不惜屈帝王之尊为此女子作性情文章，亲撰行状及哀册。行状记述死者生平事迹，洋洋4500言，极尽美誉之辞，彰显了董鄂妃深明礼仪，孝顺皇太后，关怀皇帝起居，不干朝政，生活节俭，谦和乐施等种种善言懿行。哀册则表露了顺治帝对董鄂妃之死无限的哀痛和追思之情。

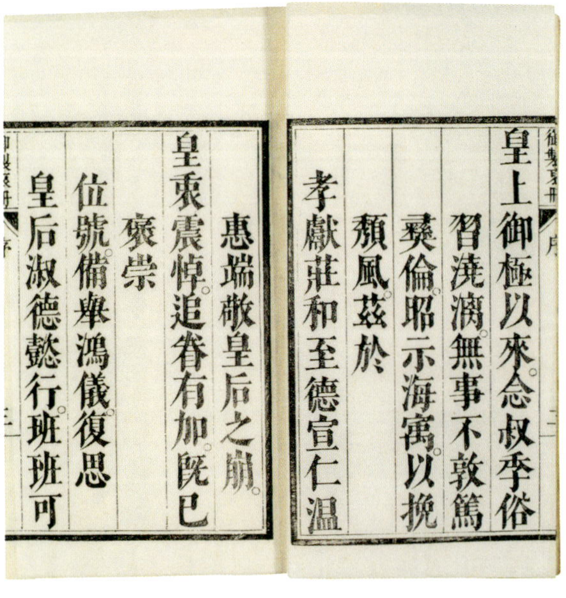

御制行状及哀册之三

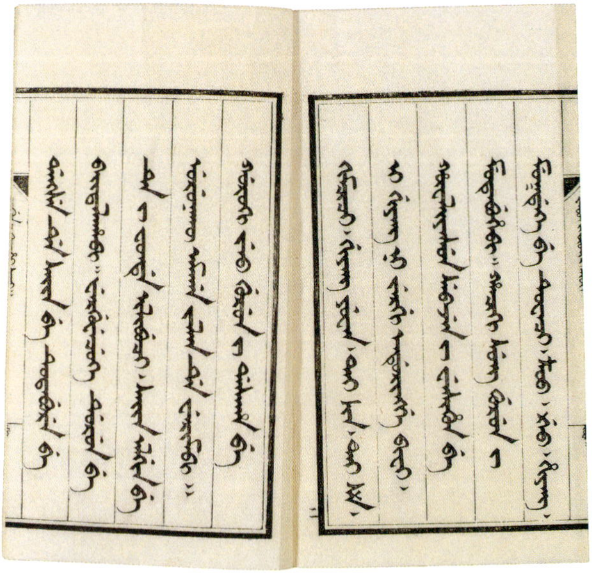

御制行状及哀册之二

孝献端敬皇后神位

董鄂妃死后，丧礼极为隆重，多有逾制之处。顺治帝下令辍朝5日，以蓝笔批答奏章达4个多月之久（定制是皇帝和皇太后大丧蓝批27天，皇后无此制），直至顺治帝去世前7天方停。破例追封董鄂妃为皇后，谥号“孝献庄和至德宣仁温惠端敬”，以太监和宫女30多人殉葬。康熙二年（1663年）六月，董鄂妃与顺治帝合葬于孝陵。

四　顺治帝之死

董鄂妃之死，给痴情的顺治帝带来感情上的重大打击，情绪消沉，一度产生剃度出家，遁入空门之念。董鄂妃死后不到半年，顺治帝染上不治之症天花，于顺治十八年(1661年)正月初七，在皇宫内养心殿去世，终年24岁。顺治帝是清入关后的第一位皇帝，死后葬于孝陵。孝陵成为关内皇家墓地清东陵的第一座皇陵，位于北京以东的遵化县昌瑞山主峰南麓，规模宏大，体系完整。顺治帝为火化入葬，这在清东陵诸帝中是仅有的。这是缘于遵循了满族关外习俗之故。

顺治帝在遗诏中指定皇三子玄烨为皇位继承人，从而改变了由八旗王公大臣议立新君的模式。此外，为避免重蹈多尔衮摄政独揽大权、无视幼主的覆辙，因而指定了上三旗的四位异姓亲贵索尼、苏克萨哈、遏必隆和鳌拜为辅政大臣，这也改变了由八旗宗室王贝勒辅佐或代摄新君政务的祖制。自此以后，新君均由先皇于皇子中择立，这对于压抑王权，加强君主集权，稳定皇位交接之时的政局，具有重要意义。

《敬佛碑》拓片

该碑在今北京市正红香村法海寺，顺治十七年（1660年）三月十六日刻。顺治帝御笔正书“敬佛”两字，碑额篆书“敬赐法海禅寺”。

约从顺治十四年（1657年）开始，顺治帝十分崇信佛教，曾先后将全国几个著名的高僧憨璞性聪、玉林琇、木陈忞、茆溪森召入宫中参禅论佛。并从玉林琇、木陈忞二位大师学习禅理，以师兄相称，分别赐与“大觉禅师”和“弘觉禅师”法号。自己也取法名“行痴”，自称“痴道人”，发出“吾本西方一衲子，为何落入帝王家”之喟叹。“敬佛”碑展露了佛事在顺治帝心中的尊崇地位。

法源寺悯忠台

法源寺，原名悯忠寺，位于今北京市宣武区，始建于唐，系唐太宗为悼念东征阵亡将士而建，清雍正十一年（1733年）改名为法源寺。顺治十四年（1657年），顺治帝曾请高僧憨璞性聪为自己详说佛法，长达10日。次年，赐其法号为“明觉禅师”，派住持悯忠寺。顺治十八年，已患天花的顺治帝为祈求佛法的庇护，亲自把平日最宠信的心腹太监吴良辅送到悯忠寺剃度，削发为僧，以作为自己出家意愿的替身。

世祖章皇帝谥册

玉质。共10片，每片长28.1 厘米，宽12.9 厘米， 厚1厘米。故宫博物院藏。

董鄂妃撒手人寰，令痴情的顺治帝悲痛欲绝，终日郁郁寡欢，身体急剧衰弱，距董鄂妃之死仅半年，染上不治之症天花。顺治十八年（1661年）正月初七，带着对爱妃逝去的无限惆怅，不满24周岁，正值风华正茂之年的清代开国皇帝在紫禁城内养心殿溘然长逝。

雍正元年（1723年）制此谥册，收藏宫中。

世祖章皇帝谥宝

玉质，交龙钮。长12.7 厘米，宽12.6 厘米，高11.5 厘米。故宫博物院藏。

顺治帝死后，朝臣议定庙号时，多数主张延续关外两朝帝位之庙谥号，以顺治帝为清朝第三代皇帝，应称某某宗。唯原兵部尚书梁清标认为顺治帝是入关后的第一代皇帝，一统天下，应该成为“世世所祖也”，可称为“世祖”。诸臣最终接受了其建议，定顺治帝的庙号为“世祖”，谥号为“体天隆运英睿钦文大德弘功至仁纯孝章皇帝”，称清世祖章皇帝。雍正元年，在“体天隆运”后加谥“定统建极”四字，乾隆元年，在“钦文”后加谥“显武”二字。

世祖章皇帝谥宝文

“世祖体天隆运定统建极英睿钦文显武大德弘功至仁纯孝章皇帝之宝”，左满文，右汉文。

孝陵石牌坊

孝陵是清入关后第一座帝陵，位于河北遵化境内，由顺治帝生前亲自选定。它北倚昌瑞山主峰，南面天台、烟墩二山对峙，成为天然门户。石牌坊巍然屹立在孝陵的入口处，为5间6柱11楼的石结构建筑，全部用汉白玉卯榫而成。额坊浮雕旋子大点金彩画图案，承托石雕斗拱，上有仿木屋顶，卧兽飞檐，壮丽雄伟。

孝陵神道

石牌坊以北是神道，直通孝陵，全长5500米，宽12米，砖石铺地。顺治帝是清入关后第一位皇帝，为帝业绵延千秋万代，在选陵址上务求王气葱笼，为此颇费心思。当时北京西南房山的云峰山已建有金朝陵寝，西北昌平的天寿山是明陵，而西山修有大量寺院，南部则是一望无垠的大平原。所以，自然将选陵的视线转到北京东部地区，于是，草木茂盛、峰峦雄奇的昌瑞山便进入顺治帝视野。

孝陵石像生

孝陵神道两侧排列石像生18对，由文臣、武将、马、麒麟、象、骆驼、狻猊、狮子等组成。它们日夜守护着一代帝王之灵，任凭风吹雨淋，即便世道沧桑，也一如既往，忠心耿耿。

孝陵神功圣德碑楼

碑楼为重檐九脊歇山式建筑。楼内立康熙六年（1667年）嗣皇帝玄烨所书“大清孝陵神功圣德碑”，碑面阴刻满汉两种文字，记述着顺治帝一生的“丰功伟绩”。

孝陵

顺治帝死后，灵柩在景山寿皇殿停放百日之后火化。康熙二年（1663年）六月，顺治帝的“宝宫”（即骨灰坛）与董鄂妃的“宝宫”一同葬入孝陵。孝康章皇后、孝献皇后及殉葬的贞妃均与顺治帝合葬于此。

孝陵隆恩殿内景

帝后神龛前放置神座，神座为硬木制成，饰以金漆。帝座雕饰蟠龙，后座雕饰翔凤。帝后的亡灵，在此于升腾的香火氤氲中，定期承享子孙后嗣隆盛的祭奠，孤寂的魂灵不时得以告慰。

孝惠章皇后谥宝

玉质，交龙钮。长12.6厘米，宽12.7厘米，高11厘米。故宫博物院藏。

孝惠章皇后死于康熙五十六年（1718年）十二月，其时孝陵地宫已关闭，不宜复开。康熙帝决定为其单独建陵，次年四月葬于孝陵之东，开创了为逝世于皇帝入葬之后的皇后单建陵寝的先例。

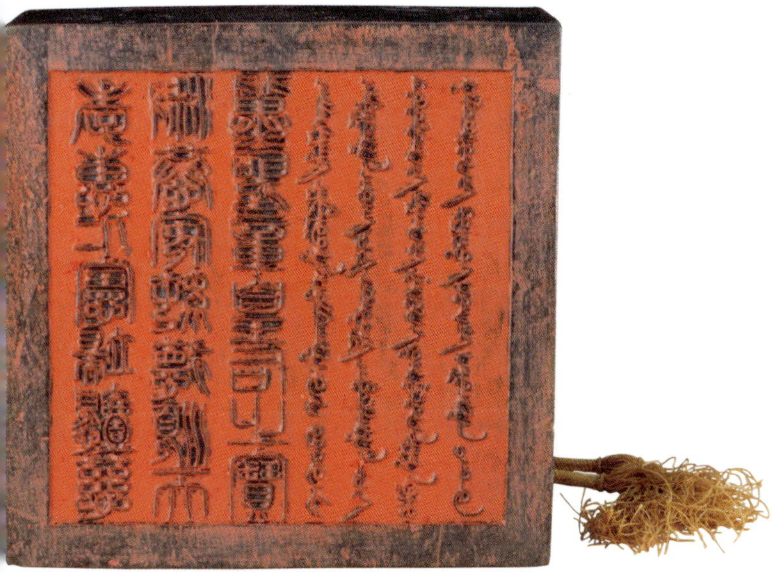

孝惠章皇后谥宝印面

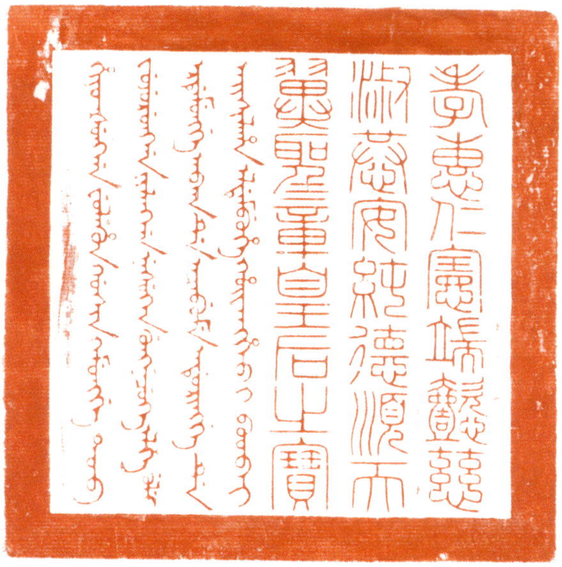

孝惠章皇后谥宝文

宝文为“孝惠仁宪端懿慈淑恭安纯德顺天翼圣章皇后之宝”。左满文，右汉文。

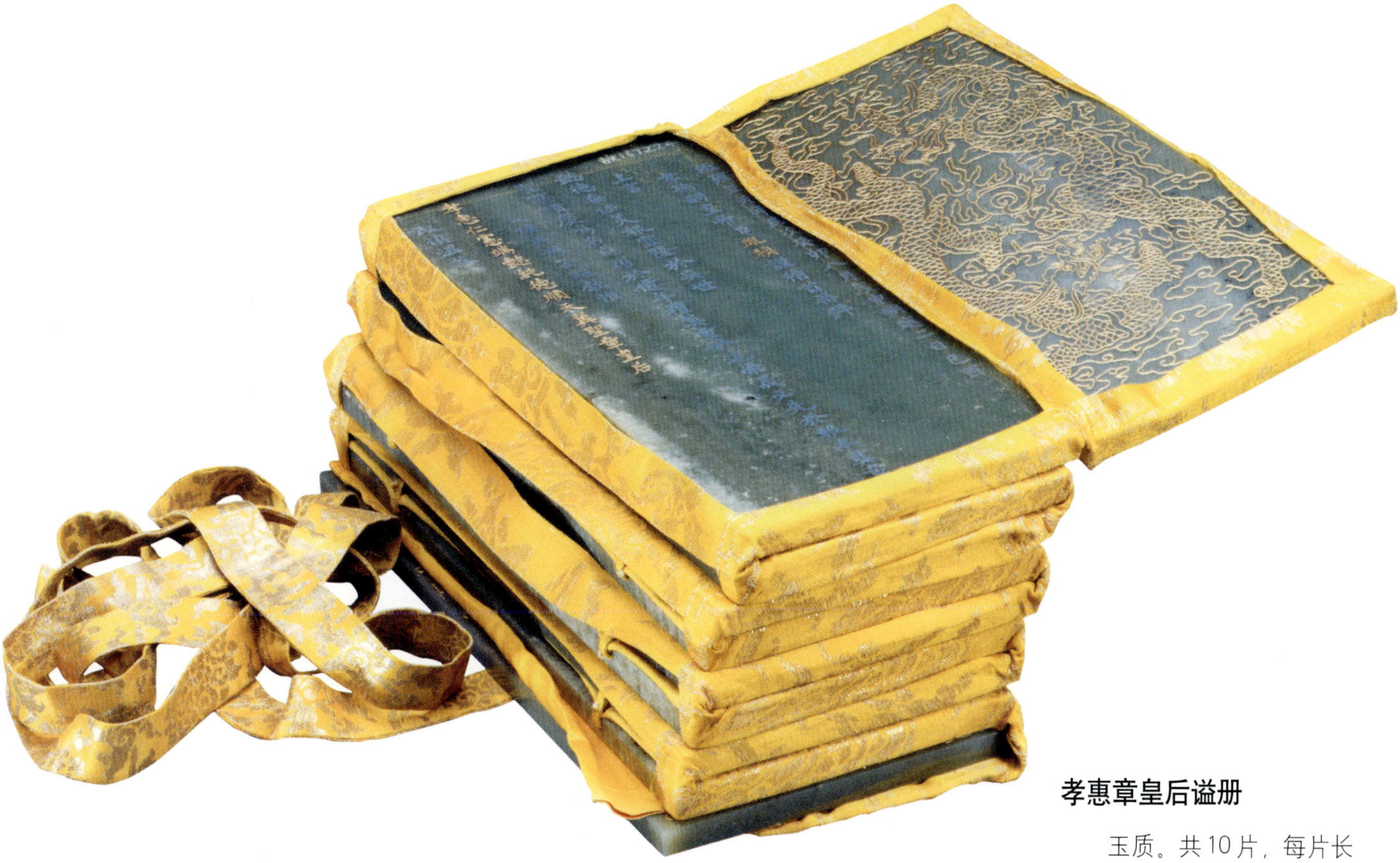

孝惠章皇后谥册

玉质。共10片，每片长28.9厘米，宽12.9厘米，厚1厘米。故宫博物院藏。

孝康章皇后谥宝

玉质。交龙钮。长12.9厘米，宽12.8厘米，高11.4厘米。故宫博物院藏。

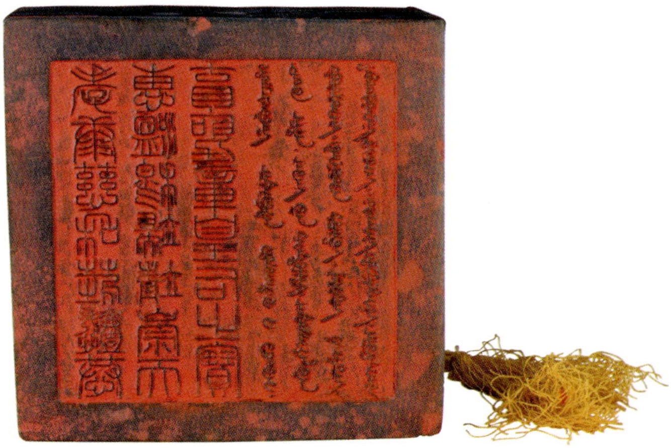

孝康章皇后谥宝印面

孝康皇后于康熙二年（1663年）二月去世，年仅24岁。六月与顺治帝合葬于孝陵。

孝康章皇后死后累次增谥，至乾隆年，增谥为“孝康慈和庄懿恭惠温穆端靖崇天育圣章皇后”，简称孝康章皇后。

孝康章皇后谥宝文

宝文为“孝康慈和庄懿恭惠温穆端靖崇天育圣章皇后之宝”。左满文，右汉文。

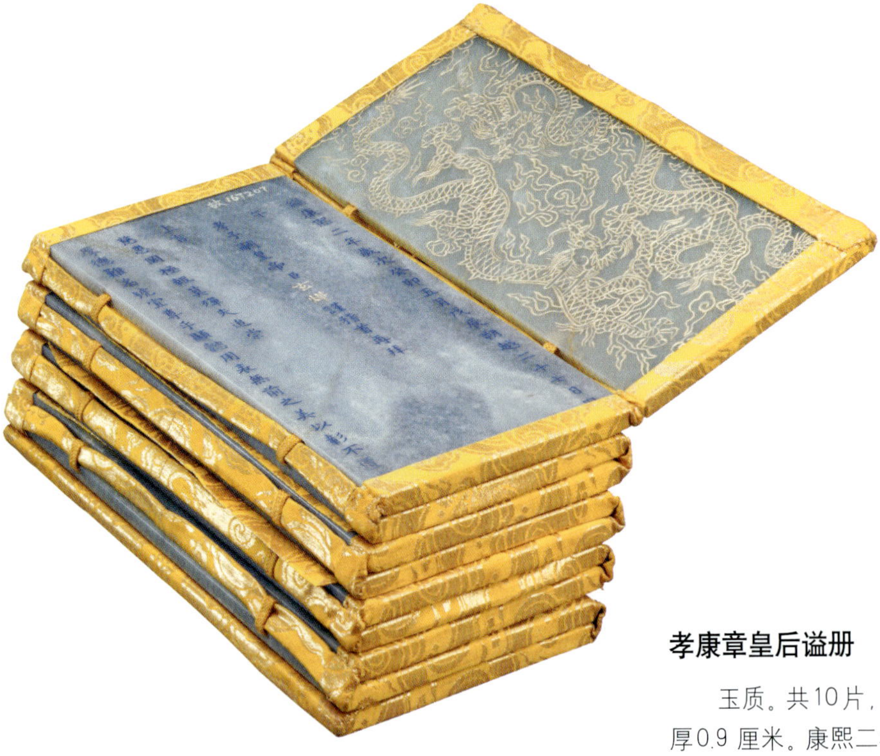

孝康章皇后谥册

玉质。共10片，每片长28.5厘米，宽12.5厘米，厚0.9厘米。康熙二年（1663年）制。故宫博物院藏。

顺治帝后妃园寝

孝东陵顺治后妃园寝，安葬着后妃 29 人 。晚于顺治帝而死的后妃不与皇帝合葬，另造孝东陵。这种后妃共用一陵的做法，在中国帝陵中成为孤例。国色天姿的六宫粉黛香消玉殒，也终归化作黄土一抔，除了与帝王不渝的长相厮守外，陪伴她们的，唯有春来返青的萋萋绿草和秋去哀惋的秋虫唧唧了。

民族篇

清朝作为一个以少数民族入主中原而建立的政权，它早期的活动地域、生产方式以至语言文化，与毗邻的东部蒙古诸部落极为相近，以至于也接受了蒙古族所信奉的藏传佛教。这样，与蒙古诸部和西藏的关系，必然成为影响满族发展的重要因素。他们从自身的利益出发，对民族事务给予了特殊的关注。顺治朝在充分吸取明朝民族统治经验的基础上，制定了较为完备并行之有效的民族政策，与蒙藏民族建立了良好的民族关系。明末清初，漠南、漠北和漠西诸部蒙古，活动在大漠南北至天山两侧的广大地区，控制着青海和西藏。所以，对蒙古的征战与和平，笼络与联盟，成为清朝民族问题的核心。与以往多数汉族各朝在治理边疆和处理民族关系时多设长城为防不同，清朝始终将维护和巩固满蒙贵族联盟作为重要国策，以之为无形的屏藩，使其成为清廷巩固北方统治可以倚仗的力量。顺治朝继承和发展了努尔哈赤、皇太极制定的满蒙联盟政策，在统一全国的过程中更注意加强与蒙古各部的团结，以稳固后方，把蒙古贵族作为最重要的依恃力量，给予蒙古贵族以较高的政治地位，继续执行传统的联姻政策。一方面，清朝皇帝继续从蒙古各部选择后妃，顺治帝四位皇后中就有两位是蒙古族。另一方面，清朝宗室中的女子下嫁蒙古王公。随着满蒙往来的密切，又推出蒙古王公进京朝觐制。顺治五年（1648 年），清廷规定蒙古王公准于年节来朝。顺治八年，又规定蒙古王公分为两班，轮番来朝。笼络蒙古上层贵族的同时，在蒙古地区实行盟旗制度，维系满蒙一体。早在清入关前的明天启四年（天命九年，1624 年），后金政权已对蒙古族地区实行盟旗制度，对归附的蒙古部众，在其原有社会制度基础上编制旗份加以安置。清入关后，对蒙古地区继续执行并进一步完善盟旗制度，会盟制度更加严格，在漠南蒙古地区增设旗、佐，调整佐领编制。同时通过政治联姻和外藩爵位制度对蒙族加以笼络，强化了与蒙族上层贵族的情感联系，实现了与蒙古各部稳定持久的政治联盟，保持了北部、西部和西北部疆域的稳定和安宁，对促进全国统一事业以及 20 年后康熙帝顺利进行平定“三藩之乱”、三征噶尔丹等战争，都创造了有利条件。

对西藏地区，清廷采取政教分离制度。即支持当时统治西藏、青海的最高汗王、蒙古和硕特部首领顾实汗掌管军事大权和行政事务，以黄教首领达赖喇嘛掌管宗教事务。蒙、藏僧俗相互支持依赖，清廷也达到间接控制西藏的目的。顺治九年，邀五世达赖进京并予以册封，确立了达赖喇嘛的西藏宗教领袖地位，更加明确了清廷与西藏的统辖与隶属关系，对西藏地区的稳定与发展

一　满蒙联盟

明末清初，蒙古族生活的地区分漠西蒙古、漠北蒙古和漠南蒙古三大部分。

漠西厄鲁特蒙古游牧于蒙古草原西部直到准噶尔盆地一带，包括天山以北额尔齐斯河、巴尔喀什湖和伊犁河流域的广大地区。当时已形成准噶尔、和硕特、杜尔伯特和土尔扈特四部。四部之间结成松散的联盟。顺治三年（1646年），和硕特部首领顾实汗联合厄鲁特各部首领22人联名奉表朝贡，清廷命其统辖厄鲁特诸部。

漠北蒙古即喀尔喀蒙古，包括土谢图、札萨克、车臣三部，活动于贝加尔湖以南、大漠以北。入关之初，清廷与漠北蒙古的政治联盟尚不密切。相反，顺治三年，漠南蒙古苏尼特部额驸多罗郡王腾机思发动反清叛乱，土谢图与车臣两汗皆出兵相助。清豫亲王多铎领兵平叛，但没有彻底追讨，而是通过西藏达赖喇嘛进行宣抚，这一做法收到了良好效果。顺治五年，腾机思乞降，土谢图与车臣两汗也遣使贡驼马，上表引罪。到顺治十二年，土谢图汗、车臣汗、札萨克汗均遣使来朝，要求与清结盟，清与喀尔喀蒙古的政治联盟才密切起来。这对双方的和平安宁及经济文化交流，都起了很大作用。

漠南蒙古生活在蒙古草原东部、大漠以南。早在明崇祯八年（天聪九年，1635年）即已率部归附后金，且与爱新觉罗家族联为姻娅。清入关后，双方的联姻范围进一步扩大，清朝皇帝从蒙古各部选择后妃，满族皇族女子下嫁蒙古王公。顺治十三年，顺治帝遣使臣慰问漠南蒙古的王公贵族，宣敕谕于各部："我国家世世为天子，尔等亦世世为王。"确立了清与蒙古关系的基调，为清以后各帝所遵循。终顺治朝18年，漠南蒙古24部，仅除苏尼特部在顺治三年一度反叛清廷外，其余23部与清廷一直保持朝贡与联姻的友好关系。

《草原生活图》

清人绘。内蒙古锡林郭勒盟征集。内蒙古博物馆藏。

画面上山野狩猎，草原放牧，蒙古包家居，反映了典型的蒙古族豪放粗犷的游牧生活情景。

骨灰棺

银质。内蒙古哲里木盟博物馆藏。

蒙古族的丧葬习俗是实行火葬，以罐、壶、房屋模型等器皿作为火化后的骨灰盒。此银质骨灰盒，为蒙古族贵族所使用。

苏尼特左旗札萨克印

内蒙古博物馆藏。

札萨克，蒙古语为“法令、执政”之义，意即“一旗之长”。顺治十二年（1655年），清廷在喀尔喀蒙古设八札萨克，分左右两翼，以各旗王公、贝勒充任各旗长官，管理本旗所属的地方事务。札萨克既是蒙古族各旗封建领主，又是清朝政府委任的官吏，它的设置，对清廷于蒙古族地区的控驭和社会安定发展，均起到积极作用。

苏尼特左旗札萨克印印面

雕龙鹿角扶手札萨克宝座

内蒙古博物馆藏。

图为蒙古族地区札萨克宝座，以鹿角嵌制，造型别致，颇具游牧民族神韵。札萨克作为一旗之长，端坐其上发号施令，管理着本旗的行政、司法、课税、差派、属官任用、牧场更换、派兵戍守等事务。

《西域图册·厄鲁特图》

（清）明福绘。纸本，设色。中国历史博物馆藏。

厄鲁特蒙古又称额鲁特蒙古、卫拉特蒙古。系元朝斡亦剌、明代瓦剌之后裔，初分布于锡尔锡河与叶尼塞河上游，至明末清初时形成准噶尔、和硕特、杜尔伯特和土尔扈特四部，以畜牧业为主，信仰喇嘛教。清崇德年间，厄鲁特蒙古即与清遣使朝贡。顺治一朝，厄鲁特蒙古朝贡的使节多达71次。

二 册封西藏

明末清初之际，西藏内部四分五裂。明崇祯十四年（崇德六年，1641年），四世班禅罗桑却吉坚赞与五世达赖喇嘛共谋，引已占据青海的厄鲁特蒙古和硕特部首领顾实汗入藏，次年推翻西藏佛教格鲁派（黄教）的敌对势力藏巴汗政权，建立甘丹颇章政权。顾实汗看到雄踞东北的新兴满族势力朝气蓬勃、蒸蒸日上，大有取明而代之之势，于是开始遣使赴盛京（今沈阳）与清廷联络。与此同时，清朝统治者也认识到西藏佛教在西藏和蒙古地区的广泛而重要的影响，因此，对西藏佛教，尤其是势力最大的格鲁派（黄教）极力扶持。明崇祯十二年，清太宗皇太极也向西藏派出了一个通好使团，致书西藏首领和“掌佛法大喇嘛”，要求西藏选派高僧到清统治区传播佛教。西藏派往清朝的使团于崇祯十五年十月抵达盛京，受到皇太极的隆重接待，这是满藏之间的最早接触。顺治元年（1644年）正月、顺治五年、七年和八年，清廷接连派遣专使进藏迎请五世达赖喇嘛来京。顺治九年，五世达赖喇嘛进京朝见顺治帝，受到隆重接待。第二年，五世达赖喇嘛在返藏途中，清廷册封他为“西天大善自在佛所领天下释教普通瓦赤喇怛喇达赖喇嘛”称号，确立了达赖喇嘛的西藏宗教领袖地位，以利于清廷利用喇嘛教控制西藏以至蒙古地区。同年，清廷又派大臣携带金册、金印入藏，册封顾实汗为“遵行文义敏慧顾实汗”，正式承认了顾实汗在西藏的政治领袖地位。通过对五世达赖喇嘛和顾实汗的册封，清廷以顾实汗掌管行政事务，以达赖喇嘛掌管宗教事务，对西藏实行了政教分离的制度。这进一步明确了清廷与西藏的君臣关系，维护了西藏地区的稳定和发展。

北海白塔

北海白塔位于今北京北海公园琼华岛。顺治八年(1651年)为信奉喇嘛教治国安民建白塔寺(乾隆七年改名永安寺)和白塔，是具有鲜明风格的藏传佛教建筑。顺治朝之初，在财政用度捉襟见肘的极端困难条件下，不惜耗费巨资兴建喇嘛塔，体现出对藏传佛教的扶掖与优礼之甚。

《白塔碑》拓片

该碑位于今北京北海公园琼华岛永安寺下。顺治八年(1651年)七月刻，内翰林国史院大学士宁完我撰文，罗米书满文，搜史书蒙文，杨振麟书汉文。

碑文记述了建塔经过：一位来自西域的喇嘛，欲立塔建寺以颂赞皇上伟业，保国佑民，顺治帝特赐其号为恼木汗，并拨重金兴建。

《顾实汗像》

选自西藏拉萨布达拉宫壁画。

顾实汗（1582－1655 年），又作固始汗，为“国师”之意，是明清之际厄鲁特蒙古和硕特部的首领。顾实汗于明崇祯十四年（崇德六年，1641年）兴兵从青海入藏，次年杀藏巴汗，掌握青藏地方政权，扶持以五世达赖喇嘛为首的甘丹颇章政权，并屡次遣使与清廷联系。他是结束西藏自吐蕃王朝崩溃后长期动乱，实行蒙古汗王对西藏统治的第一人。

《四世班禅像》唐卡

布本，彩绘。长82.5 厘米，宽51.5 厘米。故宫博物院藏。

班，梵语，意为博学之士；禅，藏语，意为大。班禅，意为大学士。班禅是西藏佛教格鲁派（黄教）最高宗教领袖之一。四世班禅罗桑却吉坚赞（1567－1662），西藏日喀则地区伦朱甲人。明崇祯十四年（崇德六年，1641 年），与五世达赖喇嘛共谋引厄鲁特蒙古和硕特部首领顾实汗入藏，次年推翻西藏佛教格鲁派的敌对势力藏巴汗政权，建立起由顾实汗、五世达赖喇嘛和班禅对西藏的联合统治政权。顺治二年（1645 年），顾实汗赠给罗桑却吉坚赞“班禅博克多”尊号，是“班禅”名号之始。“博克多”，系蒙语对智勇双全人物的尊称。从此，班禅和达赖成为西藏黄教中并行的两大活佛系统。顺治四年，清廷封罗桑却吉坚赞为“金刚上师”，令其主持日喀则扎什伦布寺，管理后藏宗教事务。

《顺治帝颁给四世班禅的谕旨》

长187厘米，宽49.9厘米。西藏自治区档案馆藏。

顺治八年(1651年)四月初二日，顺治帝为请五世达赖喇嘛进京，特地降旨四世班禅：为助佑众生，期待于龙年孟秋月与达赖喇嘛会晤，敦请其弟子五世达赖喇嘛启程，同时赏赐了礼品。

哲蚌寺

哲蚌寺，位于拉萨根培乌孜山南麓，殿宇连横，群楼耸峙，是藏传佛教格鲁派（黄教）前藏三大寺院之一，由宗喀巴著名弟子绛央曲结·扎西贝丹于明永乐十四年（1614年）兴建。自三世达赖喇嘛起，历代达赖喇嘛都以哲蚌寺为母寺。明天启二年（天命七年，1622年），6岁的五世达赖喇嘛被认定为四世达赖喇嘛云丹嘉措的转世灵童时，即迎入哲蚌寺坐床。在五世达赖喇嘛执政期间，哲蚌寺常驻僧人达7700人。

《五世达赖喇嘛像》唐卡

布本，彩绘。长76厘米，宽50.5 厘米。故宫博物院藏。

达赖，蒙语，意为大海；喇嘛，藏语，意为上师。达赖喇嘛是西藏佛教格鲁派（黄教）最高宗教领袖之一。五世达赖喇嘛阿旺罗桑嘉措（1617-1682年），西藏穷结地区人。明天启二年（天命七年,1622年），他被认定为四世达赖喇嘛云丹嘉措转世，从四世班禅受沙弥戒和比丘戒。后与四世班禅会商迎请顾实汗率兵推翻了西藏噶玛噶举派（白教）法王和藏巴汗政权，建立起格鲁派的甘丹颇章政权。明崇祯十五年（崇德七年，1642年），派使臣抵盛京与清通好。顺治九年（1652年）进北京觐见顺治帝。

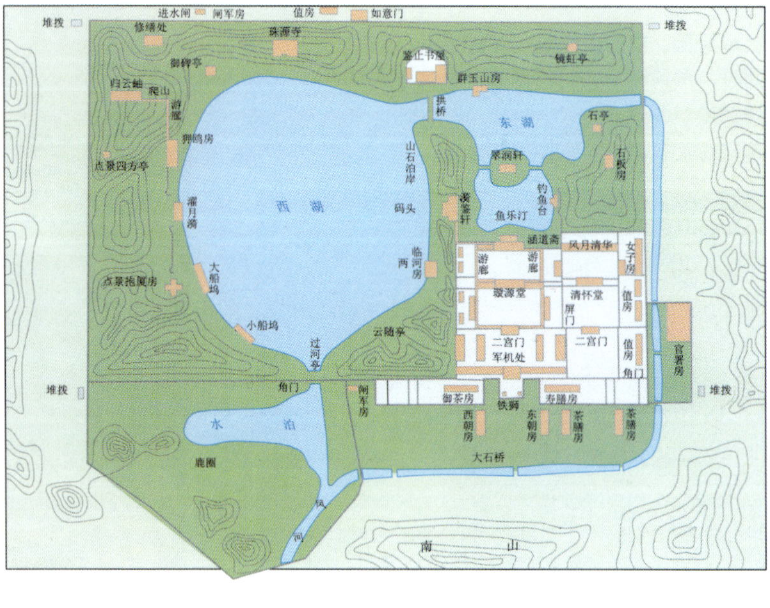

《南苑行宫图 》

顺治八年（1651年），清廷派人到西藏给各大寺庙熬茶布施，安抚民心，同时邀请五世达赖喇嘛到京与顺治帝会晤。五世达赖喇嘛于顺治九年三月从拉萨动身赴京，清廷先后派理藩院尚书沙济达喇、和硕承泽亲王硕塞、郑亲王济尔哈朗等分几次在途中迎接。南苑位于北京永定门外10公里处，是地域广大的皇家演武围猎苑囿。五世达赖喇嘛抵京时，顺治帝以打猎为名，与五世达赖喇嘛“不期然”相见于南苑。既让皇帝出城御驾亲迎五世达赖喇嘛，又不失皇帝作为一国之主的尊严。

《五世达赖喇嘛觐见顺治帝图》壁画

清人绘。西藏拉萨布达拉宫五世达赖喇嘛享堂司西平措大殿壁画中的一幅。

五世达赖喇嘛于顺治九年（1652年）十二月到达北京，受到顺治帝的隆重接待。西藏布达拉宫大殿的壁画《五世达赖喇嘛觐见顺治帝图》以绚丽灿烂的色彩烘托出热烈欢快的气氛，生动地再现了这一重大史实。图中右为顺治帝，左为五世达赖喇嘛。

西黄寺

位于北京市安定门外黄寺路。

五世达赖喇嘛驻京期间，下榻于清廷专门为迎接他而修建的仿藏式寺院西黄寺内，多次受到顺治帝在太和殿设宴款待。平日里顺治帝御宝座，五世达赖喇嘛也同时登座，位在群臣之上。顺治帝还赏赐五世达赖喇嘛大量黄金、白银、缎匹、珠宝和鞍马。五世达赖喇嘛也少不了为顺治帝诵经祈福。

五世达赖喇嘛像

银质。高 50.5 厘米。中国历史博物馆藏。

这尊银像是顺治九年（1652年）五世达赖喇嘛到北京时赠与顺治帝的礼品。

曼荼罗

直径32厘米。台北故宫博物院藏。

曼荼罗是佛教法器。“曼荼罗”系梵文音译，又称满达、曼札，意即为坛场，以“聚集”为本意，是一切圣贤、功德的聚集之处。曼荼罗顶面中央为象征宇宙的须弥山，四周以抽象符号象征四大部洲。此曼荼罗为五世达赖喇嘛来京时供于西黄寺，后供于内廷。它通体镶嵌珊瑚松石，用料上乘，工艺精细，表达了五世达赖喇嘛对清廷和皇帝威德的最高赞颂。

银茶壶

高30厘米，重1525克。北京民族文化宫藏。

银茶壶是西藏寺庙高级僧人的生活用具。此为五世达赖喇嘛敬献给顺治帝的礼物。

顺治帝赐五世达赖喇嘛金印及印面

金质。如意云头钮。长11.5厘米，宽11.5厘米，高3.8厘米。

五世达赖喇嘛在京停留了两个月后，于顺治十年（1653年）二月离京返藏。顺治帝赐金550两、银11000两、大缎1000匹及大量珠宝和玉器等赠物。五世达赖喇嘛回返途中行至代噶（今内蒙古凉城）时，顺治帝遣使授予他“西天大善自在佛所领天下释教普通瓦赤喇怛喇达赖喇嘛”称号，并颁赐满、汉、藏三体文字金册和满、汉、藏、蒙四体文字金印，确定了达赖喇嘛的西藏佛教领袖地位。此后，历世达赖喇嘛转世必须经清朝中央政府册封，成为定制。

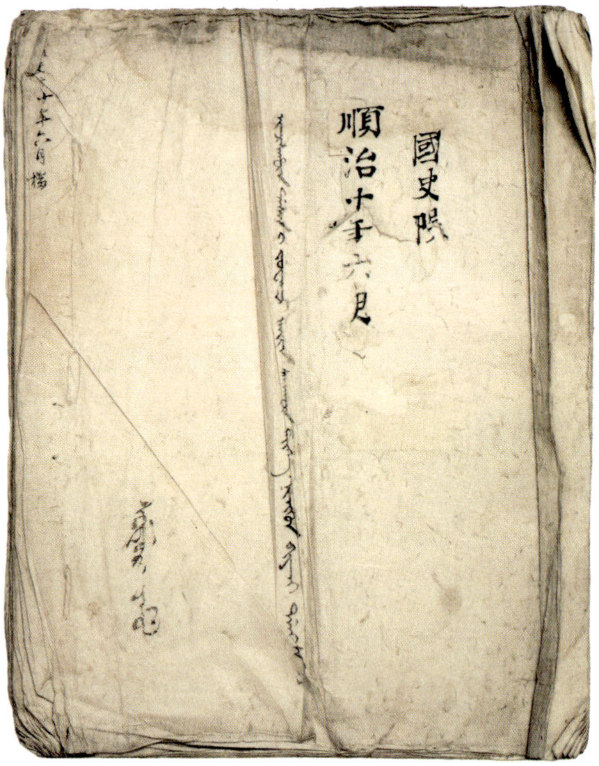

《五世达赖喇嘛奏谢顺治帝表文》

长 39 厘米，宽 29.5 厘米。中国第一历史档案馆藏。

五世达赖喇嘛受到顺治帝册封后，于顺治十年（1653年）五月二十五日进表谢恩，并奉上礼品：哈达1条、佛1尊、琥珀30个、氆氇1块和马100匹，认可了清廷对自己的册封，从而确立了对清廷的从属关系。

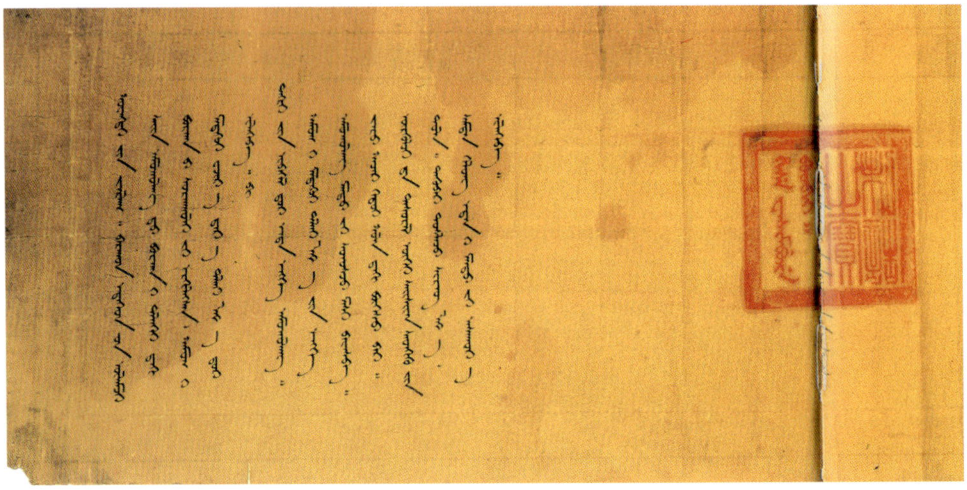

《顺治帝颁给五世达赖喇嘛的敕谕》局部

长 80 厘米，宽 63 厘米。西藏自治区档案馆藏。

顺治十四年（1657年）六月二十四日，顺治帝专发敕谕问候五世达赖喇嘛身体安康，进一步加强满藏中央与地方的关系。

布达拉宫

布达拉宫位于西藏拉萨城西的红山上，依山垒砌，群楼重叠。建于唐贞观年间。顺治二年（1645年）五世达赖开始重建。五世达赖喇嘛自京返藏后，格鲁派（黄教）的中心由哲蚌寺迁往扩建后的布达拉宫，是为达赖喇嘛驻锡布达拉宫之始。殿宇嵯峨，气势恢宏的布达拉宫自此成为西藏政治和宗教的中心。此番驻锡之地的迁徙，表明达赖喇嘛已经控制了西藏的核心区域，也间接反映了清廷通过达赖喇嘛加强了对西藏心脏地域的控制，意义极为重大。

经济篇

明清之际，中原大地遭受几十年的战争，人口大量逃亡，田地荒芜，加之自然灾害频仍，社会经济遭到严重破坏，直接威胁到新生的清朝政权的生存与稳固。清廷认识到对民众竭泽而渔式的赋税剥削是引起明末农民大起义，进而导致明朝灭亡的重要原因。殷鉴不远，于是接受了汉官提出的“收拾民心，莫过于轻徭薄赋”，“行蠲免，薄赋敛，则力农者少钱粮之苦，而从逆心自消”等建议，采取了轻徭薄赋，与民休息的政策。从顺治元年（1644年）开始，根据各地的不同情况，分别减免田赋，期限一至三年不等。摄政王多尔衮还下令免除明末最为苛重的“三饷”加派，规定凡正额之外一切加派尽行豁除，赋税以明万历《赋役全书》所载的正额钱粮为标准。尽管在执行中有些差距，农民的赋税徭役负担依然十分繁重，但是在一定程度上还是较明末减轻了农民的赋税负担，对于提高农民生产积极性，促进农业经济的恢复和发展起到了积极作用。

与建构政治制度一样，清初经济制度也一袭明制。国家赋税包括田赋、丁银、盐课、关税以及杂赋等名目，其中田赋和丁银属正赋，为国家财政的主要收入。但明代的户口土地等赋役册籍大多在战火中被焚毁，征粮派役无据。为改变这一现状，免除征税时的种种弊端，改善财政经济状况，清廷着手整顿赋役制度，编纂《赋役全书》，改定与之相匹配的鱼鳞图册制度、人丁编审制度和黄册制度，建立起了新的完善的赋税征收体系，确立了基本的国家财政制度。

顺治一朝，全国征战连绵不断，军费开支十分庞大，清廷面临着经济极端困难的窘境。清廷在军费开支必须确保，而赋税的征收又不能再增加的情况下，一方面尽可能压缩其他杂项开支以节流，另一方面招集逃亡人口，开垦荒地，恢复和发展农业生产，开辟财政增收源流。清廷相继颁布垦荒令和官吏督垦荒地劝惩则例，使垦荒取得了一定成效，耕地面积增加，社会经济开始恢复。

顺治元年开始铸行货币顺治通宝。实行官铸官销，严厉惩处私铸私销，各铸局设炉数、铸钱数和获息数等都必须按年按季造册报部。在户、工二部设立管理钱币事务的机构钱法堂，各下设一铸钱局，其中属户部的为宝泉局，所铸之钱主要供全国使用；属工部的为宝源局，所铸之钱主要供工部所管各项工程使用。各省也设有铸钱局，置监铸官管理局务，均按户部颁定的统一法式铸造钱币，流通使用。

顺治朝还开始采取各种措施，在战争的废墟上着手重建和恢复传统手工业。顺治二年，废除了明代的匠籍制，工匠只须交纳匠班银即可不为官府服劳役或是按工付值。这次改革免除了对手工业者的徭役，解放了手工业者的匠籍身份，大大提高了他们劳动生产的主动性和积极性，对手工业的发展起到了积极促进作用。

一 经济措制

顺治三年（1646年），顺治帝诏谕编纂《赋役全书》，至顺治十四年，《赋役全书》最终修订完成，以此作为赋税和徭役征派的依据。鱼鳞图册是土地丈量册，册内详细地测绘一县一乡之土地，编号标明业主姓名、土地亩数和四至疆界等。黄册为户册，所载内容更为全面，主要是人丁、丁银、地和粮4项，各项分别注明赋税科则应纳钱粮。《赋役全书》是清廷征收赋税的法律依据，其所载州县丁粮税额总数是政府自上而下定制，黄册则是将《赋役全书》所定总额分派于民间，以使上下相对应的一种册籍，是配合《赋役全书》的辅助册籍。到顺治十四年，清代由鱼鳞图册、黄册和《赋役全书》构建的人丁赋役制度初步形成。

督垦荒地，是顺治朝经济政策的另一重要内容。清廷于顺治六年颁布垦荒令，一方面将垦荒之地的田赋免征，对新垦荒地，免征赋税3至10年不等。另一方面，督促各级官吏招徕流民开垦荒地，以扩大耕地面积。顺治十四年，定官吏督垦荒地劝惩则例，以开垦荒地数作为考核官吏政绩的一项重要内容。措施实行后，取得了一定成效，耕地面积从顺治八年的290万顷，增加到顺治十八年的526万顷，增长近两倍。

清廷于顺治元年开始铸货币顺治通宝。顺治二年定例，凡铸钱务照定式，每文重一钱二分，每七文准银一分；四年更定每钱十文准银一分；十四年下令各省一概停止铸局，仅由分属户部和工部的宝泉局和宝源局开铸，定每文钱重一钱四分，正面铸汉文“顺治通宝”，背面铸满文“宝泉”或“宝源”字样。

顺治通宝

面文楷书"顺治通宝"。故宫博物院藏。

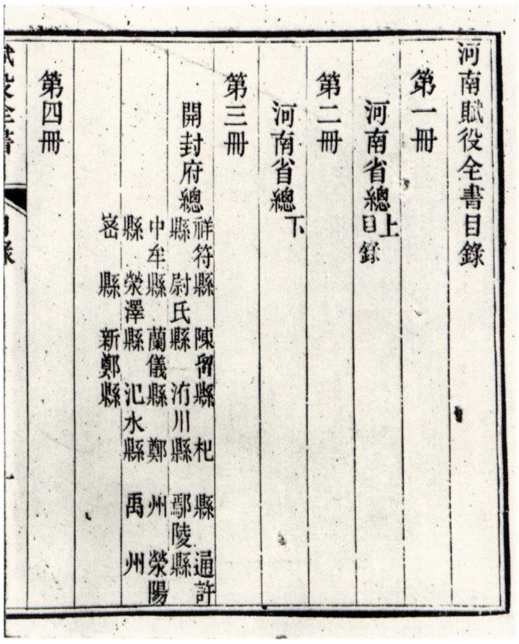
河南賦役全書目錄

第一冊　河南省總上　目錄

第二冊　河南省總下

第三冊　開封府總　祥符縣　陳留縣　杞縣　通許縣　尉氏縣　洧川縣　鄢陵縣　中牟縣　蘭儀縣　鄭州　滎陽縣　滎澤縣　汜水縣　禹州　密縣　新鄭縣

第四冊

《河南赋役全书》

发行货币，确保财政顺利步入正常运转之轨，是新生政权的当务之急。清廷入关的第一年，即铸行顺治通宝，其后陆续铸造，共有5种形制：一是光背，顺治元年至四年铸。二是钱背标明22个局名，顺治元年铸。三是背穿右铸17个局名，穿左真书“一厘”二字，意即一钱值银一厘，顺治十年至十七年铸。四是背穿左右铸满文，有“宝泉”和“宝源”两种，系宝泉和宝源二局所造。五是背穿左满文、穿右汉字记局名，有陕、临、河等12种。以后各朝所铸年号钱，均参照这5种范式。

《赋役全书》是全国的赋役总册。《河南赋役全书》则是河南一省的赋役总册。顺治三年（1656年），顺治帝下令编纂《赋役全书》，顺治十四年十月全部编成，它以明万历年间的赋役额数为准，免除天启、崇祯年间的繁重加派。颁行之后，农民所受剥削较之明末有一定程度地减轻。

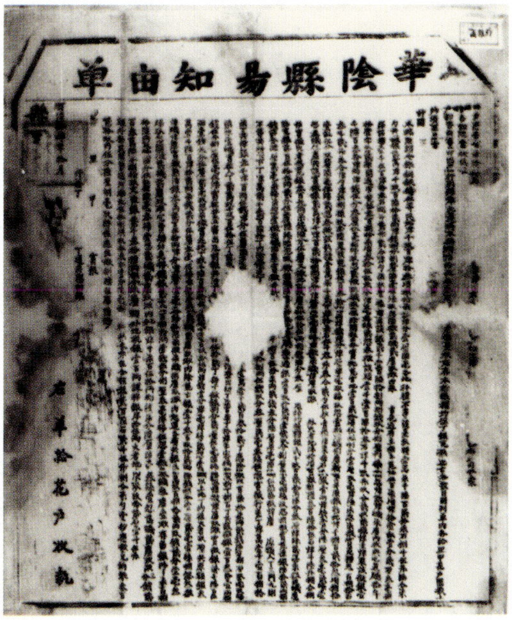
華陰縣易知由單

《华阴县易知由单》

中国历史博物馆藏。

易知由单即征收钱粮通知单，出现于明代中后期。清代于顺治六年（1649年）开始颁行。单内开列土地上、中、下三等以及应征正、杂、本、折钱粮款项，包括起运、存留、每亩应征银米数目等项目，极为详尽。每年开征前一个月，官府向纳税户颁发此单作为凭证，以使纳税者知道应交钱粮的数额和时间，防止各级地方官吏私征滥派。

图为陕西省华阴县易知由单，顺治十四年十月印制。

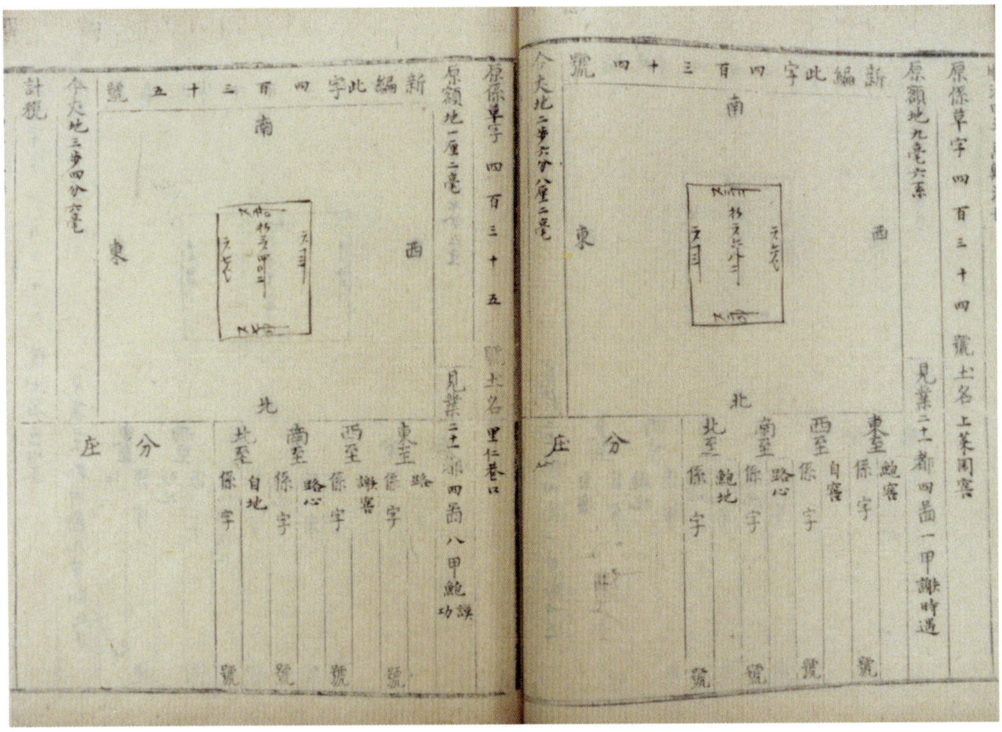

《鱼鳞图册》

顺治四年（1647年）刻本。北京大学图书馆藏。

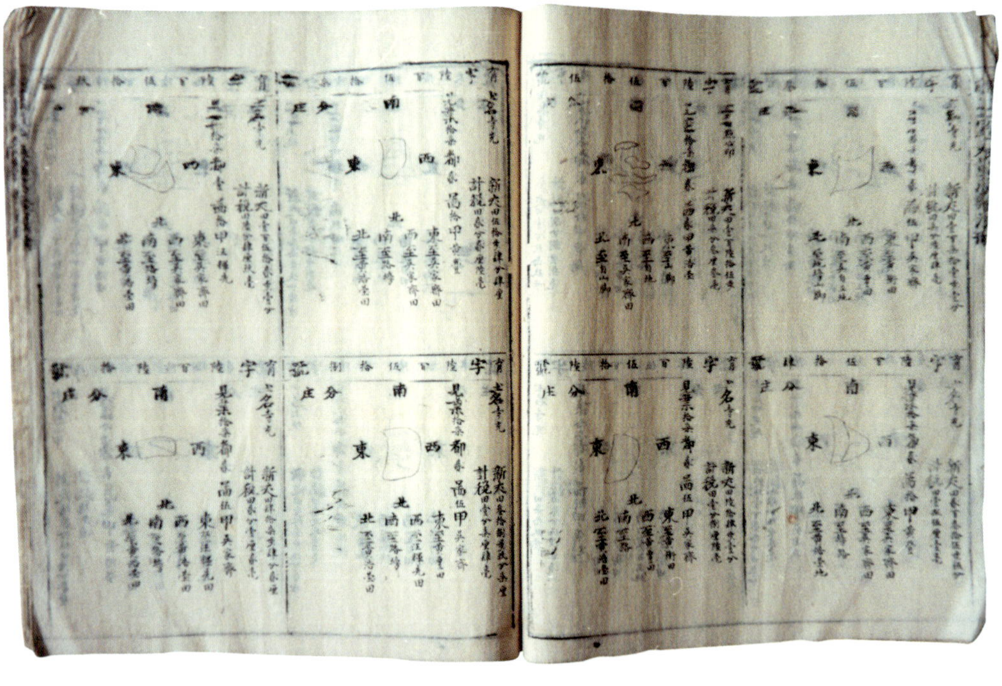

《顺治六年徽州府鱼鳞图册》

中国历史博物馆藏。

鱼鳞图册是在土地调查清丈的基础上绘制的土地丈量册，册内详细绘制一县一乡土地的方位、地形、土质、面积及标明业主姓名、乡贯等内容。因图所绘详及边土角地，丘段连缀，栉比排列，状若鱼鳞，因而得名。明代初年即已开始采用，顺治朝以此作为赋役征收的辅助册籍，据此查阅土地使用状态，以确定税粮，按时征收。上图顺治四年(1647年)鱼鳞图册，详细标有菜窑、坟地、住基、井边、溪边和竹林等处的土地状况。

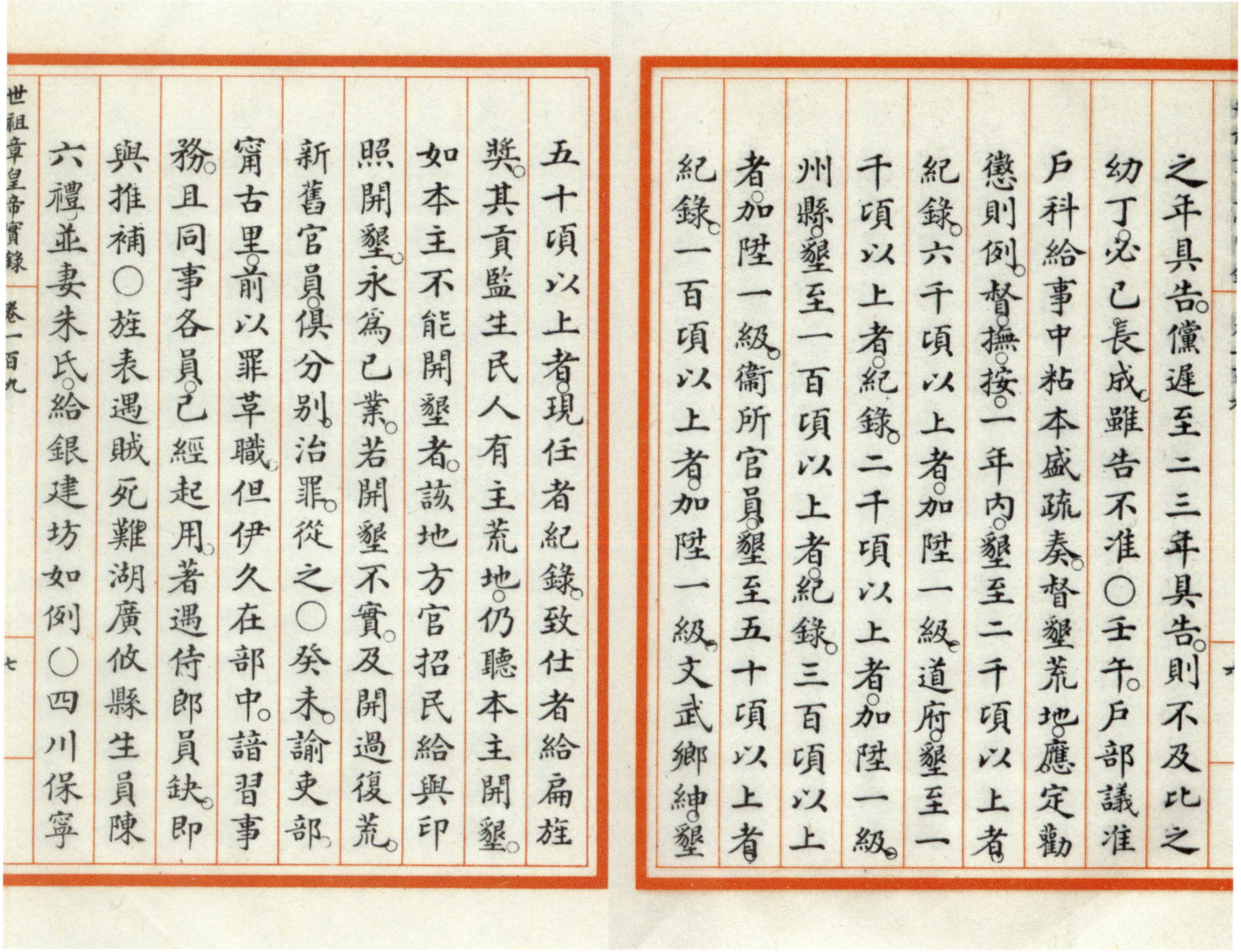

之年具告儻遲至二三年具告則不及比之
幼丁必已長成雖告不准○壬午戶部議准
戶科給事中粘本盛疏奏督墾荒地應定勸
懲則例督撫按一年內墾至二千頃以上者
紀錄六千頃以上者加陞一級道府墾至一
千頃以上者紀錄二千頃以上者加陞一級
州縣墾至一百頃以上者紀錄三百頃以上
者加陞一級衛所官員墾至五十頃以上者
紀錄一百頃以上者加陞一級文武鄉紳墾

五十頃以上者現任者紀錄致仕者給扁旌
獎其貢監生民人有主荒地仍聽本主開墾
如本主不能開墾者該地方官招民給與印
照開墾永爲己業若開墾不實及開過復荒
新舊官員俱分別治罪從之○癸未諭吏部
甯古里前以罪革職但伊久在部中諳習事
務且同事各員已經起用著遇侍郎員缺即
與推補○旌表遇賊死難湖廣攸縣生員陳
六禮並妻朱氏給銀建坊如例○四川保寧

世祖章皇帝實錄　卷一百九　七

《清世祖章皇帝实录·督垦荒地劝惩则例》

节录自《清世祖实录》卷一〇九。

清初出现大批无主荒地，清廷于顺治六年（1649年）颁布垦荒令，规定垦荒者不论是本籍还是外籍，均编入保甲开垦荒地。顺治帝亲政后，在北方设立兴屯道厅，推行屯田垦荒；四川等地，则由官府贷给耕具、种子、银两，鼓励兵民自由开垦。但由于政府财政接济的银两有限，此项政策收效甚微。顺治十四年进一步颁布《督垦荒地劝惩则例》，规定督抚官员一年内垦荒至6000顷以上者，道府官员至2000顷以上者，州县至300顷以上者，各官加一级。以官员的垦荒实绩作为考核政绩，给予相应奖惩，积极鼓励各级官吏和地主、乡绅招民垦荒。

二 重建三织造

自宋代以来，江南丝织手工业由官府经营。到明朝，朝廷在江宁(今江苏南京)、苏州、杭州建立江南三个织造中心，直接为皇室织造衣饰缎匹，雇佣世袭匠人织造，或由匠人出银招人代役。清初沿袭了官府经营江南丝织手工业的旧制，顺治四年(1647年)，在江宁、苏州、杭州重建织造局与织染局。清廷改变了明朝时三织造由内府司礼监派遣织造太监管理的做法，改隶工部，以工部侍郎管理苏杭织造事务。同时削减官营机房数额，改用“买丝招匠”之制，即按市价购买生丝，以计件制支付匠人佣金。织造局和织染局分工细密，专业化程度较高。如织染局内设有织匠、络经匠、挑花匠、绣匠和画匠等；织造局内设有管工、管经纬、管花木、拣绣匠和结综匠等。三织造专门承做清宫皇室所需大批衣料服装。其中江宁织造多提供上用缎匹，品种包括妆花、库锦、库缎三大品种，其花纹富丽豪华，绚烂如云，闻名遐迩。苏州织造品种有彩布、锦缎、纱、绸、绢、棉甲等，以宋式锦、仿宋锦最为著名，继承了宋代织锦的艺术特色，题材广泛，构图千变万化，花纹比较规矩，多用藻井格子的几何形，内饰各种动物和小花，色彩以青、绿等冷色调为主，呈现秀丽典雅的特点。杭州历来也以丝织业著称，丝织品除绫锦绸缎外，还有风格独特的杭罗、杭纺等，尤以素色织物和暗花织物产量最大，多为皇宫提供赏赐用丝织品。

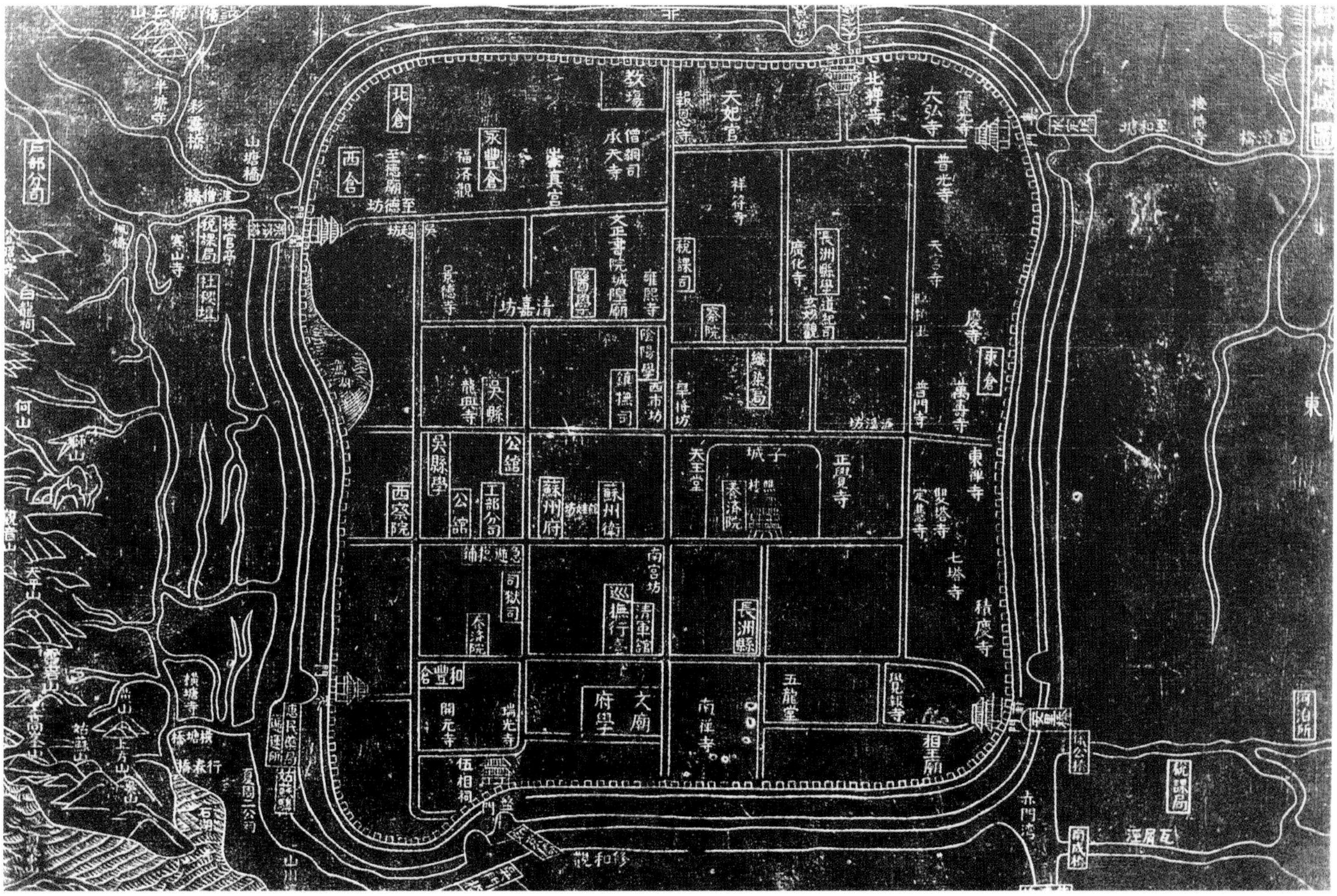

《姑苏志·苏州府城图》 拓片

（明）王鏊撰。苏州博物馆藏。

苏州自宋、元、明以来即是中国丝织的生产中心地之一。所产锦缎、丝绒等织物光华艳丽，享有很高声誉，被誉为锦绣之乡。到清代，苏州丝织生产分“上用”和“官用”两类。“上用”专供宫廷帝后服饰所用；“官用”是为官府王公以下赏赐所用。品种有袍、褂、伞盖、飘带、佛幔和补子等。

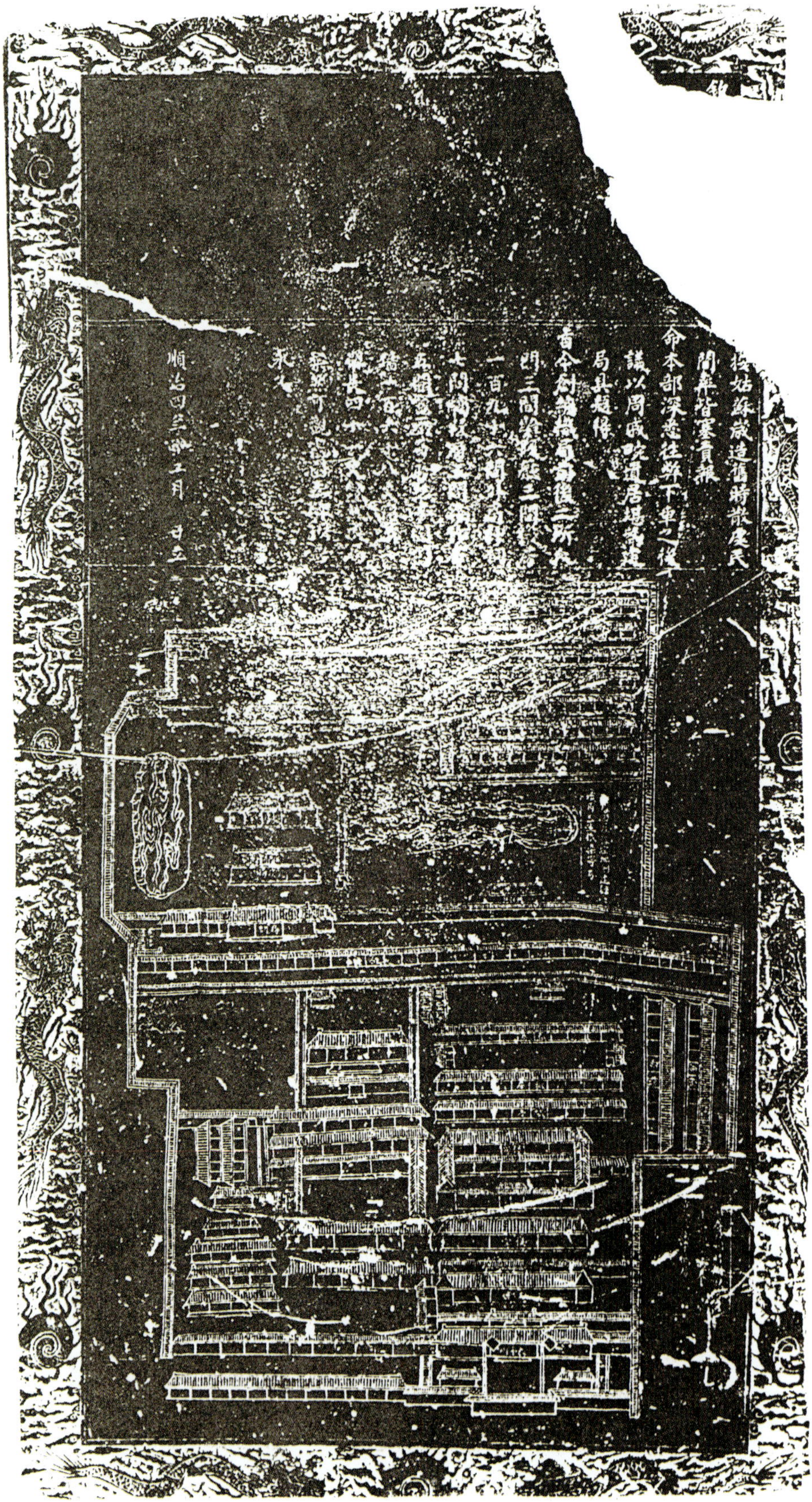

《姑苏总织局图碑》拓片

碑高140厘米，宽80厘米。顺治四年（1647年）十二月刻。苏州博物馆藏。

碑上部为题记。下部为织造局图，以“孔夫子巷”为界，分前后二所。前所有大门、大堂、后堂、楼房、机房、绣缎厅、祖师堂。后所共有机房169处，织机800张，工匠2330名。该碑反映了顺治初期苏州织造恢复时的布局和规模。

黄色缂丝孔雀毛龙寿字蟒袍料

故宫博物院藏。

蟒袍的纹饰和实用尺寸一般为通匹织造，这里的“匹”并非指长度，而是指一件完整的蟒袍料，花纹用孔雀羽捻线缂织，制作要求十分严格，反映出处于恢复时期的顺治朝丝织业的工艺水平。

三　瓷器制造

瓷器是中国传统手工业的重要产品。顺治八年（1651年）清沿袭明朝旧制，派官员监督管理停烧已久的明代官窑景德镇御窑厂，重新烧造官窑器，品种有青花、五彩、茄皮紫釉、酱色釉、黄釉紫彩等众多品种，主要供给宫廷消费。民窑则以青花、五彩、白釉等为主要品种，烧造质量较差，多为日用器。顺治时期瓷器处于明末清初的过渡时期，其造型、胎釉和纹饰都具有鲜明的过渡特征：造型古朴，胎体厚重，有瓶、尊、罐、炉、灯、盘等主要器型，另创新烧制了龙纹筒花觚、大口观音尊等。此时期的瓷器釉质青白，器物口沿施酱黄釉，深浅不一，深者呈黄褐色，成为顺治朝瓷器的典型特征。器表装饰附加了刻、划、绘、印等工艺，表现出云龙、人物故事、怪石花卉、雉鸡牡丹、芭蕉瑞兽、斑片状云纹等艺术装饰。青花器多绘博古、花鸟、山石、芭蕉；五彩器多绘人物牡丹。青花的绘画技巧展现出新的突破和发展，改变了明以来的粗犷笔法，运笔时染、皴、擦等技法并用。顺治瓷器的款识，为“大清顺治年制”或“顺治年制”双行楷书款，民窑则是多写干支纪年款。

青花洞石瑞兽直筒瓶

顺治年制。

筒瓶，又称象腿瓶，因“筒”与“统”谐音，顺治时赋予其“大清天下一统”的寓意，故又有“一统瓶”之称，成为顺治时期流行瓷器。

五彩八仙直筒瓶

顺治年制。

此器为枣皮红，色彩浓重鲜艳。

青花云龙纹瓶

顺治年制。

此瓶口沿施酱黄釉，口沿下饰云朵纹，系顺治朝瓷器的典型装饰特征之一。瓶底书“顺治庚子年”纪年款。顺治庚子年即顺治十七年（1660年）。

青花公孙大娘舞剑图笔筒

顺治年制。

器表绘历史典故杜甫观公孙大娘舞剑图。公孙大娘是唐代开元、天宝年间著名舞蹈艺人，河南临颍（今河南许昌）人，以擅长雄妙劲健的剑器舞而名震一时。诗人杜甫曾赋《观公孙大娘弟子舞剑器行》一诗盛赞:“昔有佳人公孙氏，一舞剑器动四方……先帝侍女八千人，公孙剑器初第一。”顺治时期的这件瓷器以生动传神的工艺技法再现了当年公孙大娘惊心动魄，雄健神奇的剑器舞。

青花加官图盘

顺治十五年（1658年）制。故宫博物院藏。

酱色口，胎体厚重。盘内绘人物故事图，衬以卷云、栏杆、洞石、蕉叶等纹饰。空白处有“戊戌冬月赠子塘贤契鲁溪王瑛制”字样，器底青花双圈篆书“玉堂佳器”款。

五彩望仙楼图觚

顺治年制。江西景德镇陶瓷馆藏。

觚口下书“青云客度青云客，状元郎送状元郎”，器表绘望仙楼，彩船、神仙、牡丹、芙蓉、佛手、寿桃等纹样，装饰上承袭了明代五彩遗风。

五彩百鸟朝凤图罐

顺治年制。北京市文物研究所藏。

器盖绘有碧桃、玉兰、寿山石等寓意长寿的图案。肩腹部用红、绿彩与浓艳的青料描绘了一幅百鸟朝凤闹春图。

一　尊孔开科

自汉武帝“罢黜百家、独尊儒术”始，历代尊孔之风蔚起，由微而显，愈来愈烈。孔子及其所创立的儒学，已经不再是一个学派或者仅是一家之言，而是成了维系民族文化统一的象征，尊孔崇儒也成为中国古代思想文化的重要标识。清入关后，清廷为加强对人民的思想统治，重新恢复和强化被破坏了的封建秩序，自然要利用汉族传统的统治经验和统治政策。因此，在思想文化方面大力提倡尊孔，宣传儒学和礼教成为势在必行之事。入关当年十月，顺治帝在登极诏书中即宣布承前代惯例，以孔子之后世子孙仍袭封“衍圣公”称号。顺治二年（1645年），顺治帝钦定孔子神位为“大成至圣文宣王先师孔子”。同时，继续实行明代的科举取士制度，定于辰戌丑未年举行会试，于子午卯酉年各省举行乡试。意在通过开科举，办学校，达到稳定人心、巩固统治的目的。乡试、会试、殿试，每三年举行一次。凡应考者称童生，童生通过初级考试取得秀才资格，才能参加乡试、会试和殿试的逐级考试。乡试在省城举行，考中的称举人；会试在京城举行，考中的称贡士；贡士有资格参加由皇帝亲自主持的殿试。殿试分三甲，一甲取三人，即俗称的状元、榜眼、探花，赐进士及第，可直接授翰林院官职。二甲赐进士出身，三甲赐同进士出身。科举考试的内容仍然采用八股程式，从《四书》、《五经》中出题，文章的思想以及段落、格式都有严格规定。

袭封衍圣公印

银质，柱钮。长10.6 厘米，宽10.6 厘米，高13.2 厘米。故宫博物院藏。

“袭封衍圣公印”印文

印文为九叠篆，左满文，右汉文。乾隆十四年（1749年）改镌。

孔子备享封建帝王对其尊崇的殊荣，千百年来隆恩渥惠如沛雨巨波，沐及后世子孙。北宋仁宗至和二年（1055年）封孔子第46世孙孔宗愿为“衍圣公”，意为繁衍弘扬圣道。这一封号在以后历朝承袭，相沿不变。清廷也于顺治元年（1644年）十月初二日，即顺治帝举行登极大典的第二天，以孔子第65代孙孔允植袭封“衍圣公”。衍圣公是孔裔嫡嗣，世袭公爵，一品顶戴，地位尊隆，是维系思想，凝聚民族的人物象征。

北京孔庙下马碑

孔庙位于今北京国子监街，是清廷祭孔场所，又称“先师庙”。孔庙大门东西两侧各立有一座下马碑。碑身正背面分别用满、汉、蒙、藏、回、托忒六种文字镌刻“官员人等至此下马”碑文，表现了清廷对先师孔子的崇敬及以儒学为治国之本的为政之策。

北京孔庙大成殿

大成殿是孔庙的主体建筑，顺治朝时为面阔七间，进深三间。殿内供奉孔子的牌位，以及配享的“十二哲”。每年仲春上旬丁日和仲秋上旬丁日两次致祭。自汉代以降，历代崇儒尊孔之风日盛，祭祀之典常续不绝。汉平帝追封孔子为宣尼公，唐代封为文宣王，宋代封为至圣文宣王。清入关后，于顺治二年（1645年）尊封孔子为“大成至圣文宣王先师”，十四年复称“至圣先师”，祭祀礼仪愈加隆盛。

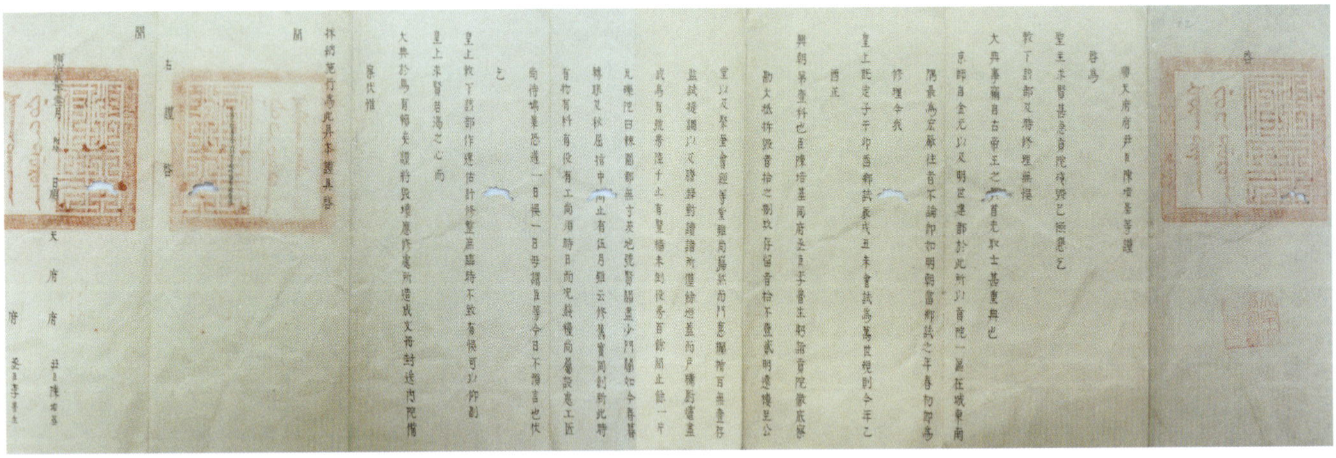
順天府府尹臣陳培基等謹
啓爲
聖主求賢甚急貢院殘毀已極懇乞
敕下該部及時修理無悞
大典事竊自古帝王之[illegible]首先取士甚重典也
京師自金元以及明世建都於此所以貢院一區在城東南
隅最爲宏敞往昔不論即如明朝當鄉試之年春初即爲
修理今我
皇上既定于子午卯酉鄉試辰戌丑未會試爲萬世規則今年乙
酉正
興朝第壹科也臣陳培基同府丞臣李普生親詣貢院徧底察
勘大概拆毀者拾之捌玖存留者拾不盈貳明遠樓呈公
堂以及聚奎會經等堂號舍[illegible]而門窗欄楯百無壹存
監試提調以及謄錄對讀譜所[illegible]而戶牖厨灶盡
成烏有號舍[illegible]百餘間止餘一片
[illegible]
[illegible]
[illegible]
尚待鳩集恐遲一日候一日母謂臣等今日不預言也伏
乞
皇上敕下該部作速估計修葺庶臨時不致有悞可以仰副
皇上求賢若渴之心而
大典於焉有賴矣[illegible]
[illegible]
聞
右謹啓
聞
順治貳年叁月[illegible]日順天府府尹臣陳培基
順天府府丞臣李普生

《陈培基启本》

北京大学图书馆藏。

顺治二年（1645年）三月初十日，顺天府府尹陈培基呈递启本，恭请顺治帝为求贤纳士，应下诏修缮已经残破不堪的京城贡院，作为即将开考的乡试和会试的考场。

北京贡院明远楼旧照

北京贡院位于今东城区贡院大街，是清代会试和顺天府乡试的考场所在。科举考试在省城举办者为乡试，考中者称举人；举人赴京师参考为会试。会试于春天三月举行，俗称“春闱”。届时全国各地的举人都汇聚到这里，为取得殿试资格而苦苦拼杀，考中者称贡士。贡士方有资格进皇宫内参加殿试，由皇帝亲定甲第，称为进士，得以封官授职。

科举考场

贡院内成列的低矮房子谓之号房，即考试房间，每间号房约1米见方，每名考生一间。号房正面敞开，其余三面无门无窗，以便于考官监视。考生在进入号房前还要经过严格的检查，以禁夹带舞弊。顺治二年（1645年），首先举行乡试。次年春，又在北京举行会试和殿试。考试内容仿效明代旧制，仍为《四书》《五经》文、诏、表、判和策论等。那些胸怀鸿鹄大志的才子文人，在踏上飞黄腾达的锦绣前程之前，无一不得不在此等低矮昏暗之考棚里搜肠刮肚，写蝇头小楷，作八股文章，经受十载寒窗后的最后煎熬。

进士题名碑

位于北京孔庙内。进士题名，始于唐代的雁塔题名，后代相继仿效。清代自顺治三年（1646年）开科举之后，也沿其遗风，按诸进士的甲第先后，刻姓名、籍贯于石碑上，以使中进士者光宗耀祖，并显示朝廷对文化和人才的重视。

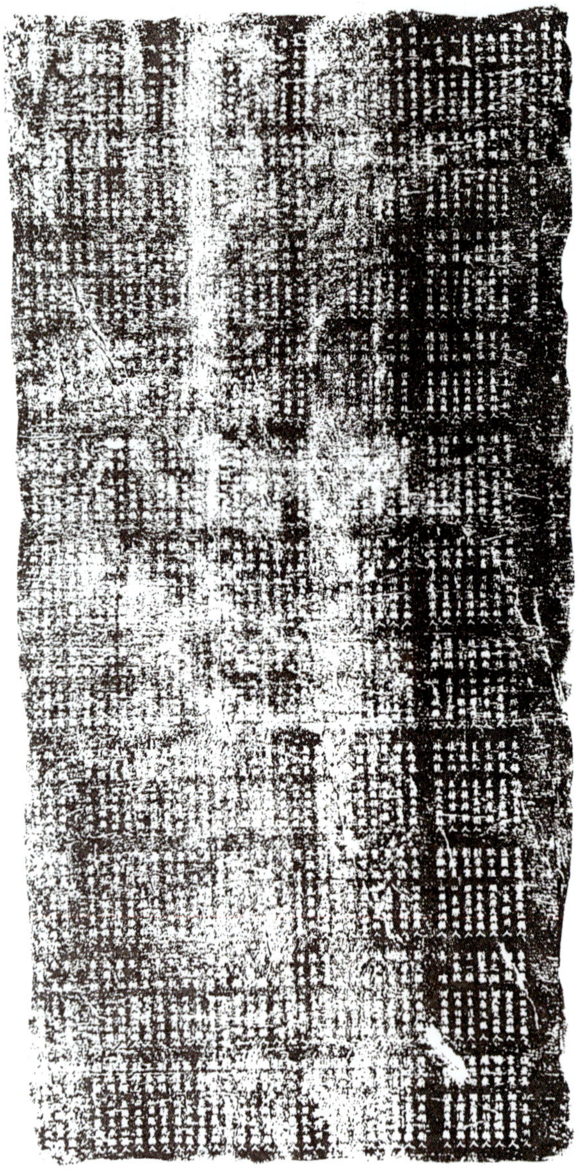

《顺治三年进士题名碑》拓片

顺治三年（1646年）刻，存留在今北京国子监。

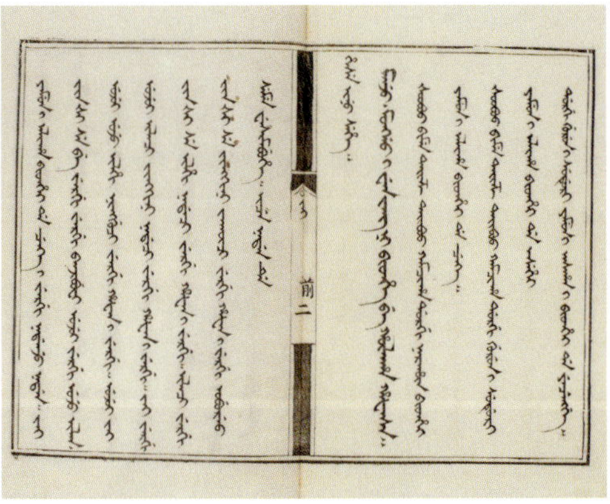

《进士登科录》

顺治十二年（1655年）满蒙文合璧刻本。故宫博物院藏。

“十年窗下无人问”的读书人，终于“一举成名天下知”，跻身官宦之列，何其荣耀！清廷以此手段向读书人豁然敞开仕进之门，一时天下知识界中人纷纷入彀，“从逆之念”消弥殆尽。

这是清代开科举后顺治丙戌科首批进士的题名碑。明清鼎革之际，面对血雨腥风，有多少慷慨之士投笔从戎，愤而抗争，直至杀身成仁？但面对科举良机，又有多少人不趋之若鹜、追而逐之？抵挡不住“学而优则仕”的巨大诱惑，早已将亡国之耻、家破之恨抛之九霄云外。

国子监位于今北京市安定门内成贤街，东与孔庙毗邻，始建于元大德十年（1306年），内中辟雍是清乾隆时增建。清代仍沿袭前朝，以国子监为最高学府，顺治元年（1644年）始设。入监学习的有监生、贡生及八旗官学生。他们的来源可分为三类 一是从地方上选拔的品学兼优者，称拔贡；二是皇帝特别恩赐入学者，称恩贡；三是捐钱买得入学资格者，称捐生。国子监置满汉祭酒各一人总管，下设博士厅、典籍厅和典簿厅等机构分理各项事务。

国子监辟雍

国子监辟雍内景

顺治九年（1652年），顺治帝在亲政后首次驾临国子监，在彝伦堂讲学。先由进讲官讲《四书》、《五经》，再由皇帝阐发御论，全监职官和学生观听。事后由国子监刊刻御论，颁发在京各衙门及各省儒学学习。这一做法为后世沿用，称为“临雍视学”，以此表示重视教育，提倡教育，鼓励学生勤奋学习。

保和殿

古代帝王为研读经史，学习治国平天下之术而特设御前讲席，称为经筵，是一项重要的儒学礼制。清时沿袭其制，顺治帝于顺治十四年（1657年）九月初七，在保和殿行经筵大典，开有清一代经筵之始。经筵开讲前，皇帝须到弘德殿行祭先师孔子礼，以示崇师重教。经筵内容为《四书》、《五经》、《资治通鉴》、《贞观政要》、《大学衍义》诸经典及诸史，将经世治国之学作为皇帝学习研讨的内容，探求历代兴亡得失。

二 颁行历法

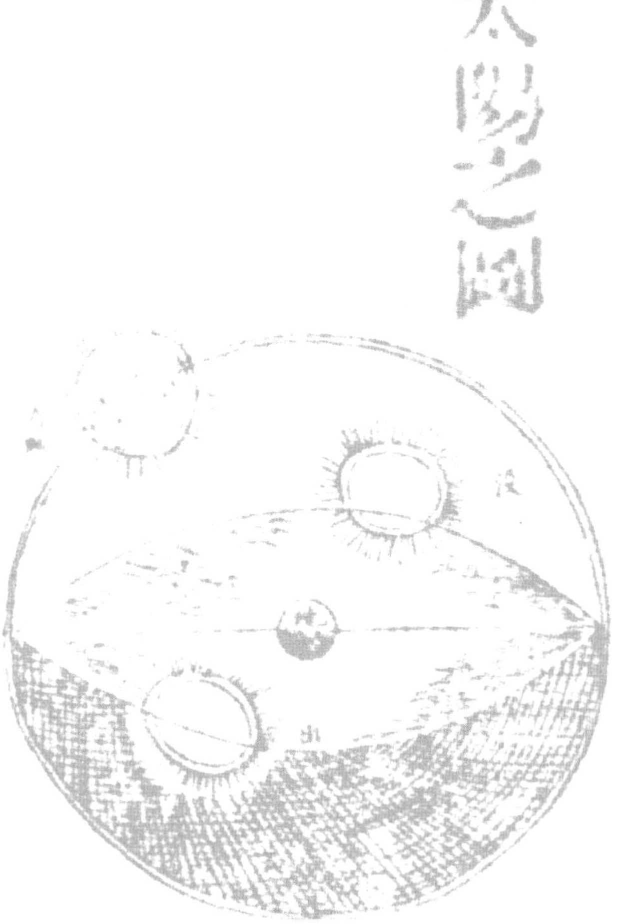

顺治元年（1644年），清廷设立钦天监，掌管天文气象监报和历书编制等事务。这年七月，清廷下令“治历明时，帝王首重，今用新法正历”，正式采用汤若望以西洋新法所修之历法，定名为《时宪历》，第二年正式颁行全国。这是中国历法史上的一次重大变革，此后，清代的历书便以《时宪历》命名，至乾隆时，避乾隆皇帝弘历名讳而改称《时宪书》。《时宪历》分为御览本和颁行本，其中御览本有满、汉文两种，颁行本有满、汉、蒙文三种。按照定制，每年二月初一，钦天监将次年满文《时宪历》样本进呈皇帝，上面记载着北京的时间以及全国各地太阳出没和节气的时刻。皇帝览阅后，翻译刊刻。四月一日将刊刻样本送布政使司，一本钤盖钦天监印章存档，一本由各省照式刊刻。十月初一日，钦天监向皇帝进呈次年《时宪历》御览本。次年正月颁行全国，正式使用。

《汤若望像》

汤若望（1592-1666），德国人，天主教耶稣会传教士，通晓天文历算，译撰大量西欧天文学论著。明万历四十六年（天命三年，1618年），他受耶稣会派遣来华传教，次年到达澳门，明天启二年（天命八年，1623年）至北京。

《崇祯历书》

明崇祯年钦天监刻本。故宫博物院藏。

汤若望到北京后，正逢明朝历局官员所推测的数据与天体运行规律不合，日食测验屡次失败，急需认真厘正历法，故聘请了一些传教士到历局任事，汤若望即在其中。崇祯七年（1634年），历局先后在徐光启、李天经的主持下，耶稣会士汤若望、罗雅谷、龙华民参与翻译、修撰工作，编成了《崇祯历书》，共46种137卷。该书包括天文学基本理论、天文表、必需的数学知识、天文仪器以及传统方法与西洋方法的度量单位换算表五类，是一部多方面引进欧洲的古典天文学知识，采用欧洲新的科学方法编纂而成的天文和数学方面的百科全书。崇祯十六年，崇祯帝下令改《崇祯历书》为《大统历书》，准备通行全国，然而，未及推出明朝即亡。

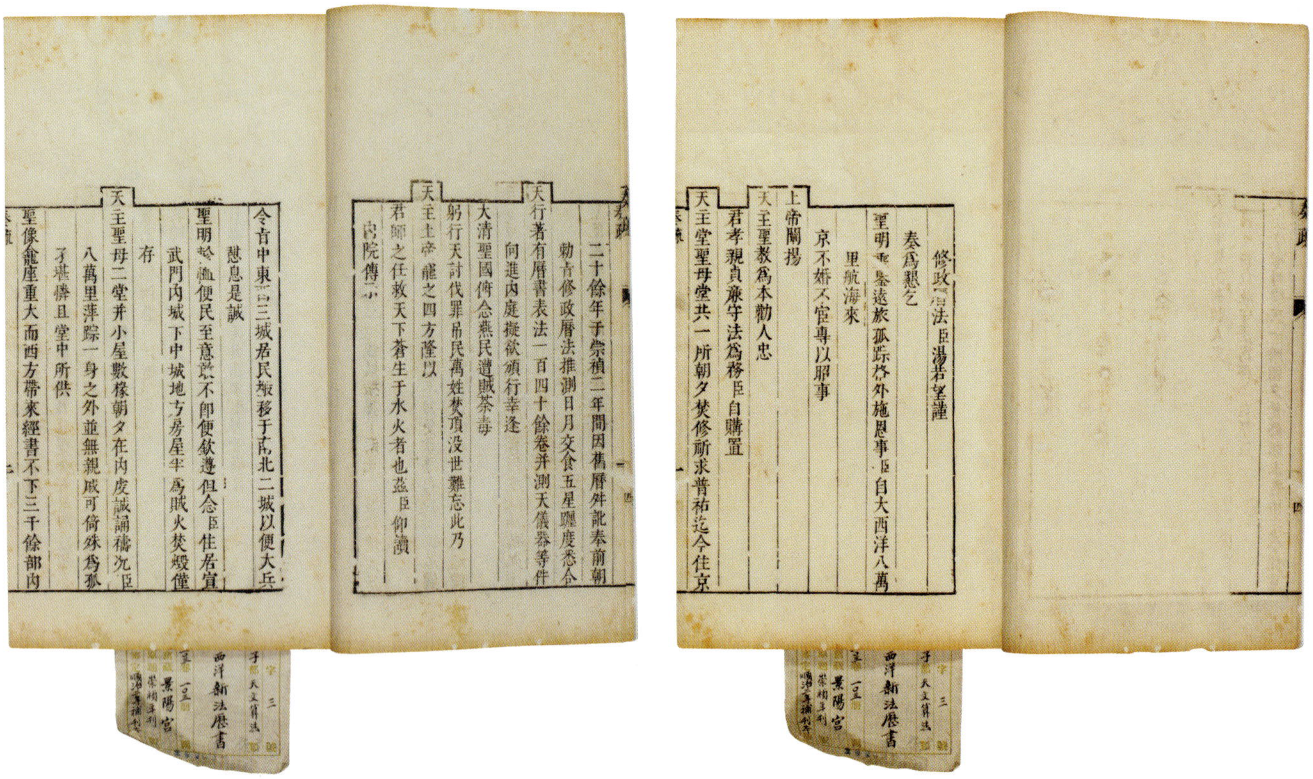

《西洋新法历书》

故宫博物院藏。

顺治二年（1645年），汤若望对《崇祯历书》稍作删改，加进自己的部分新作《筹算》、《历法西传》、《新法历引》等，编写成《西洋新法历书》103卷，进呈多尔衮。该书以法原即天文学理论为核心，还包括法数（天文表）、法算（天文计算法）、法器（天文仪器）、会通（中西各种度量单位换算表）等内容。多尔衮下令于当年颁行天下，该书对清代的历法发展有深远影响。

《大清顺治二年七政经纬躔度时宪历》

故宫博物院藏。

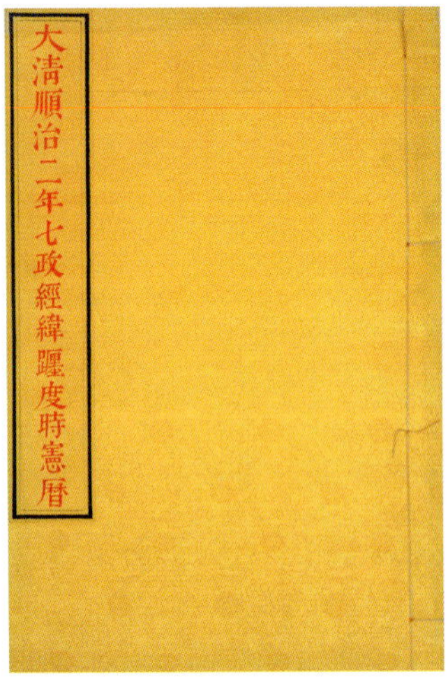

七政即水、金、月、地、火、土、木七个在一定轨道上运行的星体。躔度即是用以标志日月星辰在天空运行的度数。古人把周天分为360度，划成若干区域，以辨别日月星辰的方位。

顺治元年（1644年）六月，汤若望上书，以西洋新法推算本年八月初一日将发生日食，届时验证，分秒不差。而同时参与预测的大统、回回两种历法均存在较大误差。因此，汤若望深受清廷信任并被重用，当年十一月，即命其任钦天监监正，负责推算制订新历和预测天气等事宜。顺治元年七月初二，清廷采用汤若望以西洋新法所修之历法，定名为《时宪历》。第二年，正式颁行全国。

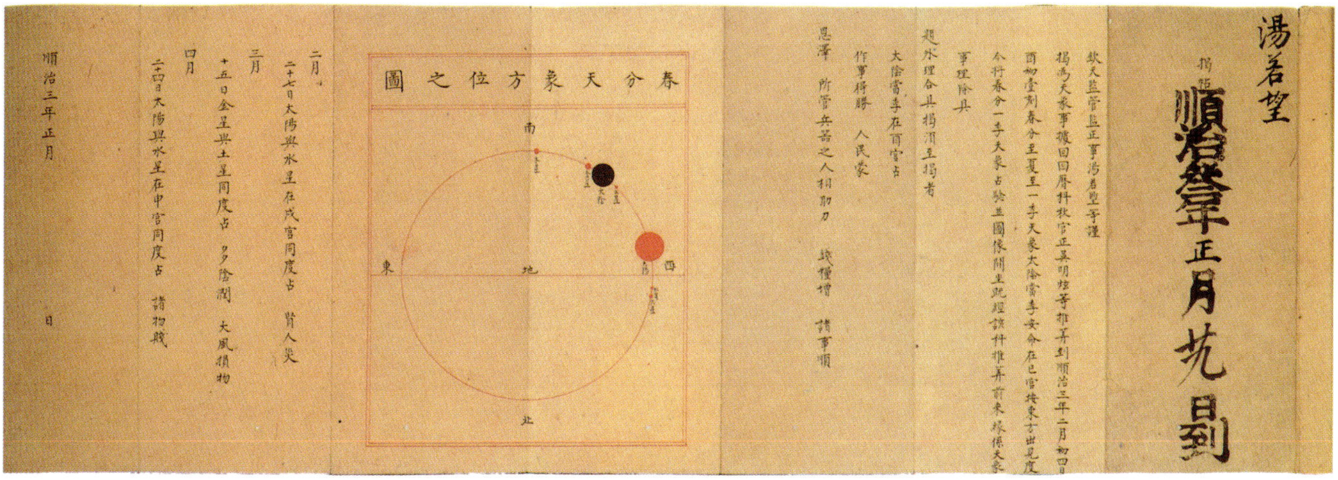

《汤若望揭帖》

长137厘米，宽27.9厘米。南京博物院藏。

此为顺治三年（1646年）正月汤若望奏报天象之事的揭贴。揭贴中推算了顺治三年整个春季的天象，并画有太阳、月球和木、金、土、水、火五大行星的运行方位图。

汤若望，这位远涉重洋来到中国的欧洲人，担任了清廷皇家“天文台的台长”（钦天监监正），这在中国历史上也属破天荒之举。汤若望作为神职人员虽不以官爵为荣，但也倍加珍惜这一难得的机会，在职任上不遗余力地奉献其渊博学识。

汤若望制天文仪器处原址

位于北京市宣武门内南堂。汤若望曾在这里制作了浑天仪、地平日晷、望远镜等天文仪器，于顺治元年（1644年）七月呈进多尔衮，以迎合“新朝定鼎，天运已新”的时局变化。

浑天仪

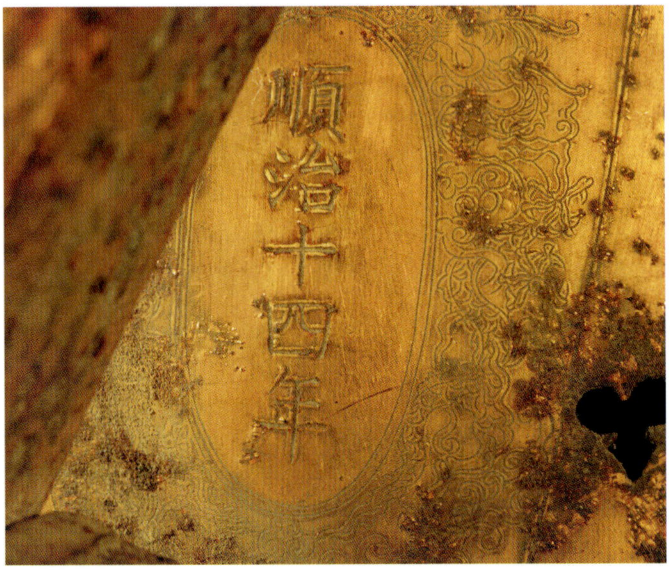

浑天仪铭文

铜质镀金，顺治十四年（1657 年）年制。故宫博物院藏。

浑天仪，又名天体仪。其功用主要是通过黄道、赤道和地平三坐标进行换算以测求时刻。此浑天仪无法进行实测，只是天体模型。球形的天体两端中心为南北极，两极贯穿以轴。球上布列星辰。刻有黄道和赤道，黄道和赤道相交，交点为春分、秋分。此浑天仪的坐标采用黄道坐标，与中国传统以赤经赤纬为天体坐标不同，这是由于欧洲直到 17 世纪尚在使用黄道坐标。

地球仪

铜质。故宫博物院藏。

汤若望在其所著《浑天仪说》一书中详细记载了地球仪的制作方法，是我国第一部有关地球仪制作方法的著作，此地球仪即依此法制作。

新法地平式日晷及晷面、铭文

铜质。故宫博物院藏。

日晷是利用日影测定时刻的计时仪器，其中一种是指时盘与地平面平行，被称作地平式日晷。汤若望于顺治元年（1644年）七月进呈给清廷的地平式日晷即属此式。它采用欧洲流行的依几何圆锥截面知识制作地平式日晷的方法而设计，在晷面刻度上为一日九十六刻，并以不等分形式标注时刻线。有别于中国传统的一日百刻和等分刻度法，以及固定的赤道式日晷，故名“新法”。这件日晷置于木座上，指时盘为长方形，指极晷针做成中空的直角三角形，斜边相当于晷针，垂边内放置指南针，指时盘上刻有不均匀的时刻线和节气线及观测太阳高度的角度线。日晷指时盘背面刻有“顺治元年七月吉日恭进”和“修政历法远臣臣汤若望制”字样，默默地告知后人：它作为西洋人第一次奉命制作的诸种天文仪器之一首次进入了壁垒森严的清代皇宫。

绿漆描金花望远镜

故宫博物院藏。

望远镜的发明与使用，拉近了人类认识遥远事物的距离，大大扩展了人类的视野，被广泛运用于天象观测、大地测量和军事活动。顺治元年（1644年），汤若望进献这架望远镜给多尔衮，此时上距意大利天文学家伽俐略1609年最早发明望远镜，不过30余年。

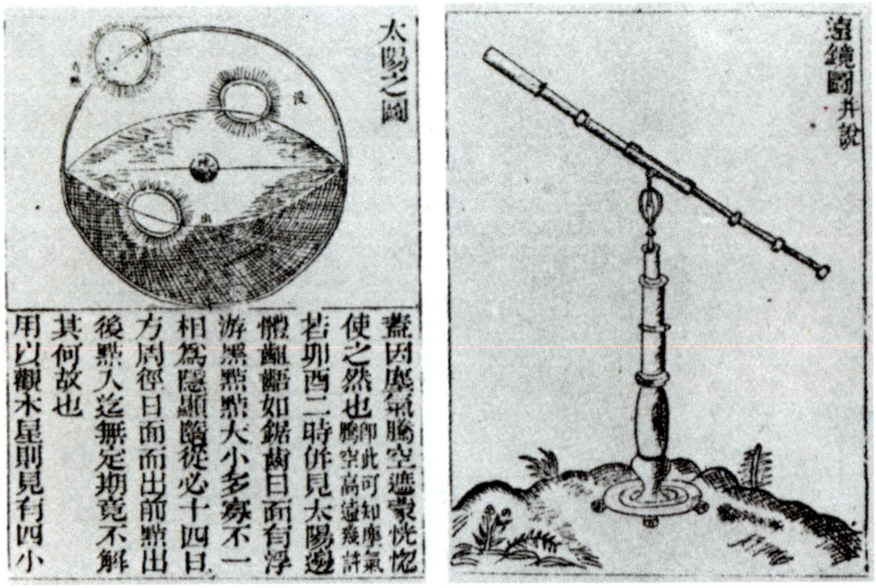

太陽之圖

盖因塵氣騰空遮蒙恍惚使之然也（即此可知塵氣騰空高遠幾許）若卯酉二時併見太陽邊體齟齬如鋸齒目而有浮游黑點點大小多寡不一相為隱顯隨從必十四日方周徑日面而出前點出後點入迄無定期竟不解其何故也

用以觀木星則見有四小

遠鏡圖并說

《远镜图说》

汤若望撰。采自《崇祯历书》。故宫博物院藏。

书中详细地说明了望远镜的制作及使用方法。

《汤若望与顺治帝》

西方传教士绘油画。德国慕尼黑博物馆藏。

顺治八年（1651年），汤若望治愈了皇太后的亲侄女、顺治帝皇后博尔济吉特氏的病，从此受到顺治帝的格外优宠，关系倍加密切。孝庄皇太后拜汤若望为义父，顺治帝称汤若望为“玛法”（满语“师尊”或“长老”之意），免除“玛法”觐见时的跪拜礼，先后授予通议大夫（正三品）、太仆寺卿、太常寺卿、通政使司通政使、光禄大夫（正一品）等官职。顺治帝与汤若望密切交往达7年之久。汤若望经常出入宫廷，对朝政得失多有建言，先后上奏疏300余封。在劝阻顺治帝因郑成功围攻南京欲御驾亲征，顺治帝临终议立嗣皇诸多大事中，起了举足轻重的作用。图中左为汤若望，右为顺治帝。

南堂

南堂即是宣武门天主教堂，位于北京市宣武门内。始建于明万历三十三年（1605年）。顺治七年（1650年），汤若望受顺治帝赏银重建，并居住于此。顺治帝除下诏令汤若望进宫外，还纡尊降贵，频频至堂中与他长谈，询问天主教宗旨及西洋学术。顺治十年赐他为“通玄教师”（康熙帝时为避讳，改“玄”为“悬”）称号。顺治十二年又为该堂赐御书“通玄佳境”（康熙时改“玄”为“微”）堂匾，命恭悬于教堂门前。

《天主堂碑》拓片

顺治十四年（1657年）二月初一日，顺治帝亲自撰写满汉文合璧《御制天主堂碑记》，立于宣武门天主堂门前，褒扬汤若望“事神尽虔，事君尽职”，树为传教士效法的楷模。

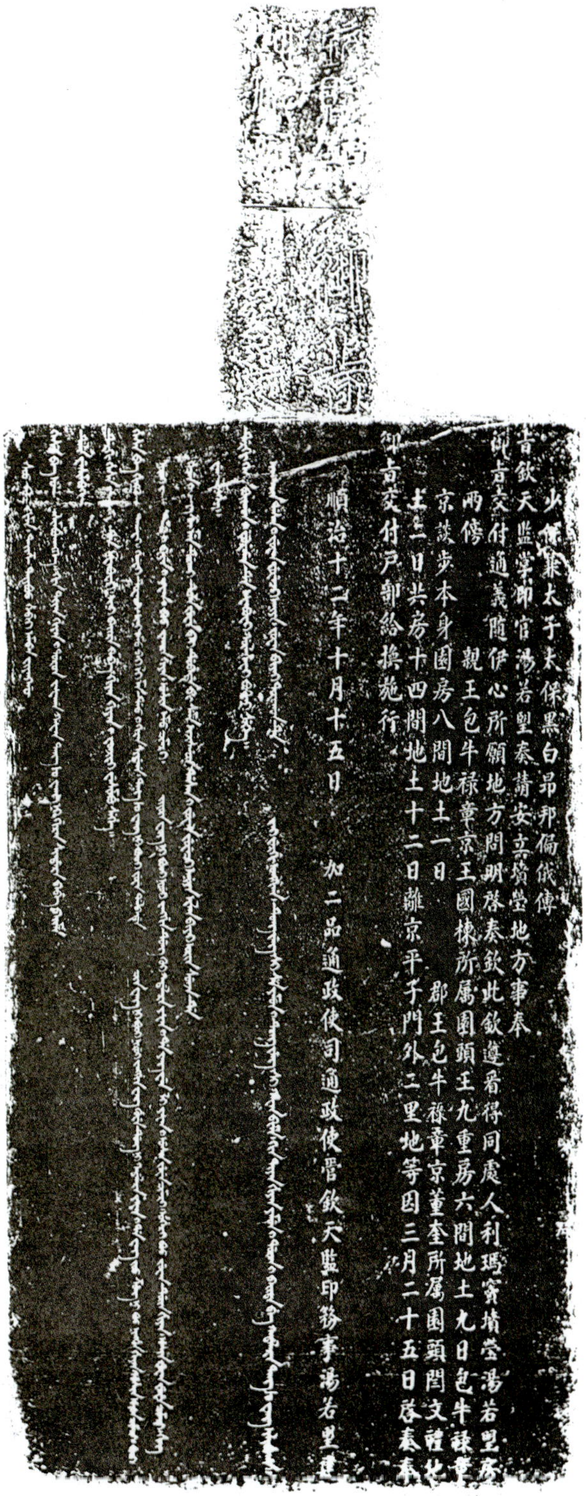

少保兼太子太保黑白昂邦偏俄傳
旨欽天監掌印官湯若望奏請安立墳塋地方事奉
欽旨交付通義隨伊心所願地方問明啓奏欽此欽遵看得同處人利瑪竇墳塋湯若望房
兩傍 親王包牛祿章京王國棟所屬園頭王九重房六間地土九日包牛祿章
京談步本身園房八間地土一日 郡王包牛祿章京董奎所屬園頭閆文禮化
地二日共房十四間地土十二日離京平子門外二里地等因三月二十五日啓奏奉
御旨交付戶部給換施行
順治十二年十月十五日
加二品通政使司通政使管欽天監印務事湯若望建

《赐汤若望茔地谕旨碑》拓片

该碑位于今北京阜城门外。顺治十一年（1654年），顺治帝赐阜城门外利玛窦坟旁两亩地作为汤若望将来的墓地，并于顺治十二年十月十五日刻碑记述此事。

汤若望墓

康熙初年的历法之争中，汤若望被控以修历为名，图谋不轨，投狱拟处死。不久因京师地震，免其死，获孝庄太皇太后特旨释放。康熙五年（1666年）病死，葬于阜城门外马尾沟。

三 习文修书

顺治帝不忘民族根本，坚持骑射传统，也追求吸纳博大精深的汉族文化，尤为喜好书画，欣赏玩味之余，亲自挥毫泼墨，创作了为数不少的书画作品。

为治国之需，顺治帝入关之初即下令翻译、编纂和刊刻了大量汉族文化典籍，如刊刻满文本《洪武宝训》、《元史》、《辽史》、《金史》、《五经》、《大学衍义》等。顺治十二年（1655年），命开馆编辑《太祖圣训》、《太宗圣训》的同时，又相继刻印颁行了一大批有劝善、儆恶、孝道、尽忠及内则懿行等内容的教化之书。如顺治十二年刻印了《资政要览》、《范行恒言》、《内政辑要》、《劝善要言》、《御制人臣儆心录》和《御注太上感应篇》。并将御制《资政要览》、《范行恒言》、《劝善要言》和《人臣儆心录》各一部颁赐异姓公以下，三品以上文官。次年又刻印《御注孝经》、《御注道德经》、《御纂内则衍义》、《御纂内政辑要》、《御制劝学文》和《表忠录》等。顺治帝是清朝入主中原的第一代帝王，深受汉文化的影响和熏陶，知悉以传统道德治理国家的重要，强调以孝治天下。顺治十三年颁行的《御制孝经注》，集中反映了这一治国思想。

顺治朝翻译、编纂和刊刻的书籍按内容可分为经书、史籍、为政、内宫行为规范等几部分，意在统一人民思想，为巩固其统治服务。但在客观上将汉文化的施政治国方略、伦理观念、道德准则以及立身处世准则等深入而广泛地渗透到满族文化系统中，逐步消泯满汉民族间的文化隔阂，促进了满族文化水平的提高和满汉文化的交流，推动了民族融合。

御笔正大光明匾

乾清宫内景

顺治帝对书画很有造诣，能评会赏，能书善画。其书法宗钟繇、王羲之，也兼采欧阳询书。他对善书之人有着异乎寻常的赏识和喜爱，及至所选状元也必选书法优秀者。高悬于皇宫内乾清宫的“正大光明”匾即是顺治帝亲笔所书。

“为龙为光”墨

安徽贡墨，圆形。一面正中阴文篆书“为龙为光”，旁有阳文隶书“顺治乙酉年制”，一侧楷书“三韩龙门氏藏”。故宫博物院藏。

安徽自五代始即以产墨著称，到明代更是制墨名家云集，成为全国制墨业的中心，尤以歙县、休宁、绩溪等地所产墨质地精良。其色泽墨润、舐笔不胶、入纸不晕、宜书宜画，为皇宫用墨所首选。墨上所书“三韩龙门氏”即首任徽州知府张学圣，乙酉年为顺治二年（1645年）。这年六月，清兵下江南攻取安徽，张学圣被任命为徽州知府，进献了贡墨。此方贡墨一如前朝，润洁黝黑、清芬飘香依然，但以往标注的明代款识已然不复再现，“顺治年制”则赫然在目。

福临绘《墨笔山水图》轴

顺治十二年（1655年）福临绘。故宫博物院藏。

顺治帝绘画兼收荆浩、关仝、倪瓒、黄公望之长，尤擅山水，笔意生动。描绘林峦向背，水石明晦之状，颇得宋、元人之三味。顺治帝的指画也十分娴熟，独具特色。顺治帝爱好书画的兴趣和较高的艺术造诣，对有清一代皇族成员书画艺术的兴盛具有深远影响。

福临绘《山水》轴

故宫博物院藏。

顺治帝常常创作山水画或书写字幅赏赐群臣。顺治十七年（1660年）曾特书“敬佛”二大字和唐朝岑参《春梦诗》一幅赐木陈忞。此画为顺治十二年所作，赐与大学士金之俊。

福临绘《墨笔山水》轴

故宫博物院藏。

顺治十二年（1655年）顺治帝御笔，赐与清代首位状元大学士傅以漸。

福临绘《墨竹图》轴

顺治十二年（1655年）福临绘。故宫博物院藏。

竹为中国古代绘画常见题材。宋代李景昉赞竹有“刚、柔、忠、义”四德:“劲本坚节不受霜雪，刚也；绿叶凄凄翠阴浮浮，柔也；虚心而直无所隐蔽，忠也；不孤根以挺耸，必相依以擢秀，义也”。顺治帝所绘墨竹构图疏密有致，着笔清润流畅，竿、节、枝、叶，笔笔相应，一气呵成。劲秀挺拔，生机盎然的墨竹，寓含了青春年少的顺治帝“四德”之情，也展露了对一统江山的胸有成竹之志。

福临绘《钟馗像》轴

故宫博物院藏。

自唐代始，从宫廷到民间，渐兴年终岁除和端午等节日于门首悬挂钟馗像以逐鬼驱邪的风俗。顺治帝对此俗饶有兴致，日理万机之余，也挥笔泼墨。洗练的线条，草就一个破帽、蓝袍、角带、朝靴，捉小鬼啖之的胡须炸立、炯目圆睁的活灵活现钟馗形象，驱鬼之神勇猛刚烈的性格和凛然不可犯之咄咄逼人气势也跃然纸上。

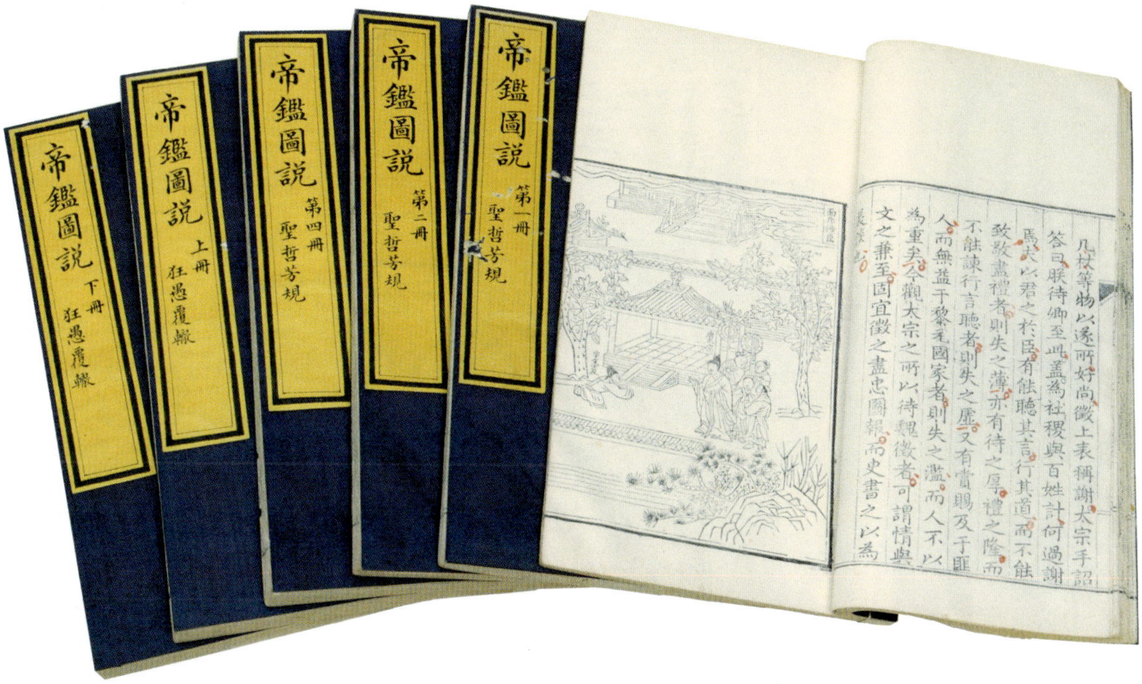

《帝鉴图说》

明刻本。故宫博物院藏。

此书是明朝内阁首辅张居正于隆庆、万历之际，为新继位年仅10岁的万历皇帝朱翊钧编写的以图附说的课本，内容选自尧舜到唐宋历代帝王善事81件、恶事36件，并每事附图一幅，加以深入浅出的讲解评说，作为皇帝的日讲教材，以培养君德，开导圣学。与万历帝同是幼年即位的顺治帝也十分重视此书，常常阅之，从中了解历朝兴衰成败的史事，启悟治国之道和化民之方，欲作开创盛世的明君。

《洪武宝训》

顺治内府满文译本。故宫博物院藏

《洪武宝训》是明太祖高皇帝朱元璋告诫臣下的诏令谕旨汇集。顺治帝对明太祖朱元璋十分推崇，认为《洪武宝训》一书对于朝政大有补益，下令翻译成满文。顺治三年（1646年）书成，以顺治帝名义作序，刊刻满汉字，颁行全国。

《素书》《六韬》《三略》

顺治内府满文译本。故宫博物院藏。

《素书》，即《黄石公素书》，旧题汉代黄石公所撰兵书。黄石公相传是秦末汉初隐士，曾授张良兵书。《六韬》，汉人采掇旧说假托为吕尚所撰兵书。全书共分文、武、龙、虎、豹、犬六部分谋略，记述周文王武王问太公兵战之事，内容涉及军队的编制、管理、训练、行军、布阵、攻守、战具、兵器及军事理论等。此书东汉以后盛行，影响很大。《三略》，旧题汉代黄石公撰兵书。全书分上、中、下三略。

清太宗皇太极设立文馆后即命达海等翻译《素书》、《三略》等兵书，明崇祯十二年（崇德四年，1639年），又命达海译《通鉴》、《六韬》、《孟子》、《三国志》等，未竣而卒。顺治时译成并颁行。

《三国演义》

顺治内府满文译本。故宫博物院藏。

《三国演义》描写了东汉末年和整个三国时期各国之间错综复杂的矛盾和斗争，尤其对战争的描写，往往揭示出其政治的、军事的胜败原因，其权术智谋给人以深刻的启迪和借鉴。因此，清初诸帝都喜好读之，从中汲取政治、军事等方面的教益。清太宗皇太极时即命达海翻译《三国演义》为满文，未竟。顺治帝命弘文院大学士祁充格继续翻译，至顺治七年（1650年），由大学士范文程译完全书。顺治帝命立即颁行于清统治区，在满人中流播广远，风行一时。

《二十四孝》

顺治内府满文译本。故宫博物院藏。

顺治帝认为“自古平治天下莫大乎孝，孝为五常百行之原”，把提倡孝道作为立身教民之本，建国治邦之基。曾亲撰《御制孝经注》，欲使人遵循儒家的纲常伦理孝道，并移孝作忠，造就忠臣。基于此，又将《二十四孝》译成满文刊行。《二十四孝》，始成于元代，最早撰辑者有郭居敬、郭义祖和郭守正诸说，语言文字通俗易懂，并配以图画，给人以深刻强烈之印象，所选孝子包括虞舜至唐宋各个朝代，人物上至帝王，下至平民。孝行事迹十分典型突出，以今人视之，有的感人至深，有的则戕害人性、不近人情。

《二十四孝·孝感动天》

顺治内府满文译本。故宫博物院藏。

舜的孝行感动上天，引来大象为之耕地，众鸟为之除草。

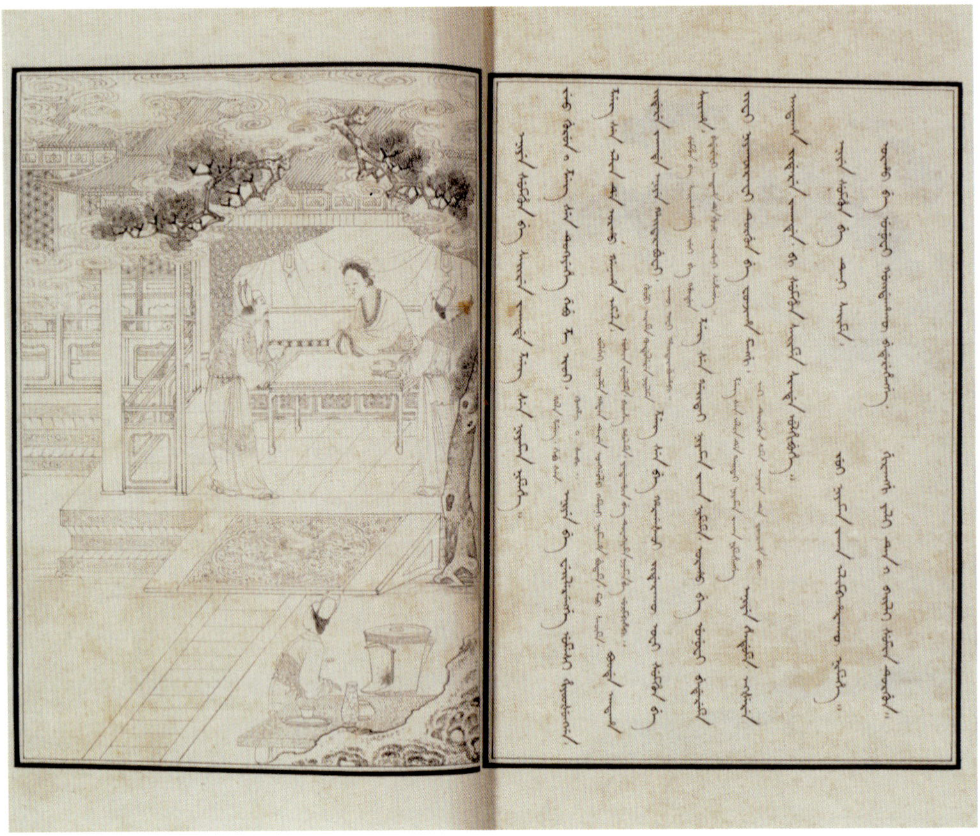

《二十四孝·亲尝汤药》

顺治内府满文译本。故宫博物院藏。

汉文帝虽身为帝王，但在母亲身卧病榻的三年中，日夜精心侍奉，甚至目不交睫，衣不解带，从未睡过通宵，每次喂药都要亲口尝试。

《二十四孝·鹿乳奉亲》

顺治内府满文译本。故宫博物院藏。

郯子的父母年老，俱患眼疾，欲食鹿乳。郯子便顺承双亲之意，披上鹿皮扮成鹿进至深山，入鹿群取乳。有猎人见之欲射，郯子以实情相告，得免。

《二十四孝·戏彩娱亲》

顺治内府满文译本。故宫博物院藏。

年已七十的老莱子为使父母欢心，身着五彩衣作小儿的游戏舞蹈，还装出幼儿行路不稳的样子跌倒在地，以博取双亲一笑。

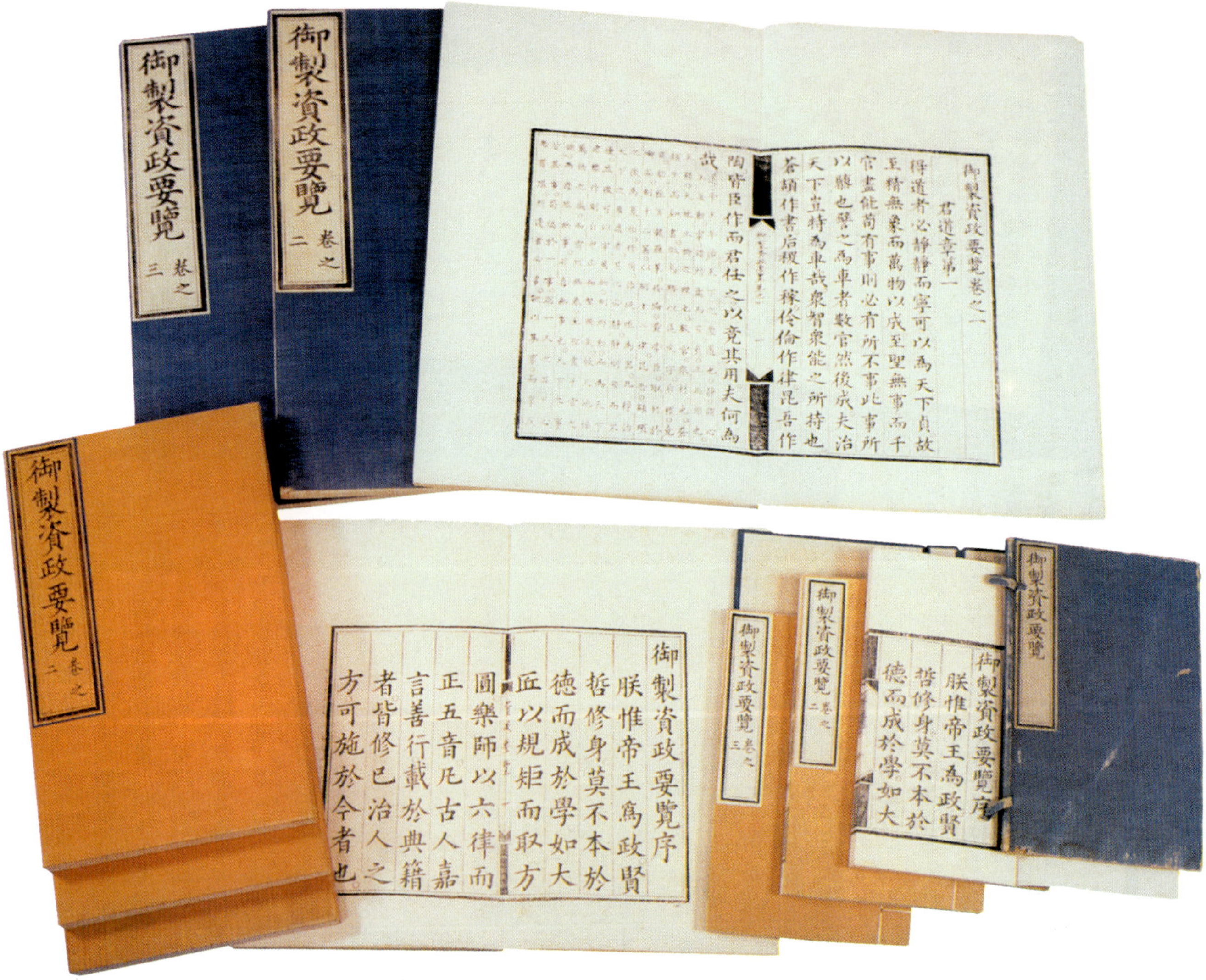

《御制资政要览》

福临撰。顺治十二年（1655）内府刻本。故宫博物院藏。

顺治帝认为历代帝王治政或贤哲修身，莫不本于德而成于学，载于典籍中的古人的嘉言善行皆是修己治人的良方，可为今世所用。他从历代的经史著作中辑录有关政事的论说，加以析义引申，亲作训释，分门别类列为忠臣、孝子、廉吏、奸贪和悖乱等30篇，以劝勉百官克己修身，明理笃行，奉其职守，扭转明末以来人心涣散、社会风气败坏之势，达到资政治国的目的。

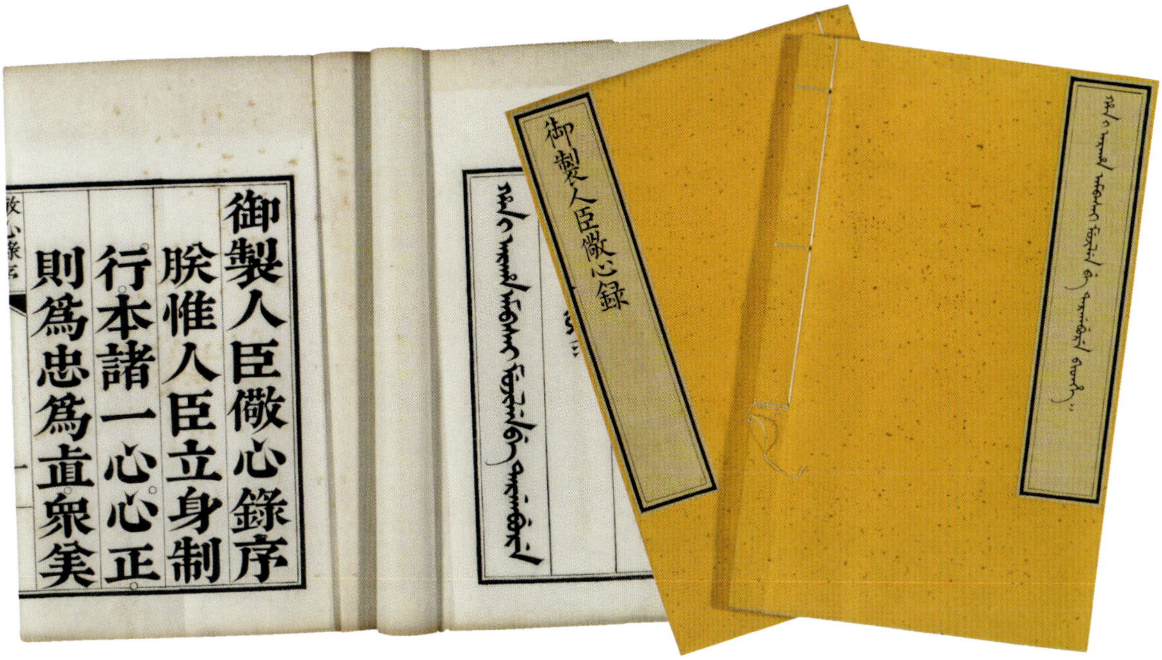

《御制人臣儆心录》

顺治帝御定，大学士王永吉撰。顺治十二年（1655年）内府刻本。故宫博物院藏。

顺治帝亲政后，针对朝中满臣跋扈专权，汉臣倾轧党争，满汉官员之间争斗激烈等问题，认为其根源在于人臣心术不正，所以必须教育臣下。于是命秘书院大学士王永吉总结历史上小人误国的教训而编列成章，分为植党论、好名论、营私论、徇利论、骄志论、作伪论、附势论和旷官论八篇，颁行国内，以禁绝臣下结党营私而一心为国。

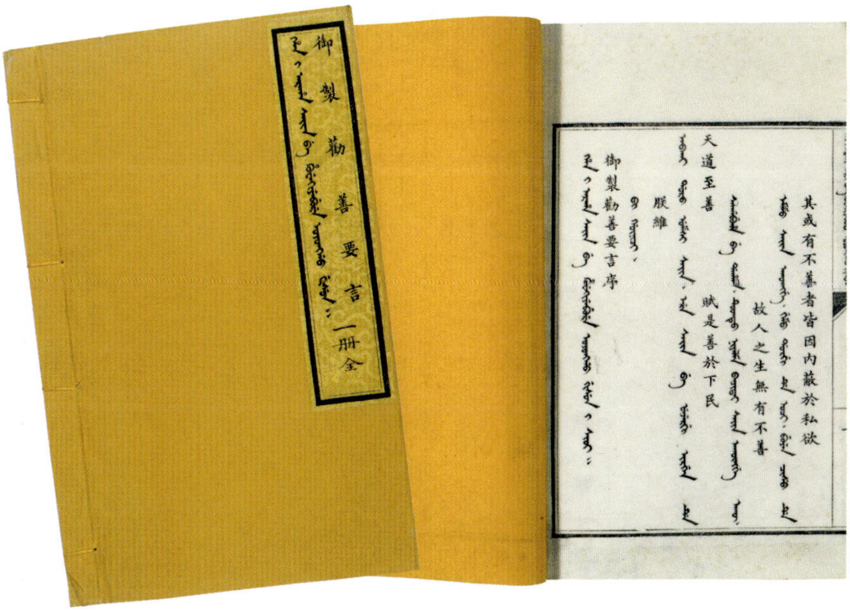

《御制劝善要言》

福临撰。顺治十二年（1655年）内府刻本。故宫博物院藏。

顺治帝基于“深念上之教世，劝善为先；人之立身，为善最乐”的治国教化的目的，从历史上经史子集诸书中择取劝人向善之要言，辑录为一编，取名为《劝善要言》，阐述知命顺天，先义后利等思想，劝勉官吏百姓行善向善。

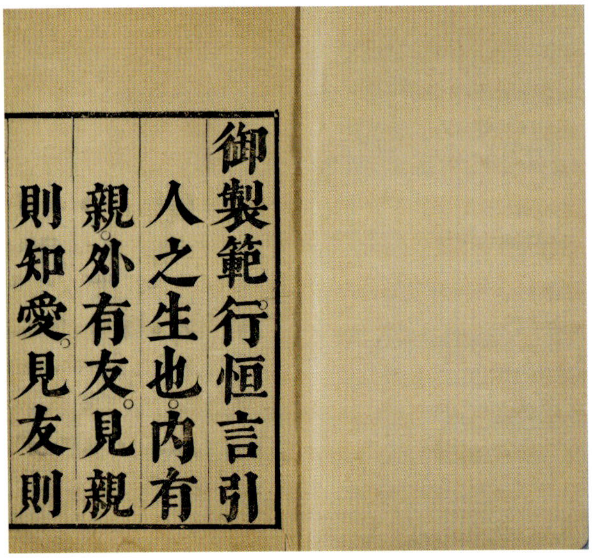

《御制范行恒言》

福临撰。顺治十二年（1655年）内府刻本。故宫博物院藏。

本书共有孝顺、和睦、慈教、宽下、劝化、救济、交财、奢俭、性行、敬神、存心十一篇训诫文章，列举修身治家的范例，详尽阐述儒家的礼义和伦理道德，欲使之成为人们的行为准则。

《内政辑要》

福临辑注。顺治十二年（1655年）内府刻本。故宫博物院藏。

本书收集了古籍中历代后妃的嘉言善行，汇成一册，顺治帝将此书进呈孝庄皇太后，作为宫中后妃的行为准则。全书共20章。除俭德章外，每章均收各代著名后妃事迹二三则，共41则，顺治帝在每则事例后加以注释引义，意在使各宫后妃以前贤为楷模，恪守妇道，正心修身。

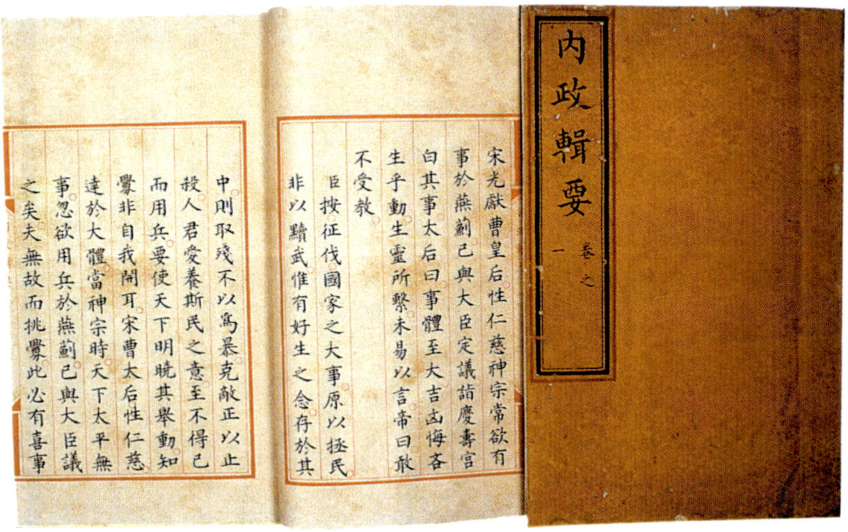

《内则衍义》

顺治十三年（1656年）内府刻本。故宫博物院藏。

《内则》是先秦著作《礼记》中的一篇，顺治帝对其推崇备至，并以其为蓝本，广泛援引古代经史诸书中圣后贤妃的嘉言美行加以佐证，详尽地阐释引申其意，编成《内则衍义》16卷。其内容设为八纲，首为孝，以下为敬、教、礼、让、慈、勤和学，下列32子目。于顺治十三年（1656年）由内府刊刻颁行，作为宫中后妃的行为准则。

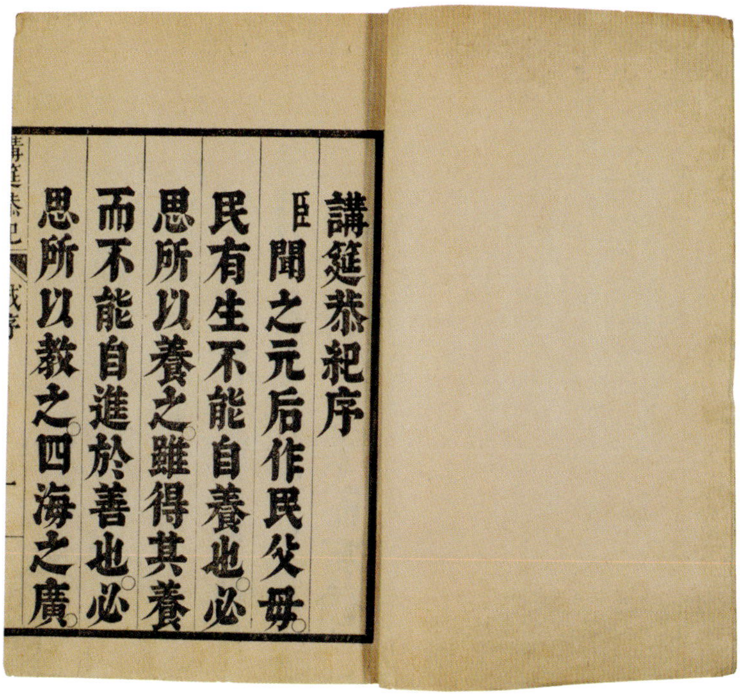

《讲筵恭纪》

王熙、曹本荣辑。顺治十六年（1659年）内府刻本。故宫博物院藏。

讲即日讲，每日讲说；筵即经筵，天子御临，与侍讲等官讲经论史。此为清代皇帝学习的两种主要组织形式。本书辑录了顺治帝在讲筵后阐发旨意的言论，记述顺治十六年（1659年）左都御史魏裔介奏报江西、福建等地屡屡发生父母溺杀女婴，以致积习成俗之事。顺治帝闻知即严令禁革，并在经筵中对侍讲诸臣重申，意在令为官者要使禁令家喻户晓，永远断绝这种恶俗，以示为政之仁。

《三国志》

顺治内府满文译本。故宫博物院藏。

《三国志》是西晋时陈寿所著记述魏、蜀、吴三国历史的史书。顺治十七年（1660年）二月，顺治帝下令将翻译成满文的《三国志》颁赐诸王以下甲喇章京以上官员，作为临政规范。

四　思想文化

明清王朝的嬗递，少数民族的入主中原，造成激烈的社会大变动、大震荡，随之也带来思想文化的大洗礼。顾炎武、王夫之、黄宗羲等人是这一时期思想文化界杰出的代表人物。

反思明王朝灭亡的根源，黄宗羲等人一反传统尊君论对君主专制制度的美化，一针见血地对君主专制制度提出了尖锐批评。针对明朝高度强化的皇权专制制度的种种弊端，他们提出一系列制约君主专制的设想，主张以抑尊分权、恢复宰相制度、建立平等的君臣关系、设学校以监督朝政、建立有益于天下的公正法制等手段来限制君主专制。

清初思想家还反省历史文化传统，将明王朝败亡的历史责任归咎于宋明以来高言性命、空谈性理的理学心性之学。反对“一切国计民生，皆视为末务”的轻视功利的虚空学风，竭力提倡儒学的经世致用的“有用之学”，以达到复兴故国的宗旨。从而承继明末已经萌芽的实学思潮，在各自学术领域展开经世致用的学术研究。

经历明清之际的社会动荡和变革，清初的文学一反明代中叶以后的复古摹仿之风，以其对现实社会的强烈关注和敏锐反映构成鲜明的时代特征。清初文学以钱谦益、顾炎武、黄宗羲为代表，对明代以灵性相尚，空疏不学的形式主义诗文风格痛加针砭。诗歌领域，呈现出较为繁荣的景色，涌现出一批影响较大，成就较高的诗人，如顾炎武、黄宗羲、王夫之、钱谦益、吴伟业、屈大均等，他们尖锐地批评明季诗坛孤陋浅薄的弊端，大力提倡“学”，即要读书，要博学。清初诗歌风格多种多样，叙事诗有了较大发展，在艺术上具有较高水平。

《顾炎武像》

清人绘。纸本，设色。

顾炎武（1613-1682年），初名绛，字宁人，后更名炎武，号亭林，江苏昆山人。少年时参加复社反宦官专权的斗争。清入关后，参加当地抗清斗争，失败后流亡各地。平生学问渊博，于天文、地理、五经、诸史、典章、制度、文物、河川、山岳、风俗、吏治、财赋等莫不精究。他认为舍经学即无理学，提出治经复汉的主张，重视实地调查研究，讲求学有本原，每一事必详其始末，参以佐证而后笔之于书，曾援引天算、地理知识进行考据，目的在于经世致用。他对明末以来的社会积弊进行了大胆的揭露和抨击，发出“法不变不可以救今”的呐喊。著有《日知录》、《天下郡国利病书》、《亭林诗文集》、《五经异同》、《金石文字记》、《音学五书》、《求古录》、《京东考古录》等书。

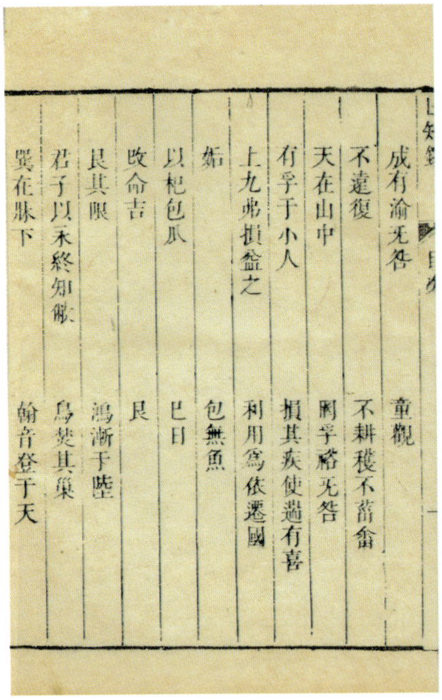

成有渝无咎 童觀
不遠復 不耕穫不菑畬
天在山中 剛孚蹈无咎
有孚于小人 損其疾使遄有喜
上九弗損益之 利用爲依遷國
姤 包無魚
以杞包瓜 巳日
改命吉 艮
艮其限 鴻漸于陸
君子以永終知敝 鳥焚其巢
巽在牀下 翰音登于天

《日知录》

《日知录》是顾炎武的读书笔记，记录顾炎武30岁以后日积月累的读书心得。“日知”，取自《论语》子夏所言“日知其所亡”一句，意为每天学习自己所未知的。文辞精详，考据严谨，是顾炎武注重调查研究，广求证据的治学方法论的范例之作。该书所言“保天下者，匹夫之贱与有责焉”，被后人概括为“天下兴亡，匹夫有责”，激励世人为国家和民族的振兴而奋斗。

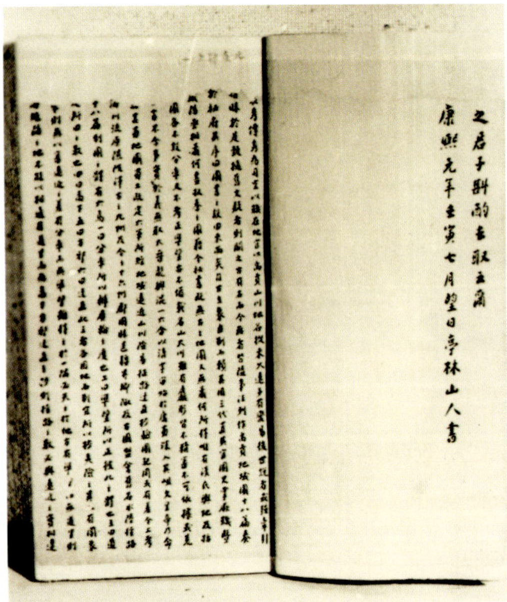

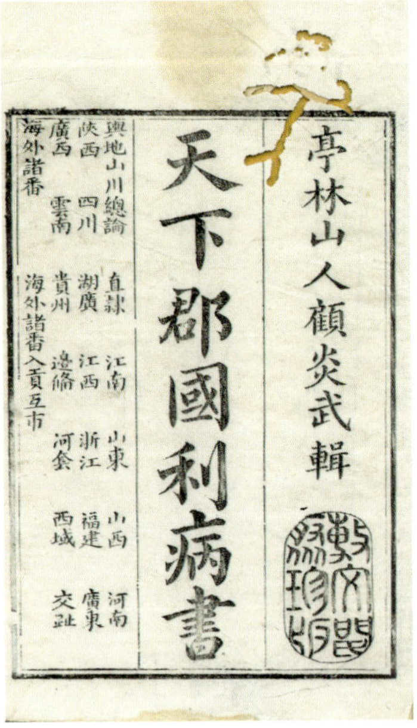

《天下郡国利病书》

顾炎武撰，120卷。

顾炎武搜集史籍、实录、方志和文集等文献材料，并结合实地考察，历时50年编纂而成，是考究全国各地山川要塞的利弊得失的著作。记述赋役、屯垦、水利、漕运、兵防、马政、盐政、农民起义、少数民族、风俗和地理沿革等内容，涉及政治、经济和地理，但重点在郡国利病，对各省赋役、屯田垦荒和土地分配管理等记载尤为详尽。

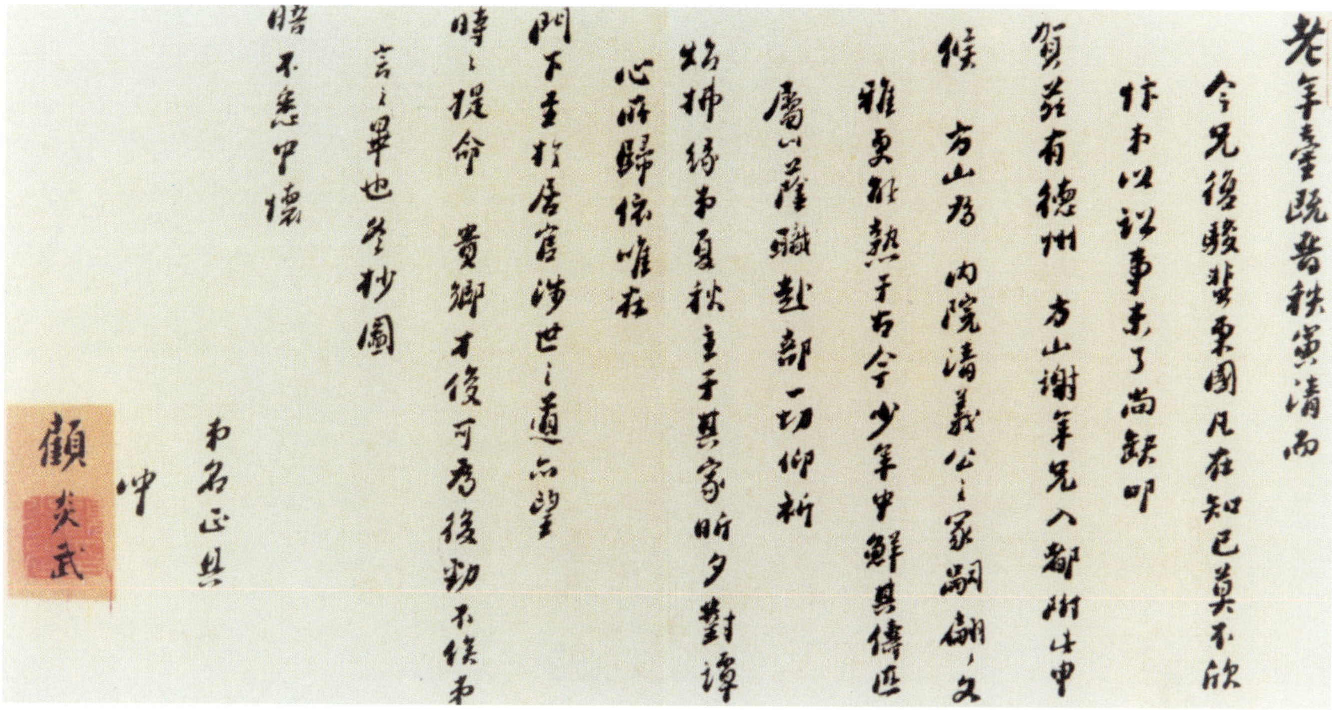

《顾炎武手札》

款下钤有白文"顾炎武印"。上海图书馆藏。

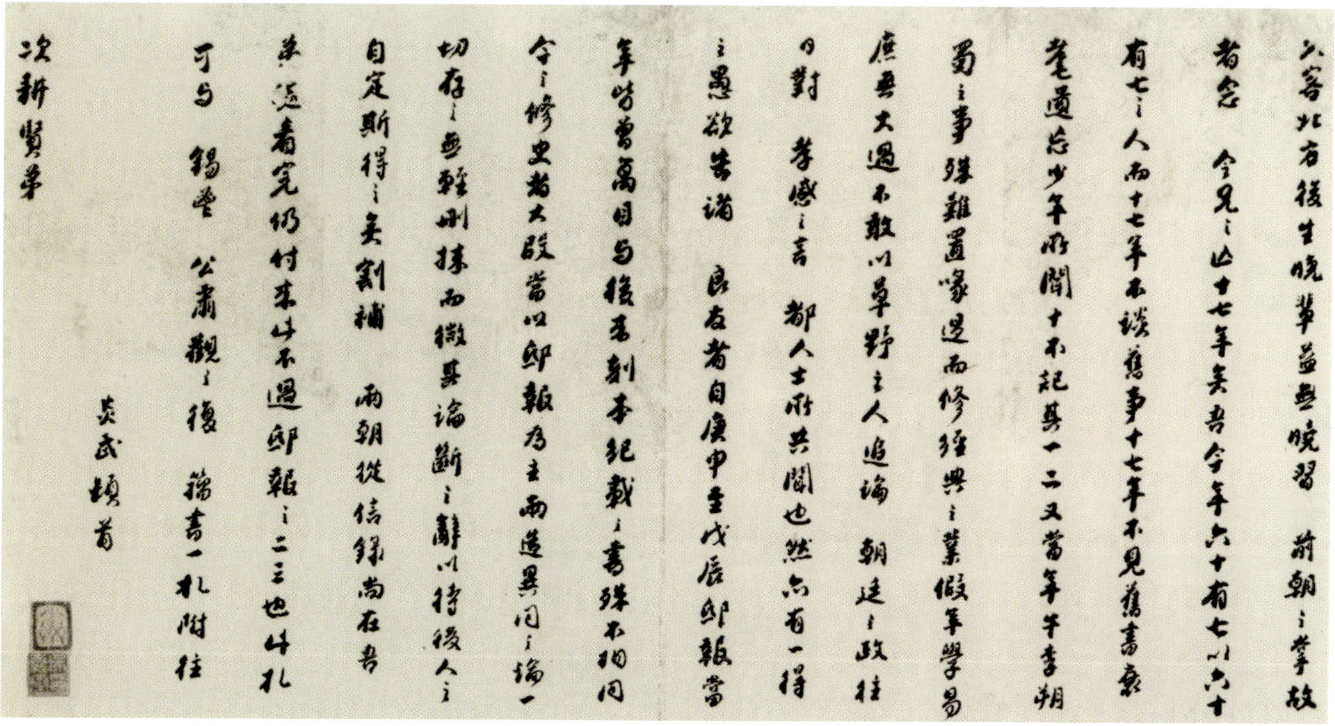

《顾炎武致潘次耕书》

这是顾炎武晚年写给弟子潘次耕的书札，其中表述了君子为学不能抱有利己的目的，而要具有强烈的明道救世精神。

顾炎武故里

江苏昆山，钟灵毓秀的江南水乡小镇，赋予生息在这片土地上的人们以聪慧和睿智，孕育出一代思想巨人顾炎武。

顾炎武墓

位于江苏省昆山县千墩镇蒋泾。

顾炎武叶落归根，魂归故里，但他在中国思想史发展进程中树立的丰碑却高高屹立。“天下兴亡，匹夫有责”的时代最强音强烈地震撼着一代代华夏之子的心灵，激励着他们为国家和民族的振兴而不断奋进。

顾炎武祠堂

后人在顾炎武的家乡为他建立祠堂，寄托对这位伟大思想家的永远缅怀之情。

《黄宗羲像》

清人绘。纸本，设色。

黄宗羲（1610-1695 年），字太冲，号南雷，又号黎洲，浙江余姚人。清军进攻江南，黄宗羲起兵抵抗，后追随南明鲁王，坚持抗清。事败后倾力著述。其政治、经济思想最突出的有工商皆本，重视货币作用；君臣为公仆，均应为天下人谋利；建立与君主共同议政的宰相制度；建立监督政府的学校；建立为天下利益的法律。试图建立“有治法而后有治人”的理想社会。黄宗羲对现实社会的强烈关注，在史学、天文历算诸领域的卓越实践和成就，使其站到了当时学术思想界的前列。黄宗羲一生著述丰富，有《明夷待访录》、《明儒学案》、《易学象数论》、《孟子师说》、《律吕新义》、《历代甲子考》、《割圜八线解》、《回回法假如》等著作。

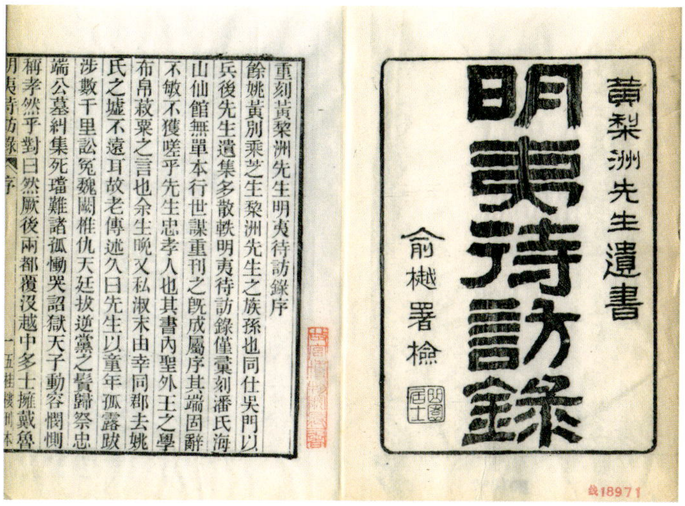

黃梨洲先生遺書

明夷待訪錄

俞樾署檢

重刻黃梨洲先生明夷待訪錄序

餘姚黃別乘芝生梨洲先生之族孫也同仕吳門以兵後先生遺集多散軼明夷待訪錄僅彙刻潘氏海山仙館無單本行世謀重刊之既成屬序其端固辭不敏不獲嗟乎先生忠孝人也其書內聖外王之學布帛菽粟之言也余生晚又私淑末由幸同郡去姚氏之墟不遠耳故老傳述久曰先生以童年孤露跋涉數千里訟冤魏閹椎仇天廷拔逆黨之鬢歸祭忠端公墓糾集死璫難諸孤慟哭詔獄天子動容憫惻稱孝然乎對曰然厥後兩都覆没越中多士擁戴魯

明夷待訪錄　序　一　五桂樓刊本

《明夷待访录》

黄宗羲撰，光绪五年（1879年）五桂楼刊本。故宫博物院藏。

痛切的亡国之恨，沉重的历史反思，孕育出黄宗羲一代思想史名著《明夷待访录》。明夷，《周易》卦名，其本义是日入地中，借指贤明之臣遭逢暗主，无法伸张其清正英明的政见。其书以“明夷待访”为题，意在记录无法明示于当世的改革弊政、兴邦定国之策，以恭候未来圣明之君前来造访。该书突破了千百年来根深蒂固的传统观念，在中国历史上第一次对君主专制制度进行了理性的批判，大胆地提出人天生拥有不可剥夺的生存权和政治权，君臣关系应当是平等的。认为至高无上的君主并非拥有强大的民众力量作支撑，实际上只不过是一介“独夫”，勇敢而犀利地把批判的锋芒直指高度集中的皇权，指出“为天下之大害者，君而已矣”。

《明儒学案》

黄宗羲撰，62卷。

学案，即学派，由于学说师承不同而形成的派别。该书采集明代学者的论文集、语录，叙述260余位明代学者的生平经历、著作、思想以及学术的传承，是我国最早的学术思想史专著。全书叙述明代学案19个，分为三个时期、四个部。初期以程朱之学为主，首立崇仁、江东两学案；中期叙述王守仁之学，首立姚江学案；末期立东林、蕺山两学案。每一学派均叙其学派的源流及学说内容，间或略加论断。黄宗羲撰此书意欲维护以“致良知”学说为核心的明代王守仁心学思想在封建儒学中的正统地位，但对其加以修正，力倡“心无本体，工夫所至即其本体”，强调实践的重要意义，从而超越了王学。

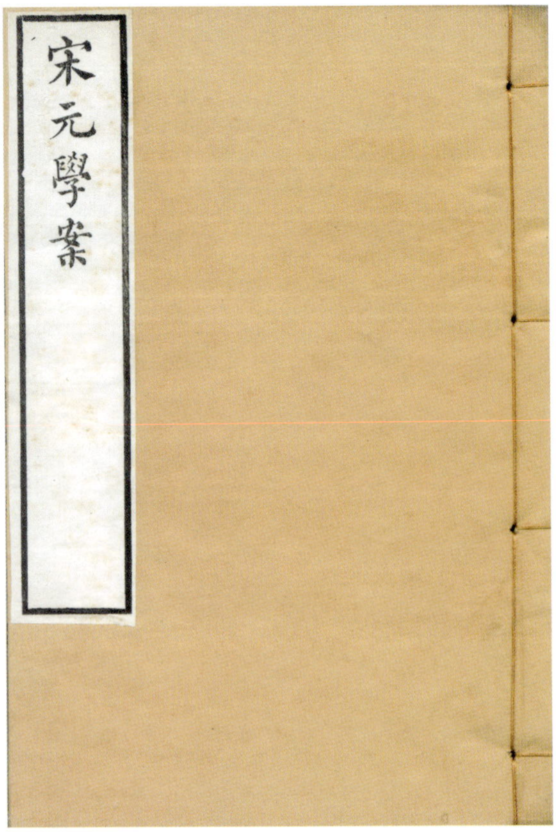

《宋元学案》

黄宗羲、全祖望等撰，100卷。

该书记宋元400年学术思想史的发展，共收宋元学者2600余人，学案91个，按不同的派别加以系统的论述和总结。黄宗羲完成17卷而卒，其子黄百家继之，亦未完而亡，余卷由全祖望续修完成。该书在编纂体例上对各学派不定一尊，不持偏见，一视同仁。每一学案都详举师友弟子，以明其学派渊源及传授体系。每一案主均立小传，叙其生平、经历及学术宗旨，对其学术著作，也都一一注明出处。黄宗羲撰《明儒学案》和《宋元学案》，对明代王学以及整个宋明理学作出了总结，以学派主线，将宋、元、明700年千头万绪、极其错综复杂的学术思想梳理得脉络分明，周详透彻。

《王夫之像》

清人绘。纸本，设色。

王夫之（1619-1692年），字而农，号薑斋，湖南衡阳人。晚年居衡阳石船山，人称船山先生。明崇祯举人。明朝灭亡后曾参加衡州抗清斗争，并加入桂王永历政权。后隐居湘西专事著述。王夫之学识渊博，深研天文、地理、历法、数学等科，尤精于经学、史学和文学。建立了超越前人的唯物主义思想体系。王夫之著作达100多种，有《读通鉴论》、《周易外传》、《张子正蒙注》、《思问录内外篇》、《黄书》、《宋论》、《尚书引义》、《春秋家说》、《宋论》、《大行录》和《永历实录》等。

《宋论》

王夫之撰，15卷。

该书专评宋代史实，除末卷外，基本上每帝一卷，每卷选择若干历史事件和人物加以分析评论，力图从纷繁复杂的历史运动中探寻历史发展的规律和动力，为“圣王之治”提供可资借鉴的历史依据。《宋论》在中国史论著作中具有重要价值。

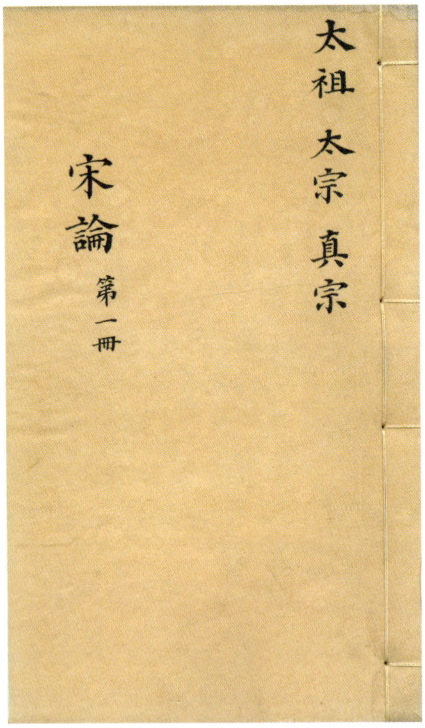

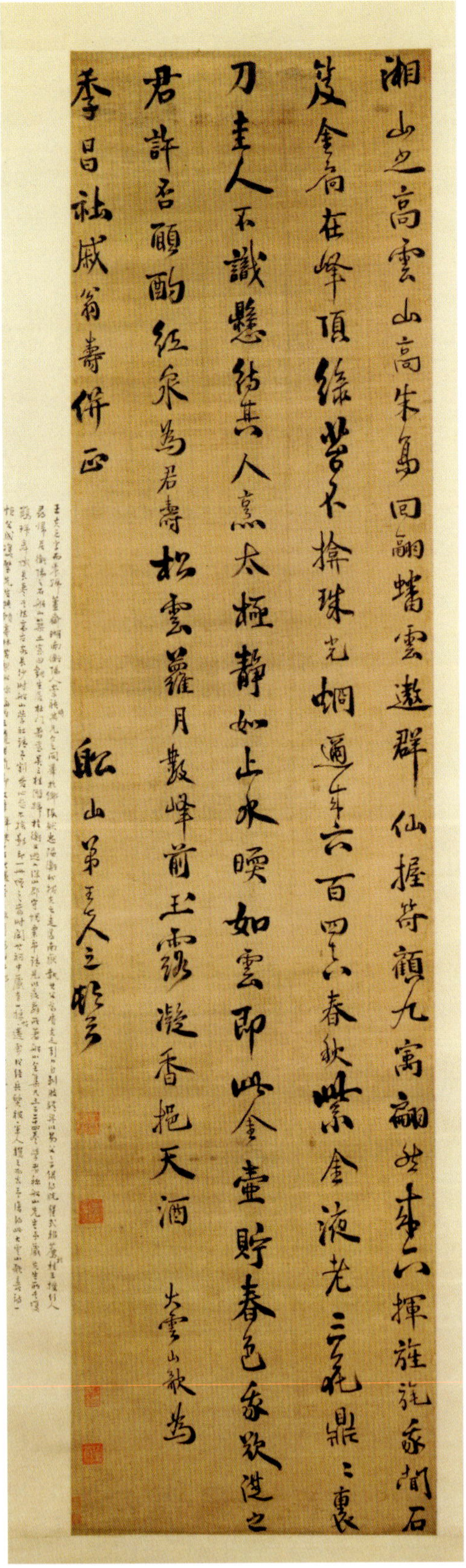

王夫之《行书大云山歌》轴

故宫博物院藏。

《大云山歌》是王夫之为季昌祝寿所作。

《噩梦》

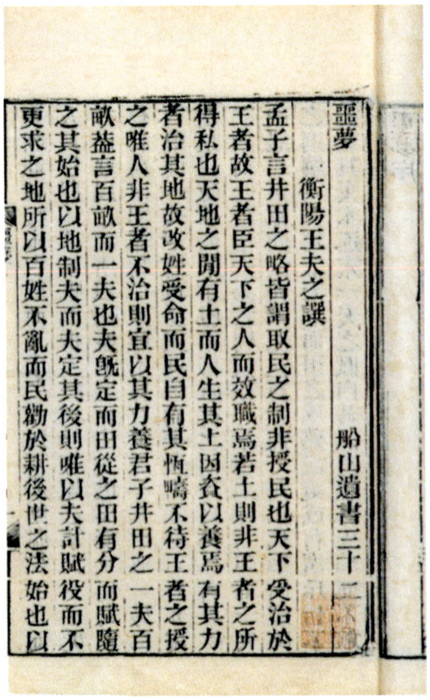

噩夢

衡陽王夫之譔　船山遺書三十二

孟子言井田之略皆謂取民之制非授民也天下受治於王者故王者臣天下之人而效職焉若土則非王者之所得私也天地之間有土而人生其土因資以養焉有其力者治其地故改姓受命而民自有其恆疇不待王者之授之唯人非王者不治則宜以其力養君子井田之一夫百畝葢言百畝而一夫也夫既定而田從之田有分而賦隨之其始也以地制夫而夫定其後則唯以夫計賦役而不更求之地所以百姓不亂而民勸於耕後世之法始也以

王夫之撰。该书对当时社会的田制、赋税、吏治和科举等制度都提出改革的设想，主张土地归耕者所有，表现了进步的思想倾向。

王夫之故居

位于湖南省衡阳县西曲兰石船山。

王夫之生前“匡扶社稷”的理想和投笔从戎的壮举被清军铁骑无情地踏得粉碎之后，严酷的现实驱使他转而走向用著述救世。就是在这间土墙茅顶的小屋，王夫之度过了他晚年的18个春秋，写下了包括《读通鉴论》和《宋论》在内的数百卷文章。在这里，多少激扬的文字从他笔端源源不断地迸发喷涌而出。

王夫之墓

王夫之满怀壮志未酬炽烈的一腔报国热血怅然辞世，安葬于家乡湖南衡阳。

《吴伟业像》

（清）顾见龙绘。绢本，设色。纵 148.9 厘米，横 89.3 厘米。南京博物院藏。

吴伟业（1609-1672 年），字骏公，号梅村，江苏太仓人，明崇祯进士。授翰林院编修，复授南京国子监司业。顺治九年（1652 年），被荐举至京。顺治十年，授秘书院侍讲，后迁国子监祭酒。著作有《梅村集》、《绥寇纪略》、《春秋地理志》、《氏族志》、《太仓十子诗选》、《临春阁杂剧》和《通天台》等。

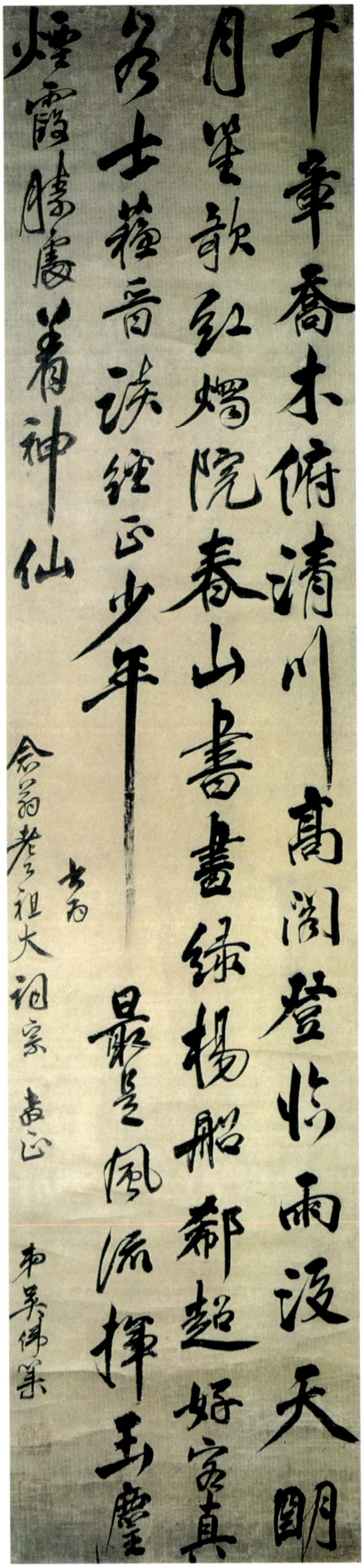

吴伟业《行书七言律诗》轴

小莽苍苍斋原藏。

此诗见于《梅村诗钞》卷五。吴伟业博学多才，诗文书画俱精，为当时诗坛翘楚，倡导宋元诗，擅作长篇叙事诗，以七言“梅村体”歌行著称于世，在中国古代诗歌史上占有重要地位。诗文尤工七律，早年风格华丽，明亡后转苍楚。其画擅山水，宗董源、黄公望，作有《山水图》、《山水扇》等画。

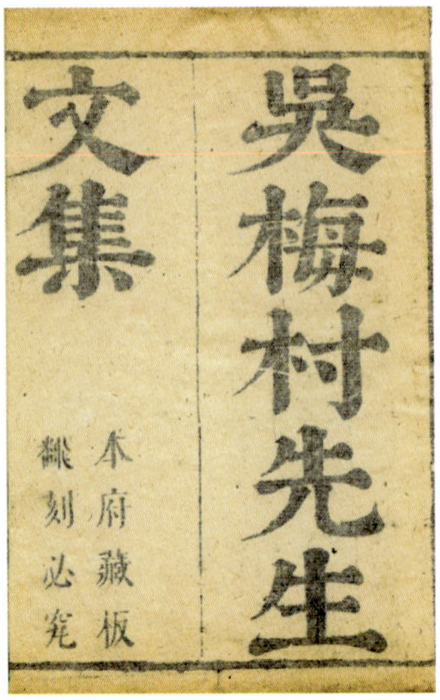

《吴梅村先生文集》

40 卷，故宫博物院藏。

《钱谦益像》

清人绘。纸本，设色。

钱谦益（1582-1664年），字受之，号牧斋，江苏常熟人，明万历进士。南明弘光朝授礼部尚书。顺治三年（1646年）降清，以礼部侍郎管秘书院事，充明史馆副总裁。他博学多才，为清初江南著名学者，在诗歌、版本学、经学和史学上颇有造诣。他是清初倡导经学的肇始者，具有反理学思想，对清初以经学取代理学思潮的发展产生了较大影响。钱谦益还工词章，主张诗要"有本"。著作有《初学集》、《有学集》，另辑有《列朝诗集》。

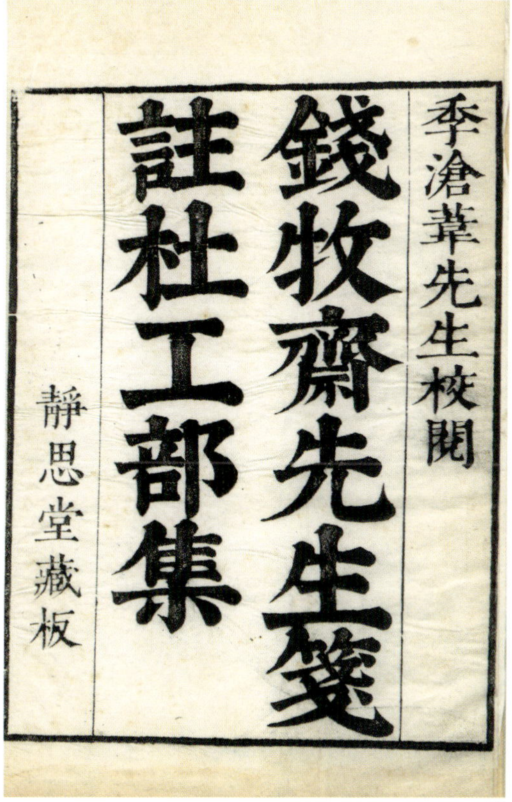

季滄葦先生校閲
錢牧齋先生箋
註杜工部集
靜思堂藏板

《钱牧斋先生笺注杜工部集》

钱谦益撰。静思堂版。故宫博物院藏。

本书是钱谦益为唐代诗人杜甫的诗文集《杜工部集》所作的注释著作。

龚鼎孳《行书五言律诗》轴

小莽苍苍斋原藏。

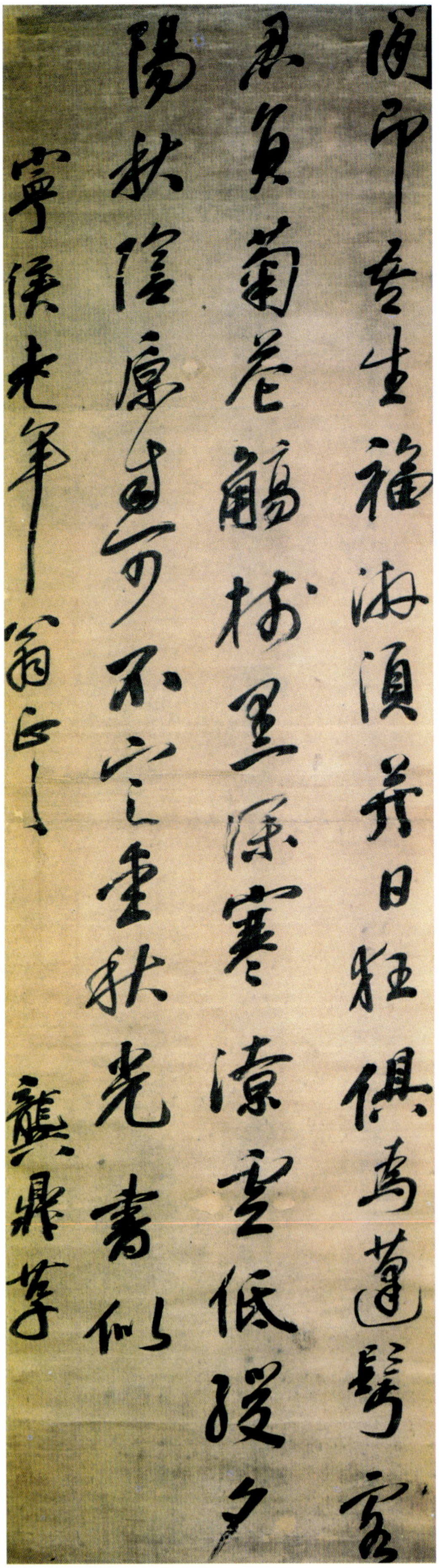

龚鼎孳（1617-1673年），字孝升，号芝麓，庐州合肥（今安徽合肥）人。明崇祯七年（天聪八年，1634年）进士，授兵科给事中。明末京师陷，降李自成，为直指挥使。旋复降清，授吏科给事中，迁太常寺少卿。龚鼎孳博学多闻，一生在诗文上卓有成就，与吴伟业、钱谦益并称清初江左三大家。著述颇丰，有《山声堂集偶存》（又题《浠川政谱》）、《定山堂文集》、《定山堂小品文》、《定山堂诗集》、《定山堂诗余》《白门柳传奇》等，诗词多宴饮酬酢之作。

《龚端毅公奏疏》

龚鼎孳奏疏汇集，8卷，辑入龚鼎孳所上奏疏138件。故宫博物院藏。

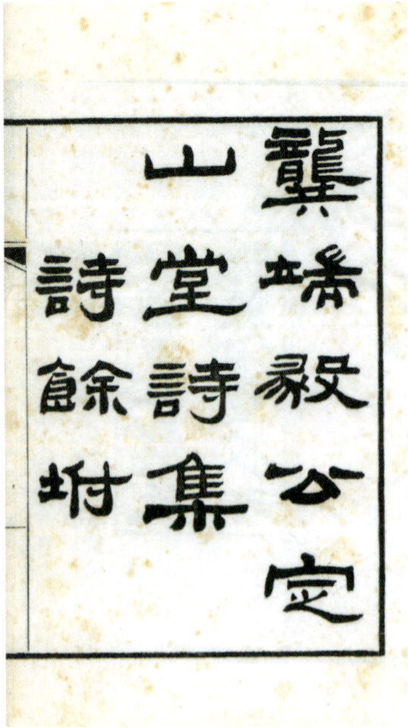

《龚端毅公定山堂诗集》

龚鼎孳诗集，43卷。故宫博物院藏。

《方以智像》

清人绘。纸本，设色。

方以智（1611-1671年），字密之，号曼公、鹿起，安徽桐城人。明崇祯进士，官翰林院检讨，与冒襄、侯方域、陈贞慧并称明末四公子。入清后为僧，人称药地和尚。他博览群书。于诗文、词曲、书画、天文、历史、地理、生物、医药、音韵和歌乐等无不涉猎，尤精音韵和训诂，创发声送气收声之说。反对空疏之学，重求证，具有朴素唯物主义思想。其字作章草，亦工二王，画作有《意在笔先图》。著作有《通雅》、《古今性说合观》、《一贯问答》、《物理小识》、《浮山集》、《药地炮庄》、《东西均》等。

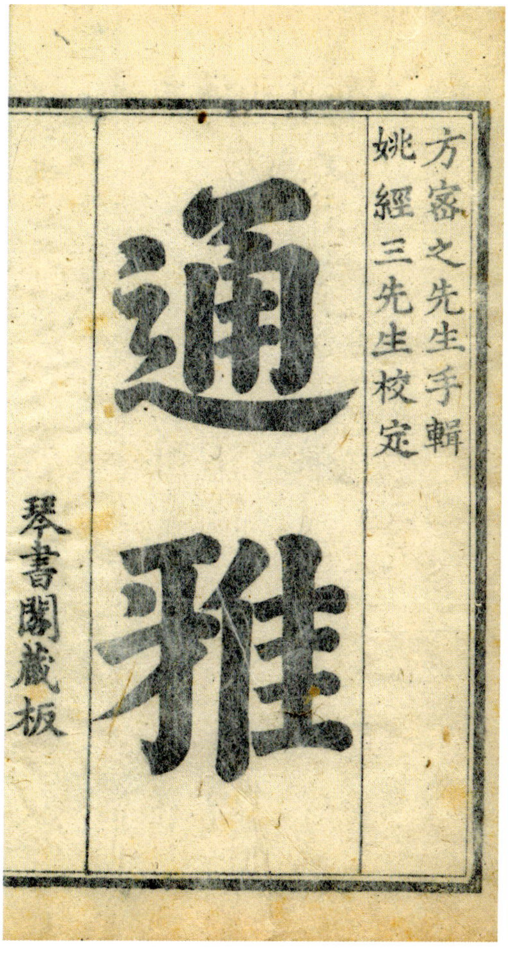

《通雅》

方以智撰。本书为训诂书，仿《尔雅》体例，内容以考证、训诂和音声为主，兼及天文历数、艺术和典章制度等，门类齐全，考证精密。

《侯方域像》

清人绘。纸本，设色。

侯方域（1618-1655年），字朝宗，河南商丘人。与方以智、陈贞慧、冒襄并称江南“四公子”。弘光朝立，曾至史可法军中，清军南下后返回原籍。擅长诗文，尤其以散文著称。著作有《壮悔堂全集》、《四忆堂诗集》等。

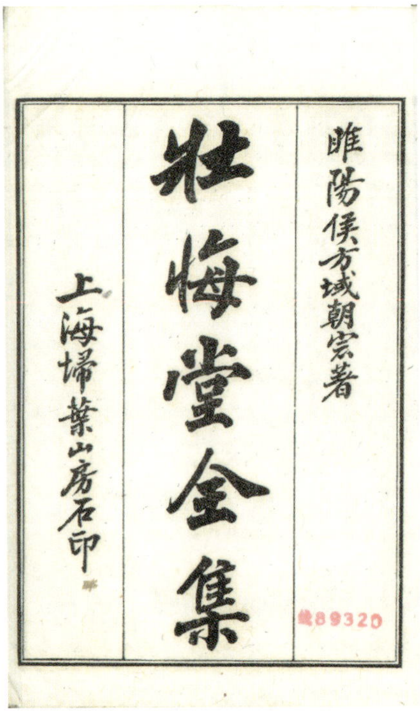

睢陽侯方域朝宗著

壯悔堂全集

上海埽葉山房石印

《壮悔堂全集》

侯方域撰文集。壮悔堂，侯方域书斋名。侯方域认为自己生平可悔憾须省悟之处甚多，故以其命名其书斋及文集。

后 记

《清史图典》经过两年多的努力，终于杀青付梓。本书在编纂过程中，得到了故宫博物院各部门领导的大力支持以及有关同仁的密切配合与鼎力相助。本书选用了大量具有丰富历史内涵的文物、图书，以展现当时的社会风貌。诸多同仁参加了提取文物、图书，协助拍摄，图片制作等工作，可以说，本书是集体劳动的结晶。在此，《清史图典》编撰人员向所有给予此书以各种帮助的同仁致以衷心的感谢！

除故宫博物院的文物藏品图片外，《清史图典》还得到了许多兄弟单位和个人的大力帮助，为本书提供了各种图片资料。为此，编著者亦深表诚挚的谢意！

《清史图典》各卷卷首冠以著名清史专家所写的序言，综述每朝历史概貌，实为各卷锦上添花。对各位专家于百忙中给予本书的厚爱深表敬意！

除本书各卷主编主笔外，佟悦、董平撰写了《太祖 太宗朝》的某些条目，郭蕾撰写了《康熙朝》的部分章节，牛克诚撰写了《乾隆朝》的部分章节，刘蕾、吕成龙、邵岩、陈芳、曹莉、白炎林、蒋金治撰写了《咸丰 同治朝》部分条目，董健丽、范文海撰写了《光绪 宣统朝》的某些条目。

本书拓片由郭玉海制作，印章由方斌钤本。

最后，对所有为《清史图典》提供帮助的单位与个人，在此一并开列，以示其功不可没。

提供图片的单位如下（按音序排列）：

北京大学图书馆、北京市古代钱币展览馆、北京雍和宫、福建晋江博物馆、广东东莞鸦片战争博物馆、河北承德避暑山庄、湖北通山博物馆、辽宁大连金州博物馆、辽宁丹东文化局、辽宁锦州文物考古研究所、辽宁辽阳博物馆、辽宁旅顺博物馆、辽宁省博物馆、辽宁省档案馆、辽宁省图书馆、辽宁新宾永陵文管所、旅顺日俄监狱旧址陈列馆、内蒙古自治区博物馆、内蒙古自治区通辽博物馆、南京太平天国历史博物馆、山东邹城孟庙文物管理局、山西省博物馆、上海博物馆、上海市历史博物馆、上海图书馆、沈阳故宫博物院、首都图书馆、史可法纪念馆、四川省博物馆、西藏自治区档案馆、小莽苍苍斋、新疆维吾尔自治区博物馆、浙江金华太平天国侍王府纪念馆、浙江省博物馆、中国第一历史档案馆、中国革命博物馆、中国国家图书馆、中国历史博物馆、南京博物院。

协助图片拍摄、制作的个人如下（按姓氏音序排列）：

白晶晶、曹莉、丁孟、郭金芳、郭亚玲、何林、华宁、黄希明、蒋若威、李斌、李欢、李卫东、李艳霞、李英、梁金生、梁宪华、刘鸿武、刘家迅、刘硕、刘振祥、毛宪民、聂崇正、彭德、齐心、钱九如、秦风京、施安昌、汤信东、王大中、王会、王连起、王秋菊、王硕、王薇、王幼敏、王玉书、吴鹏、恽丽梅、张广生、张楠平、张小新、张莹、朱庆征。

为本书图片摄影的除故宫博物院信息中心摄影科的胡锤、刘志岗、冯辉、赵山、刘明杰、邹一伟等人外，还有以下个人（按姓氏音序排列）：

冯玉涛、郭蕾、华仁、贾宁、李荣发、李泽奉、刘俊勇、刘如仲、任鸿魁、苏盛清、孙志奇、王家鹏、王家忠、王时伟、王思治、王政伟、吴胜利、徐凯、阎崇年、张邦义、赵雅新。

春华秋实，两载笔耕的成果捧出，我们期待着专家学者建设性的意见与批评。

《清史图典》编委会

2001年8月27日

清史图典

藍田縣
石門湯
板廟子
舊縣關
盧子石
大泥峪
天書山
孟家寨
紅嶺寨
野猪坪
社川河
表德鋪
鎮安縣
上茅坪
營兒寨
長哨鋪
青鎖關
洵河
金坪
高峰寨
鉄鶴嶺
兩河關
史家坪
柳林鋪
王長溝
洵陽縣
漢陰縣
石泉縣
茶溪鎮
西鄉縣
馬蟥山
牛羊河
鳳凰鋪
紫陽縣
廣教山
太平縣
白沙河
通天觀
觀面山
東溪河
後溪河
大寧縣
分水河
五溪河
七渡河
熊耳山
劉嶺鎮
安善鎮
華陽關
馬鞍山